westermann

Heinrich von Kleist

Der zerbrochne Krug

Die Marquise von O...

Über das Marionettentheater

Herausgegeben
und kommentiert von
Hans-Georg Schede

Das einzige als authentisch geltende Porträt des Schriftstellers Heinrich von Kleist (1777–1811), eine Miniatur des Malers Peter Friedel, die Kleist im April 1801 für seine damalige Verlobte Wilhelmine von Zenge anfertigen ließ. Farbige Miniatur auf Elfenbein, 7,5 x 5,5 cm

Heinrich von Kleist

Der zerbrochne Krug

Ein Lustspiel

Personen
→ Seite 98

Personen

Gerichtsrat
→ Seite 98

Schreiber
→ Seite 98

Walter, Gerichtsrat
Adam, Dorfrichter
Licht, Schreiber
Frau Marthe Rull
Eve, ihre Tochter
Veit Tümpel, ein Bauer
Ruprecht, sein Sohn
Frau Brigitte
Ein Bedienter, Büttel, Mägde, etc.

Bedienter Diener

Büttel
→ Seite 98

Die Handlung spielt in einem niederländischen Dorf bei Utrecht.

Handlung
→ Seite 98

Szene: Die Gerichtsstube

Erster Auftritt

Adam *sitzt und verbindet sich ein Bein.* **Licht** *tritt auf.*

Licht. Ei, was zum Henker, sagt, Gevatter Adam!
Was ist mit Euch geschehn? Wie seht Ihr aus?
Adam. Ja, seht. Zum Straucheln braucht's doch nichts, als Füße.
Auf diesem glatten Boden, ist ein Strauch hier?
Gestrauchelt bin ich hier; denn jeder trägt
Den leidgen Stein zum Anstoß in sich selbst.
Licht. Nein, sagt mir, Freund! Den Stein trüg jeglicher – ?
Adam. Ja, in sich selbst!
Licht. Verflucht das!
Adam. Was beliebt?
Licht. Ihr stammt von einem lockern Ältervater,
Der so beim Anbeginn der Dinge fiel,
Und wegen seines Falls berühmt geworden;
Ihr seid doch nicht – ?
Adam. Nun?
Licht. Gleichfalls – ?
Adam. Ob ich – ? Ich glaube – ?
Hier bin ich hingefallen, sag ich Euch.
Licht. Unbildlich hingeschlagen?
Adam. Ja, unbildlich.
Es mag ein schlechtes Bild gewesen sein.
Licht. Wann trug sich die Begebenheit denn zu?
Adam. Jetzt, in dem Augenblick, da ich dem Bett

was zum Henker → Seite 98

Gevatter im engeren Sinn: »Taufpate, Taufzeuge«; im weiteren Sinn: »Verwandter, Freund, Nachbar« (DWDS, Der deutsche Wortschatz von 1600 bis heute)

Den Stein zum Anstoß hier: Die Ursache des Missgeschicks → Seite 99

Was beliebt? redensartlich: Was meint Ihr? Was wollt Ihr sagen?

Ältervater → Seite 100

Der so … berühmt geworden Anspielung auf den Sündenfall von Adam und Eva im Paradies

Unbildlich Nicht nur metaphorisch, sondern ganz buchstäblich

Entsteig. Ich hatte noch das Morgenlied
Im Mund, da stolpr' ich in den Morgen schon,
Und eh ich noch den Lauf des Tags beginne,
Renkt unser Herrgott mir den Fuß schon aus.

Licht. Und wohl den linken obenein?

Adam. Den linken?

Licht. Hier, den gesetzten?

Adam. Freilich!

Licht. Allgerechter!
Der ohnhin schwer den Weg der Sünde wandelt.

Adam. Der Fuß! Was! Schwer! Warum?

Licht. Der Klumpfuß?

Adam. Klumpfuß!
Ein Fuß ist, wie der andere, ein Klumpen.

Licht. Erlaubt! Da tut Ihr Eurem rechten Unrecht.
Der rechte kann sich dieser – Wucht nicht rühmen,
Und wagt sich eh'r aufs Schlüpfrige.

Adam. Ach, was!
Wo sich der eine hinwagt, folgt der andre.

Licht. Und was hat das Gesicht Euch so verrenkt?

Adam. Mir das Gesicht?

Licht. Wie? Davon wisst Ihr nichts?

Adam. Ich müsst ein Lügner sein – wie sieht's denn aus?

Licht. Wie's aussieht?

Adam. Ja, Gevatterchen.

Licht. Abscheulich!

Adam. Erklärt Euch deutlicher.

Licht. Geschunden ist's,
Ein Gräul zu sehn. Ein Stück fehlt von der Wange,
Wie groß? Nicht ohne Waage kann ich's schätzen.

Adam. Den Teufel auch!

Licht *bringt einen Spiegel.* Hier! Überzeugt Euch selbst!
Ein Schaf, das, eingehetzt von Hunden, sich

---

das Morgenlied → Seite 100

obenein Variante von ›obendrein‹: ›überdies, ausgerechnet‹

den gesetzten → Seite 100

Allgerechter als Ausruf (der Bestürzung) gängige Umschreibung für: Gott

Der ohnhin schwer den Weg der Sünde wandelt → Seite 100

Klumpfuß »[angeborene] Fehlbildung, bei der die Fußsohle nach innen und oben gedreht ist« (Duden) → Seite 100

ein Gräul ein Gräuel, höchst widerwärtig

schätzen hier: genauer sagen

Den Teufel auch! Redensart: Nicht zu fassen! So ein Mist!

eingehetzt von Hunden → Seite 100

Durch Dornen drängt, lässt nicht mehr Wolle sitzen,
Als Ihr, Gott weiß wo? Fleisch habt sitzen lassen.
Adam. Hm! Ja! 's ist wahr. Unlieblich sieht es aus.
Die Nas hat auch gelitten.
Licht. Und das Auge.
Adam. Das Auge nicht, Gevatter.
Licht. Ei, hier liegt
Querfeld ein Schlag, blutrünstig, straf mich Gott,
Als hätt ein Großknecht wütend ihn geführt.
Adam. Das ist der Augenknochen. – Ja, nun seht,
Das alles hatt ich nicht einmal gespürt.
Licht. Ja, ja! So geht's im Feuer des Gefechts.
Adam. Gefecht! Was! – Mit dem verfluchten Ziegenbock,
Am Ofen focht ich, wenn Ihr wollt. Jetzt weiß ich's.
Da ich das Gleichgewicht verlier, und gleichsam
Ertrunken in den Lüften um mich greife,
Fass ich die Hosen, die ich gestern Abend
Durchnässt an das Gestell des Ofens hing.
Nun fass ich sie, versteht Ihr, denke mich,
Ich Tor, daran zu halten, und nun reißt
Der Bund; Bund jetzt und Hos und ich, wir stürzen,
Und häuptlings mit dem Stirnblatt schmettr' ich auf
Den Ofen hin, just wo ein Ziegenbock
Die Nase an der Ecke vorgestreckt.
Licht *lacht.* Gut, gut.
Adam. Verdammt!
Licht. Der erste Adamsfall,
Den Ihr aus einem Bett hinaus getan.
Adam. Mein Seel! – Doch, was ich sagen wollte, was gibt's Neues?
Licht. Ja, was es Neues gibt! Der Henker hol's,
Hätt ich's doch bald vergessen.
Adam. Nun?

Unlieblich (ironisch) Nicht gerade schön

straf mich Gott → Seite 100

Großknecht → Seite 100

der Augenknochen → Seite 100

im Feuer des Gefechts → Seite 100

Ziegenbock, / Am Ofen → Seite 100

wenn Ihr wollt wenn Ihr die Sache so bezeichnen wollt (als Gefecht)

die Hosen damals gängig als Pluralwort (wegen der beiden Hosenbeine)

häuptlings »kopfüber, mit dem Kopf voran« (Duden)

mit dem Stirnblatt → Seite 101

just gerade dort, exakt da

Mein Seel! → Seite 101

Erläuterungen zu dieser Seite → Seiten 101 und 102

Licht. Macht Euch bereit auf unerwarteten
Besuch aus Utrecht.
Adam. So?
Licht. Der Herr Gerichtsrat kömmt.
Adam. Wer kömmt?
Licht. Der Herr Gerichtsrat Walter kömmt, aus Utrecht.
Er ist in Revisionsbereisung auf den Ämtern,
Und heut noch trifft er bei uns ein.
Adam. Noch heut! Seid Ihr bei Trost?
Licht. So wahr ich lebe.
Er war in Holla, auf dem Grenzdorf, gestern,
Hat das Justizamt dort schon revidiert.
Ein Bauer sah zur Fahrt nach Huisum schon
Die Vorspannpferde vor den Wagen schirren.
Adam. Heut noch, er, der Gerichtsrat, her, aus Utrecht!
Zur Revision, der wackre Mann, der selbst
Sein Schäfchen schiert, dergleichen Fratzen hasst.
Nach Huisum kommen, und uns kujonieren!
Licht. Kam er bis Holla, kommt er auch bis Huisum.
Nehmt Euch in Acht.
Adam. Ach geht!
Licht. Ich sag es Euch.
Adam. Geht mir mit Eurem Märchen, sag ich Euch.
Licht. Der Bauer hat ihn selbst gesehn, zum Henker.
Adam. Wer weiß, wen der triefäugige Schuft gesehn.
Die Kerle unterscheiden ein Gesicht
Von einem Hinterkopf nicht, wenn er kahl ist.
Setzt einen Hut dreieckig auf mein Rohr,
Hängt ihm den Mantel um, zwei Stiefeln drunter,
So hält so'n Schubiack ihn für wen Ihr wollt.
Licht. Wohlan so zweifelt fort, ins Teufels Namen,
Bis er zur Tür eintritt.
Adam. Er, eintreten! –

Ohn uns ein Wort vorher gesteckt zu haben.
Licht. Der Unverstand! Als ob's der vorige
Revisor noch, der Rat Wachholder, wäre!
Es ist Rat Walter jetzt, der revidiert.
Adam. Wenngleich Rat Walter! Geht, lasst mich zufrieden.
Der Mann hat seinen Amtseid ja geschworen,
Und praktisiert, wie wir, nach den
Bestehenden Edikten und Gebräuchen.
Licht. Nun ich versichr' Euch, der Gerichtsrat Walter
Erschien in Holla unvermutet gestern,
Vis'tierte Kassen und Registraturen,
Und suspendierte Richter dort und Schreiber,
Warum? ich weiß nicht, ab officio.
Adam. Den Teufel auch? Hat das der Bauer gesagt?
Licht. Dies und noch mehr –
Adam. So?
Licht. Wenn Ihr's wissen wollt.
Denn in der Frühe heut sucht man den Richter,
Dem man in seinem Haus Arrest gegeben,
Und findet hinten in der Scheuer ihn
Am Sparren hoch des Daches aufgehangen.
Adam. Was sagt Ihr?
Licht. Hülf inzwischen kommt herbei,
Man löst ihn ab, man reibt ihn, und begießt ihn,
Ins nackte Leben bringt man ihn zurück.
Adam. So? Bringt man ihn?
Licht. Doch jetzo wird versiegelt,
In seinem Haus, vereidet und verschlossen,
Es ist, als wär er eine Leiche schon,
Und auch sein Richteramt ist schon beerbt.
Adam. Ei, Henker, seht! – Ein liederlicher Hund war's –
Sonst eine ehrliche Haut, so wahr ich lebe,
Ein Kerl, mit dem sich's gut zusammen war;

Erläuterungen zu dieser Seite → Seiten 102 bis 105

Erläuterungen zu dieser Seite → Seiten 105 und 106

Doch grausam liederlich, das muss ich sagen.
Wenn der Gerichtsrat heut in Holla war,
So ging's ihm schlecht, dem armen Kauz, das glaub ich.
Licht. Und dieser Vorfall einzig, sprach der Bauer,
Sei schuld, dass der Gerichtsrat noch nicht hier;
Zu Mittag treff er doch ohnfehlbar ein.
Adam. Zu Mittag! Gut, Gevatter! Jetzt gilt's Freundschaft.
Ihr wisst, wie sich zwei Hände waschen können.
Ihr wollt auch gern, ich weiß, Dorfrichter werden,
Und Ihr verdient's, bei Gott, so gut wie einer.
Doch heut ist noch nicht die Gelegenheit,
Heut lasst Ihr noch den Kelch vorübergehn.
Licht. Dorfrichter, ich! Was denkt Ihr auch von mir?
Adam. Ihr seid ein Freund von wohlgesetzter Rede,
Und Euren Cicero habt Ihr studiert
Trotz einem auf der Schul in Amsterdam.
Drückt Euren Ehrgeiz heut hinunter, hört Ihr?
Es werden wohl sich Fälle noch ergeben,
Wo Ihr mit Eurer Kunst Euch zeigen könnt.
Licht. Wir zwei Gevatterleute! Geht mir fort.
Adam.
Zu seiner Zeit, Ihr wisst's, schwieg auch der große
Demosthenes. Folgt hierin seinem Muster.
Und bin ich König nicht von Mazedonien,
Kann ich auf meine Art doch dankbar sein.
Licht. Geht mir mit Eurem Argwohn, sag ich Euch.
Hab ich jemals –?
Adam. Seht, ich, ich, für mein Teil,
Dem großen Griechen folg ich auch. Es ließe
Von Depositionen sich und Zinsen
Zuletzt auch eine Rede ausarbeiten:
Wer wollte solche Perioden drehn?
Licht. Nun, also!

Adam. Von solchem Vorwurf bin ich rein,
Der Henker hol's! Und alles, was es gilt,
Ein Schwank ist's etwa, der zur Nacht geboren,
Des Tags vorwitzgen Lichtstrahl scheut.
Licht. Ich weiß.
Adam. Mein Seel! Es ist kein Grund, warum ein Richter,
Wenn er nicht auf dem Richtstuhl sitzt,
Soll gravitätisch, wie ein Eisbär, sein.
Licht. Das sag ich auch.
Adam. Nun denn, so kommt Gevatter,
Folgt mir ein wenig zur Registratur;
Die Aktenstöße setz ich auf, denn die,
Die liegen wie der Turm zu Babylon.

Zweiter Auftritt

Ein Bedienter *tritt auf.* **Die Vorigen.** –
Nachher: **Zwei Mägde.**

Der Bediente.
Gott helf, Herr Richter! Der Gerichtsrat Walter
Lässt seinen Gruß vermelden, gleich wird er hier sein.
Adam. Ei, du gerechter Himmel! Ist er mit Holla
Schon fertig?
Der Bediente. Ja, er ist in Huisum schon.
Adam. He! Liese! Grete!
Licht. Ruhig, ruhig jetzt.
Adam. Gevatterchen!
Licht. Lasst Euern Dank vermelden.
Der Bediente. Und morgen reisen wir nach Hussahe.

Schwank → Seite 106

zur Nacht geboren in der Nacht (gleichsam als Ausgeburt eines Traums) entstanden

gravitätisch betont würdevoll, (übertrieben) ernst und gemessen

setz ich auf schichte ich auf

Turm zu Babylon → Seite 106

Die Vorigen Die bereits (in der vorigen Szene) Anwesenden

Gott helf eigentlich eine Floskel wie: Gesundheit! (etwa wenn jemand niest); hier eine einfache Grußformel

vermelden bestellen, ausrichten

Ei, du gerechter Himmel! Ausruf der Verwunderung und Bestürzung: Ei du lieber Gott!

Hussahe (siehe Seite 101 unten)

Was tu ich jetzt? Was lass ich? vgl. die Wendung ›tun und lassen‹

toll verrückt

den Rock → Seite 106

Beffchen → Seite 106

Kragen → Seite 107

Bedienten (siehe Seite 4)

lässt sich / Entschuldigen → Seite 107

bestellt gerufen, zu sich bestellt

Mein Empfehl. → Seite 107

purgiert mich → Seite 107

Ich wäre krank. → Seite 108

Der Herr Gerichtsrat- wär sehr angenehm. / Wollt Ihr? → Seite 108

Adam. Was tu ich jetzt? Was lass ich?
Er greift nach seinen Kleidern.
Erste Magd *tritt auf.* Hier bin ich, Herr.
Licht. Wollt Ihr die Hosen anziehn? Seid Ihr toll?
Zweite Magd *tritt auf.*
Hier bin ich, Herr Dorfrichter.
Licht. Nehmt den Rock.
Adam *sieht sich um.*
Wer? Der Gerichtsrat?
Licht. Ach, die Magd ist es.
Adam. Die Beffchen! Mantel! Kragen!
Erste Magd. Erst die Weste!
Adam. Was? – Rock aus! Hurtig!
Licht *zum Bedienten.* Der Herr Gerichtsrat werden
Hier sehr willkommen sein. Wir sind sogleich
Bereit ihn zu empfangen. Sagt ihm das.
Adam. Den Teufel auch! Der Richter Adam lässt sich
Entschuldigen.
Licht. Entschuldigen!
Adam. Entschuldgen.
Ist er schon unterwegs etwa?
Der Bediente. Er ist
Im Wirtshaus noch. Er hat den Schmied bestellt;
Der Wagen ging entzwei.
Adam. Gut. Mein Empfehl.
Der Schmied ist faul. Ich ließe mich entschuldgen.
Ich hätte Hals und Beine fast gebrochen,
Schaut selbst, 's ist ein Spektakel, wie ich ausseh;
Und jeder Schreck purgiert mich von Natur.
Ich wäre krank.
Licht. Seid Ihr bei Sinnen? –
Der Herr Gerichtsrat wär sehr angenehm.
– Wollt Ihr?

Adam. Zum Henker!
Licht. Was?
Adam. Der Teufel soll mich holen,
Ist's nicht so gut, als hätt ich schon ein Pulver!
Licht. Das fehlt noch, dass Ihr auf den Weg ihm leuchtet.
Adam. Margrethe! he! Der Sack voll Knochen! Liese!
Die beiden Mägde.
Hier sind wir ja. Was wollt Ihr?
Adam. Fort! sag ich.
Kuhkäse, Schinken, Butter, Würste, Flaschen,
Aus der Registratur geschafft! Und flink! –
Du nicht. Die andere. – Maulaffe! Du ja!
– Gotts Blitz, Margrethe! Liese soll, die Kuhmagd,
In die Registratur!
Die erste Magd geht ab.
Die zweite Magd. Sprecht, soll man Euch verstehn!
Adam.
Halt's Maul jetzt, sag ich –! Fort! schaff mir die Perücke!
Marsch! Aus dem Bücherschrank! Geschwind! Pack dich!
Die zweite Magd ab.
Licht *zum Bedienten.*
Es ist dem Herrn Gerichtsrat, will ich hoffen,
Nichts Böses auf der Reise zugestoßen?
Der Bediente. Je, nun! Wir sind im Hohlweg umgeworfen.
Adam. Pest! Mein geschundner Fuß! Ich krieg die Stiefeln –
Licht. Ei, du mein Himmel! Umgeworfen, sagt Ihr?
Doch keinen Schaden weiter –?
Der Bediente. Nichts von Bedeutung.
Der Herr verstauchte sich die Hand ein wenig.
Die Deichsel brach.
Adam. Dass er den Hals gebrochen!
Licht. Die Hand verstaucht! Ei, Herr Gott! Kam der Schmied
schon?

ein Pulver ein Abführmittel (ein ›Purgativ‹, siehe oben Vers 186)

dass Ihr auf den Weg ihm leuchtet → Seite 108

Der Sack voll Knochen! → Seite 108

geschafft herbeigeholt

Maulaffe → Seite 108

Gotts Blitz Ausruf der Ungeduld (»Gottes Blitz soll einschlagen!«)

Kuhmagd → Seite 108

Perücke weiß gepuderte Perücke als Teil der Amtstracht (vgl. Vers 235)

Je, nun! Wie man's nimmt!

Wir sind im Hohlweg umgeworfen! → Seite 108

Pest! Verflucht!

Dass er den Hals gebrochen! Hätte er sich doch bloß den Hals gebrochen!

Der Bediente. Ja, für die Deichsel.

Licht. Was?

Adam. Ihr meint, der Doktor.

Licht. Was?

Der Bediente. Für die Deichsel?

Adam. Ach, was! Für die Hand.

Der Bediente.

Adies im 18. und 19. Jahrhundert »volkstümlich für adieu« (Duden)

Adies, ihr Herrn. – Ich glaub, die Kerls sind toll.

Ab.

Licht. Den Schmied meint' ich.

Ihr gebt Euch bloß Ihr gebt Euch eine Blöße (eine Redewendung, die auf die Fechtkunst zurückgeht)

Adam. Ihr gebt euch bloß, Gevatter.

Licht. Wieso?

Adam. Ihr seid verlegen.

Licht. Was!

Die erste Magd tritt auf.

Adam. He! Liese!

Was hast du da?

Erste Magd. Braunschweiger Wurst, Herr Richter.

Pupillenakten → Seite 108

Adam. Das sind Pupillenakten.

Licht. Ich, verlegen!

Adam. Die kommen wieder zur Registratur.

Der Einschlag »Ein Brief oder andere bewegliche Sache, welche in einen Brief oder ein Paket mit eingeschlagen wird« (Adelung, Grammatisch-kritisches Wörterbuch); hier wohl: die Akte

Erste Magd. Die Würste?

Adam. Würste! Was! Der Einschlag hier.

Licht. Es war ein Missverständnis.

Die zweite Magd *tritt auf.*

Im Bücherschrank,

Herr Richter, find ich die Perücke nicht.

Adam. Warum nicht?

Zweite Magd. Hm! Weil Ihr –

Adam. Nun?

Glock eilf (genau) um elf Uhr → Seite 108

Zweite Magd. Gestern Abend –

Glock eilf –

Adam. Nun? Werd ich's hören?

Zweite Magd. Ei, Ihr kamt ja,
Besinnt Euch, ohne die Perück ins Haus.
Adam. Ich, ohne die Perücke?
Zweite Magd. In der Tat.
Da ist die Liese, die's bezeugen kann.
Und Eure andr' ist beim Perückenmacher.
Adam. Ich wär –?
Erste Magd. Ja, meiner Treu, Herr Richter Adam!
Kahlköpfig wart Ihr, als Ihr wiederkamt;
Ihr spracht, Ihr wärt gefallen, wisst Ihr nicht?
Das Blut musst' ich Euch noch vom Kopfe waschen.
Adam. Die Unverschämte!
Erste Magd. Ich will nicht ehrlich sein.
Adam. Halt's Maul, sag ich, es ist kein wahres Wort.
Licht. Habt Ihr die Wund seit gestern schon?
Adam. Nein, heut.
Die Wunde heut und gestern die Perücke.
Ich trug sie weiß gepudert auf dem Kopfe,
Und nahm sie mit dem Hut, auf Ehre, bloß,
Als ich ins Haus trat, aus Versehen ab.
Was die gewaschen hat, das weiß ich nicht.
– Scher dich zum Satan, wo du hingehörst!
In die Registratur!
Erste Magd ab.
Geh, Margarethe!
Gevatter Küster soll mir seine borgen;
In meine hätt die Katze heute Morgen
Gejungt, das Schwein! Sie läge eingesäuet
Mir unterm Bette da, ich weiß nun schon.
Licht. Die Katze? Was? Seid Ihr –?
Adam. So wahr ich lebe.
Fünf Junge, gelb und schwarz, und eins ist weiß.
Die schwarzen will ich in der Vecht ersäufen.

meiner Treu → Seite 108

Ich will nicht ehrlich sein. → Seite 109

es ist kein wahres Wort es ist kein wahres Wort daran (an dem, was du sagst)

auf Ehre Redewendung: wie ich bei meiner Ehre versichere

Was die gewaschen hat vgl. oben Vers 230: »Das Blut musst' ich Euch noch vom Kopfe waschen.«

Satan Teufel

Küster Kirchendiener; »Person, die (beruflich oder ehrenamtlich) den Kirchenraum für eine Messe, einen Gottesdienst vorbereitet und Hilfs- bzw. Hausmeisterdienste ausführt« (DWDS)

Vecht Name des Mündungsarms des Rheins bei Utrecht

Was soll man machen? Wollt Ihr eine haben?
Licht. In die Perücke?
Adam. Der Teufel soll mich holen!
Ich hatte die Perücke aufgehängt,
Auf einen Stuhl, da ich zu Bette ging,
Den Stuhl berühr ich in der Nacht, sie fällt –
Licht. Drauf nimmt die Katze sie ins Maul –
Adam. Mein Seel –
Licht. Und trägt sie unters Bett und jungt darin.
Adam. Ins Maul? Nein –
Licht. Nicht? Wie sonst?
Adam. Die Katz? Ach, was!
Licht. Nicht? Oder Ihr vielleicht?
Adam. Ins Maul! Ich glaube – !
Ich stieß sie mit dem Fuße heut hinunter,
Als ich es sah.
Licht. Gut, gut.
Adam. Kanaillen die!
Die balzen sich und jungen, wo ein Platz ist.
Zweite Magd *kichernd.*
So soll ich hingehn?
Adam. Ja, und meinen Gruß
An Muhme Schwarzgewand, die Küsterin.
Ich schickt' ihr die Perücke unversehrt
Noch heut zurück – ihm brauchst du nichts zu sagen.
Verstehst du mich?
Zweite Magd. Ich werd es schon bestellen.
Ab.

Der Teufel soll mich holen! Redewendung, die als starke Bekräftigung dient: Der Teufel soll mich holen, wenn ich nicht die Wahrheit sage!

da als

Kanaillen Eine Kanaille ist eine schurkische Person oder eine »Gruppe von Menschen, die als asozial, verbrecherisch oder Ähnliches angesehen wird« (Duden).

balzen sich umwerben einander

Muhme im engeren Sinn »Tante«, im weiteren Sinn »ältere Verwandte, Gevatterin« (DWDS)

Schwarzgewand → Seite 109

die Küsterin die Frau des Küsters

Dritter Auftritt

Adam *und* **Licht.**

Adam. Mir ahndet heut nichts Guts, Gevatter Licht.
Licht. Warum?
Adam. Es geht bunt alles überecke mir.
Ist nicht auch heut Gerichtstag?
Licht. Allerdings.
Die Kläger stehen vor der Türe schon.
Adam. – Mir träumt', es hätt ein Kläger mich ergriffen,
Und schleppte vor den Richtstuhl mich; und ich,
Ich säße gleichwohl auf dem Richtstuhl dort,
Und schält' und hunzt' und schlingelte mich herunter,
Und judiziert' den Hals ins Eisen mir.
Licht. Wie? Ihr Euch selbst?
Adam. So wahr ich ehrlich bin.
Drauf wurden beide wir zu eins, und flohn,
Und mussten in den Fichten übernachten.
Licht. Nun? Und der Traum meint Ihr – ?
Adam. Der Teufel hol's.
Wenn's auch der Traum nicht ist, ein Schabernack,
Sei's, wie es woll, ist wider mich im Werk!
Licht. Die läppsche Furcht! Gebt Ihr nur vorschriftsmäßig,
Wenn der Gerichtsrat gegenwärtig ist,
Recht den Parteien auf dem Richterstuhle,
Damit der Traum vom ausgehunzten Richter
Auf andre Art nicht in Erfüllung geht.

ahndet früher verbreitete Variante von ›ahnt‹

Es geht bunt alles überecke mir. → Seite 109

Gerichtstag Sitzungstag, an dem Streitfälle vor Gericht verhandelt werden

Mir träumt' Ich träumte

Ich schält' und hunzt' und schlingelte mich herunter → Seite 109

judiziert' den Hals ins Eisen mir → Seite 109

So wahr ich ehrlich bin. eine weitere Bekräftigungsformel, vgl. Vers 231

den Fichten → Seite 109

ein Schabernack / Sei's, wie es woll, ist wider mich im Werk! auf die eine oder andere Weise will mir hier jemand einen üblen Streich spielen!

Die Welch

ausgehunzten → Seite 109

Vierter Auftritt

Der Gerichtsrat Walter *tritt auf.* **Die Vorigen.**

Walter. Gott grüß Euch, Richter Adam.
Adam. Ei willkommen!
Willkommen, gnädger Herr, in unserm Huisum!
Wer konnte, du gerechter Gott, wer konnte
So freudigen Besuches sich gewärtgen.
Kein Traum, der heute Früh Glock achte noch
Zu solchem Glücke sich versteigen durfte.
Walter.
Ich komm ein wenig schnell, ich weiß; und muss
Auf dieser Reis, in unsrer Staaten Dienst,
Zufrieden sein, wenn meine Wirte mich
Mit wohlgemeintem Abschiedsgruß entlassen.
Inzwischen ich, was meinen Gruß betrifft,
Ich mein's von Herzen gut, schon wenn ich komme.
Das Obertribunal in Utrecht will
Die Rechtspfleg auf dem platten Land verbessern,
Die mangelhaft von mancher Seite scheint,
Und strenge Weisung hat der Missbrauch zu erwarten.
Doch mein Geschäft auf dieser Reis ist noch
Ein strenges nicht, sehn soll ich bloß, nicht strafen,
Und find ich gleich nicht alles, wie es soll,
Ich freue mich, wenn es erträglich ist.
Adam. Fürwahr, so edle Denkart muss man loben.
Eur Gnaden werden hie und da, nicht zweifl' ich,
Den alten Brauch im Recht zu tadeln wissen;
Und wenn er in den Niederlanden gleich
Seit Kaiser Karl dem Fünften schon besteht:
Was lässt sich in Gedanken nicht erfinden?
Die Welt, sagt unser Sprichwort, wird stets klüger,

sich gewärtgen gewärtig sein, erwarten, mit einem Ereignis rechnen

unsrer Staaten → Seite 109

entlassen verabschieden, ziehen lassen

Inzwischen ich Ich für mein Teil; ich jedenfalls

Das Obertribunal Der hohe Gerichtshof

Die Rechtspfleg auf dem platten Land → Seite 109

strenge Weisung strengen Verweis, harte Konsequenzen

Eur Gnaden → Seite 109

hie und da → Seite 110

Den alten Brauch im Recht → Seite 110

gleich auch

Seit Kaiser Karl dem Fünften → Seite 110

Und alles liest, ich weiß, den Puffendorf;
Doch Huisum ist ein kleiner Teil der Welt,
Auf den nicht mehr, nicht minder, als sein Teil nur
Kann von der allgemeinen Klugheit kommen.
Klärt die Justiz in Huisum gütigst auf,
Und überzeugt Euch, gnädger Herr, Ihr habt
Ihr noch sobald den Rücken nicht gekehrt,
Als sie auch völlig Euch befriedgen wird;
Doch fändet Ihr sie heut im Amte schon
Wie Ihr sie wünscht, mein Seel, so wär's ein Wunder,
Da sie nur dunkel weiß noch, was Ihr wollt.

Walter. Es fehlt an Vorschriften, ganz recht. Vielmehr
Es sind zu viel, man wird sie sichten müssen.

Adam. Ja, durch ein großes Sieb. Viel Spreu! Viel Spreu!

Walter. Das ist dort der Herr Schreiber?

Licht. Der Schreiber Licht,
Zu Eurer hohen Gnaden Diensten. Pfingsten
Neun Jahre, dass ich im Justizamt bin.

Adam *bringt einen Stuhl.*
Setzt Euch.

Walter. Lasst sein.

Adam. Ihr kommt von Holla schon.

Walter. Zwei kleine Meilen – Woher wisst Ihr das?

Adam. Woher? Eur Gnaden Diener –

Licht. Ein Bauer sagt' es,
Der eben jetzt von Holla eingetroffen.

Walter. Ein Bauer?

Adam. Aufzuwarten.

Walter. – Ja! Es trug sich
Dort ein unangenehmer Vorfall zu,
Der mir die heitre Laune störte,
Die in Geschäften uns begleiten soll. –
Ihr werdet davon unterrichtet sein?

den Puffendorf → Seite 110

Ihr habt … befriedgen wird kaum seid Ihr (nachdem Ihr uns belehrt habt) wieder abgereist, wird alles ganz so sein, wie Ihr es erwartet beziehungsweise wünscht

Da sie nur dunkel weiß noch Da sie (die hiesige Justiz) bisher nur sehr unklare Vorstellungen davon hat

Viel Spreu! → Seite 110

Pfingsten / Neun Jahre An Pfingsten sind es neun Jahre

im Justizamt im Justizdienst

Zwei kleine Meilen → Seite 110

Aufzuwarten → Seite 110

Geschäften hier: Amtsgeschäften

unterrichtet sein gehört haben

Adam. Wär's wahr, gestrenger Herr? Der Richter Pfaul,
Weil er Arrest in seinem Haus empfing,
Verzweiflung hätt den Toren überrascht,
Er hing sich auf?

Walter. Und machte Übel ärger.
Was nur Unordnung schien, Verworrenheit,
Nimmt jetzt den Schein an der Veruntreuung,
Die das Gesetz, Ihr wisst's, nicht mehr verschont. –
Wie viele Kassen habt Ihr?

Adam. Fünf, zu dienen.

Walter. Wie, fünf! Ich stand im Wahn – Gefüllte Kassen?
Ich stand im Wahn, dass Ihr nur vier –

Adam. Verzeiht!
Mit der Rhein-Inundations-Kollekten-Kasse?

Walter. Mit der Inundations-Kollekten-Kasse!
Doch jetzo ist der Rhein nicht inundiert,
Und die Kollekten gehn mithin nicht ein.
– Sagt doch, Ihr habt ja wohl Gerichtstag heut?

Adam. Ob wir – ?

Walter. Was?

Licht. Ja, den ersten in der Woche.

Walter. Und jene Schar von Leuten, die ich draußen
Auf Eurem Flure sah, sind das – ?

Adam. Das werden –

Licht. Die Kläger sind's, die sich bereits versammeln.

Walter. Gut. Dieser Umstand ist mir lieb, ihr Herren.
Lasst diese Leute, wenn's beliebt, erscheinen.
Ich wohne dem Gerichtsgang bei; ich sehe
Wie er in Eurem Huisum üblich ist.
Wir nehmen die Registratur, die Kassen,
Nachher, wenn diese Sache abgetan.

Adam. Wie Ihr befehlt. – Der Büttel! He! Hanfriede!

gestrenger Herr → Seite 111
überrascht übermannt
der Veruntreuung → Seite 111
nicht mehr verschont → Seite 111
Ich stand im Wahn → Seite 111
Rhein-Inundations-Kollekten-Kasse → Seite 111
inundiert über die Ufer getreten
Kollekten → Seite 111
mithin folglich, demnach
wenn's beliebt → Seite 111
wohne … bei → Seite 112
nehmen → Seite 112
abgetan erledigt ist, beendet ist
Hanfriede → Seite 112

Fünfter Auftritt

Die zweite Magd *tritt auf.* **Die Vorigen.**

Zweite Magd. Gruß von Frau Küsterin, Herr Richter Adam;
So gern sie die Perück Euch auch –
Adam. Wie? Nicht?
Zweite Magd. Sie sagt, es wäre Morgenpredigt heute;
Der Küster hätte selbst die eine auf,
Und seine andre wäre unbrauchbar,
Sie sollte heut zu dem Perückenmacher.
Adam. Verflucht!
Zweite Magd. Sobald der Küster wiederkömmt,
Wird sie jedoch sogleich Euch seine schicken.
Adam. Auf meine Ehre, gnädger Herr –
Walter. Was gibt's?
Adam. Ein Zufall, ein verwünschter, hat um beide
Perücken mich gebracht. Und jetzt bleibt mir
Die dritte aus, die ich mir leihen wollte:
Ich muss kahlköpfig den Gerichtstag halten.
Walter. Kahlköpfig!
Adam. Ja, beim ewgen Gott! So sehr
Ich ohne der Perücke Beistand um
Mein Richteransehn auch verlegen bin.
– Ich müsst' es auf dem Vorwerk noch versuchen,
Ob mir vielleicht der Pächter – ?
Walter. Auf dem Vorwerk!
Kann jemand anders hier im Orte nicht – ?
Adam. Nein, in der Tat –
Walter. Der Prediger vielleicht.
Adam. Der Prediger? Der –
Walter. Oder Schulmeister.
Adam. Seit der Sackzehnde abgeschafft, Eur Gnaden,

wiederkömmt (siehe die Verse 68 und 69)

So sehr … verlegen bin. → Seite 112

Vorwerk »zu einem größeren Gut gehörender, kleinerer, abgelegener Bauernhof« (Duden)

Pächter → Seite 112

Prediger örtliche Geistliche

Schulmeister Schullehrer (wohl der einzige Lehrer am Ort)

Sackzehnde die Abgabe (»der Zehnte«), die die Bauern vom abgedroschenen Korn an den Pfarrer und den Schulmeister zu leisten hatten

Wozu ich hier im Amte mitgewirkt,
Kann ich auf beider Dienste nicht mehr rechnen.

Walter. Nun, Herr Dorfrichter? Nun? Und der Gerichtstag?
Denkt Ihr zu warten, bis die Haar' Euch wachsen?

Adam. Ja, wenn Ihr mir erlaubt, schick ich aufs Vorwerk.

Walter. – Wie weit ist's auf das Vorwerk?

Adam. Ei! Ein kleines
Halbstündchen.

Walter. Eine halbe Stunde, was!
Und Eurer Sitzung Stunde schlug bereits.
Macht fort! Ich muss noch heut nach Hussahe.

Adam. Macht fort! Ja –

Walter. Ei, so pudert Euch den Kopf ein!
Wo Teufel auch, wo ließt Ihr die Perücken?
– Helft Euch so gut Ihr könnt. Ich habe Eile.

Adam. Auch das.

Der Büttel *tritt auf.* Hier ist der Büttel!

Adam. Kann ich inzwischen
Mit einem guten Frühstück, Wurst aus Braunschweig,
Ein Gläschen Danziger etwa –

Walter. Danke sehr.

Adam. Ohn Umständ!

Walter. Dank, Ihr hört's, hab's schon genossen.
Geht Ihr, und nutzt die Zeit, ich brauche sie
In meinem Büchlein etwas mir zu merken.

Adam. Nun, wenn Ihr so befehlt – Komm, Margarethe!

Walter. – Ihr seid ja bös verletzt, Herr Richter Adam.
Seid Ihr gefallen?

Adam. – Hab einen wahren Mordschlag
Heut Früh, als ich dem Bett entstieg, getan:
Seht, gnädger Herr Gerichtsrat, einen Schlag
Ins Zimmer hin, ich glaubt' es wär ins Grab.

Walter. Das tut mir leid. – Es wird doch weiter nicht

schick ich aufs Vorwerk entsende ich jemanden zum Vorwerk

Macht fort! Macht voran! Beeilt Euch!

inzwischen derweil; um die Wartezeit zu überbrücken

Danziger Das ›Danziger Goldwasser‹ war ein berühmter Gewürzlikör.

Danke sehr. Nein danke.

Ohn Umständ! Das macht auch gar keine Umstände!

genossen gegessen und getrunken

brauche verwende, nutze

merken notieren

wahren Mordschlag fürchterlichen Fall

Von Folgen sein?
Adam. Ich denke nicht. Und auch
In meiner Pflicht soll's weiter mich nicht stören. –
Erlaubt!
Walter. Geht, geht!
Adam *zum Büttel.* Die Kläger rufst du – Marsch!
Adam, die Magd und der Büttel ab.

Erlaubt! kurz für: Gestattet mir, Euch für einen Moment allein zu lassen!

Sechster Auftritt

Frau Marthe, Eve, Veit *und* **Ruprecht** *treten auf.* –
Walter *und* **Licht** *im Hintergrunde.*

Frau Marthe. Ihr krugzertrümmerndes Gesindel, ihr!
Ihr sollt mir büßen, ihr!
Veit. Sei Sie nur ruhig,
Frau Marth! Es wird sich alles hier entscheiden.
Frau Marthe.
O ja. Entscheiden. Seht doch. Den Klugschwätzer.
Den Krug mir, den zerbrochenen, entscheiden.
Wer wird mir den geschiednen Krug entscheiden?
Hier wird entschieden werden, dass geschieden
Der Krug mir bleiben soll. Für so'n Schiedsurteil
Geb ich noch die geschiednen Scherben nicht.
Veit. Wenn Sie sich Recht erstreiten kann, Sie hört's,
Ersetz ich ihn.
Frau Marthe. Er mir den Krug ersetzen.
Wenn ich mir Recht erstreiten kann, ersetzen.
Setz Er den Krug mal hin, versuch Er's mal,
Setz Er'n mal hin auf das Gesims! Ersetzen!

Gesims »waagerecht aus einer Mauer hervortretendes, fensterbrettartiges Bauteil zur Gliederung von Außenwänden« (Duden)

kein Gebein hier: keine Beine

Den Krug, der kein Gebein zum Stehen hat,
Zum Liegen oder Sitzen hat, ersetzen!

geifert schimpft, sabbelt

Veit. Sie hört's! Was geifert Sie? Kann man mehr tun?
Wenn einer Ihr von uns den Krug zerbrochen,
Soll Sie entschädigt werden.

Frau Marthe. Ich entschädigt!
Als ob ein Stück von meinem Hornvieh spräche.
Meint Er, dass die Justiz ein Töpfer ist?

die Hochmögenden (meist in spöttischer Absicht) all die einflussreichen, angesehenen Leute

Und kämen die Hochmögenden und bänden
Die Schürze vor, und trügen ihn zum Ofen,
Die könnten sonst was in den Krug mir tun,
Als ihn entschädigen. Entschädigen!

Ofen Brennofen, in dem Töpferware ihre feste, dauerhafte Form erhält

Ruprecht. Lass Er sie, Vater. Folg er mir. Der Drache!
's ist der zerbrochne Krug nicht, der sie wurmt,
Die Hochzeit ist es, die ein Loch bekommen,
Und mit Gewalt hier denkt sie sie zu flicken.
Ich aber setze noch den Fuß eins drauf:
Verflucht bin ich, wenn ich die Metze nehme.

Ich aber setze noch den Fuß eins drauf → Seite 112

Metze → Seite 112

Frau Marthe. Der eitle Flaps! Die Hochzeit ich hier flicken!
Die Hochzeit, nicht des Flickdrahts, unzerbrochen
Nicht einen von des Kruges Scherben wert.
Und stünd die Hochzeit blankgescheuert vor mir,
Wie noch der Krug auf dem Gesimse gestern,
So fasst' ich sie beim Griff jetzt mit den Händen,
Und schlüg sie gellend ihm am Kopf entzwei,
Nicht aber hier die Scherben möcht' ich flicken!
Sie flicken!

Flaps »Lümmel, Flegel« (DWDS)

gellend mit schrillem Klang

möcht' ich würde ich … wollen

Eve. Ruprecht!

Ruprecht. Fort du –!

Eve. Liebster Ruprecht!

Ruprecht. Mir aus den Augen!

Eve. Ich beschwöre dich.

Ruprecht. Die lüderliche –! Ich mag nicht sagen, was.

lüderliche Variante zu: liederliche (siehe Vers 122)

Eve. Lass mich ein einzges Wort dir heimlich –
Ruprecht. Nichts!
Eve. – Du gehst zum Regimente jetzt, o Ruprecht,
Wer weiß, wenn du erst die Muskete trägst,
Ob ich dich je im Leben wiedersehe.
Krieg ist's, bedenke, Krieg, in den du ziehst:
Willst du mit solchem Grolle von mir scheiden?

Ruprecht.
Groll? Nein, bewahr mich Gott, das will ich nicht.
Gott schenk dir so viel Wohlergehn, als er
Erübrigen kann. Doch kehrt' ich aus dem Kriege
Gesund, mit erzgegossnem Leib zurück,
Und würd in Huisum achtzig Jahre alt,
So sagt' ich noch im Tode zu dir: Metze!
Du willst's ja selber vor Gericht beschwören.

Frau Marthe *zu Eve.*
Hinweg! Was sagt' ich dir? Willst du dich noch
Beschimpfen lassen? Der Herr Korporal
Ist was für dich, der würdge Holzgebein,
Der seinen Stock im Militär geführt,
Und nicht dort der Maulaffe, der dem Stock
Jetzt seinen Rücken bieten wird. Heut ist
Verlobung, Hochzeit, wäre Taufe heute,
Es wär mir recht, und mein Begräbnis leid ich,
Wenn ich dem Hochmut erst den Kamm zertreten,
Der mir bis an die Krüge schwillet.

Eve. Mutter!
Lasst doch den Krug! Lasst mich doch in der Stadt versuchen,
Ob ein geschickter Handwerksmann die Scherben,
Nicht wieder Euch zur Lust zusammenfügt.
Und wär's um ihn geschehn, nehmt meine ganze
Sparbüchse hin, und kauft Euch einen neuen.

zum Regimente zum Militär (Ein Regiment ist ein größerer Truppenverband.)

Muskete Die Muskete ist ein Vorläufer des modernen Gewehrs.

mit erzgegossnem Leib wohl: mit ›stählernem‹ (im Kampf gestähltem) Körper

Herr Korporal Herr Unteroffizier

der würdge Holzgebein → Seite 113

seinen Stock im Militär geführt → Seite 113

leid ich ertrag ich gern

den Kamm zertreten, / Der mir bis an die Krüge schwillet → Seite 113

Euch zur Lust ganz nach Euren Vorstellungen und zu Eurer Freude und Zufriedenheit

Wer wollte doch um einen irdnen Krug,
Und stammt' er von Herodes' Zeiten her,
Solch einen Aufruhr, so viel Unheil stiften.

Frau Marthe.
Du sprichst, wie du's verstehst. Willst du etwa
Die Fiedel tragen, Evchen, in der Kirche
Am nächsten Sonntag reuig Buße tun?
Dein guter Name lag in diesem Topfe,
Und vor der Welt mit ihm ward er zerstoßen,
Wenn auch vor Gott nicht, und vor mir und dir.
Der Richter ist mein Handwerksmann, der Schergen,
Der Block ist's, Peitschenhiebe, die es braucht,
Und auf den Scheiterhaufen das Gesindel,
Wenn's unsre Ehre weiß zu brennen gilt,
Und diesen Krug hier wieder zu glasieren.

Siebenter Auftritt

Adam *im Ornat, doch ohne Perücke, tritt auf.*
Die Vorigen.

Adam *für sich.*
Ei, Evchen. Sieh! Und der vierschrötge Schlingel,
Der Ruprecht! Ei, was Teufel, sieh! die ganze Sippschaft!
– Die werden mich doch nicht bei mir verklagen?

Eve. O liebste Mutter, folgt mir, ich beschwör Euch,
Lasst diesem Unglückszimmer uns entfliehen!

Adam. Gevatter! Sagt mir doch, was bringen die?

Licht. Was weiß ich? Lärm um nichts; Lappalien.
Es ist ein Krug zerbrochen worden, hör ich.

irdnen aus (gebranntem) Ton gefertigten

von Herodes' Zeiten her → Seite 113

Du sprichst, wie du's verstehst. → Seite 114

Die Fiedel → Seite 114

in der Kirche … Buße tun → Seite 114

Dein guter Name → Seite 115

Schergen → Seite 115

Block → Seite 115

weiß zu brennen → Seite 115

zu glasieren → Seite 115

im Ornat in der Amtstracht

vierschrötge Schlingel → Seite 115

Sippschaft (salopp und abwertend) Verwandtschaft

Lappalien Belanglosigkeiten, höchst unbedeutende Dinge

Adam. Ein Krug! So! Ei! – Ei, wer zerbrach den Krug?
Licht. Wer ihn zerbrochen?
Adam. Ja, Gevatterchen.
Licht. Mein Seel, setzt Euch: so werdet Ihr's erfahren.
Adam *heimlich.* Evchen!
Eve *gleichfalls.* Geh Er.
Adam. Ein Wort.
Eve. Ich will nichts wissen.
Adam. Was bringt ihr mir?
Eve. Ich sag Ihm, Er soll gehn.
Adam. Evchen! Ich bitte dich! Was soll mir das bedeuten?
Eve. Wenn Er nicht gleich –! Ich sag's Ihm, lass Er mich.
Adam *zu Licht.*
Gevatter, hört, mein Seel, ich halt's nicht aus.
Die Wund am Schienbein macht mir Übelkeiten;
Führt Ihr die Sach, ich will zu Bette gehn.
Licht. Zu Bett –? Ihr wollt –? Ich glaub, Ihr seid verrückt.
Adam. Der Henker hol's. Ich muss mich übergeben.
Licht. Ich glaub, Ihr rast, im Ernst. Soeben kommt Ihr –?
– Meinthalben. Sagt's dem Herrn Gerichtsrat dort.
Vielleicht erlaubt er's. – Ich weiß nicht, was Euch fehlt?
Adam *wieder zu Even.*
Evchen! Ich flehe dich! Um alle Wunden!
Was ist's, das ihr mir bringt?
Eve. Er wird's schon hören.
Adam. Ist's nur der Krug dort, den die Mutter hält,
Den ich so viel –?
Eve. Ja, der zerbrochne Krug nur.
Adam. Und weiter nichts?
Eve. Nichts weiter.
Adam. Nichts? Gewiss nichts?
Eve. Ich sag Ihm, geh Er. Lass Er mich zufrieden.
Adam. Hör du, bei Gott, sei klug, ich rat es dir.

heimlich im Flüsterton

Ein Wort Nur ein paar Worte. So hört doch.

Führt Ihr die Sach Übernehmt Ihr die Sache; führt Ihr die Verhandlung

rast seid irrsinnig, seid übergeschnappt

Soeben kommt ihr –? ›Verschluckt‹ ist vermutlich: … aus dem Bett

Meinthalben Meinetwegen; von mir aus

flehe dich flehe dich an

Um alle Wunden! verkürzter Ausruf der Bestürzung und Beschwörung: Um alle Wunden Christi!

Erläuterungen zu dieser Seite → Seiten 115 bis 117

Eve. Er, Unverschämter!
Adam. In dem Attest steht
Der Name jetzt, Frakturschrift, Ruprecht Tümpel.
Hier trag ich's fix und fertig in der Tasche;
Hörst du es knackern, Evchen? Sieh, das kannst du,
Auf meine Ehr, heut übers Jahr dir holen,
Dir Trauerschürz und Mieder zuzuschneiden,
Wenn's heißt: Der Ruprecht in Batavia
Krepiert' – ich weiß, an welchem Fieber nicht,
War's gelb, war's scharlach, oder war es faul.
Walter. Sprecht nicht mit den Partein, Herr Richter Adam,
Vor der Session! Hier setzt Euch, und befragt sie.
Adam. Was sagt Er? – Was befehlen Euer Gnaden?
Walter. Was ich befehl? – Ich sagte deutlich Euch,
Dass Ihr nicht heimlich vor der Sitzung sollt
Mit den Partein zweideutge Sprache führen.
Hier ist der Platz, der Eurem Amt gebührt,
Und öffentlich Verhör, was ich erwarte.
Adam *für sich.*
Verflucht! Ich kann mich nicht dazu entschließen –!
– Es klirrte etwas, da ich Abschied nahm –
Licht *ihn aufschreckend.*
Herr Richter! Seid Ihr –?
Adam. Ich? Auf Ehre nicht!
Ich hatte sie behutsam drauf gehängt,
Und müsst' ein Ochs gewesen sein –
Licht. Was?
Adam. Was?
Licht. Ich fragte –?
Adam. Ihr fragtet, ob ich –?
Licht. Ob Ihr taub seid, fragt' ich.
Dort Seiner Gnaden haben Euch gerufen.
Adam. Ich glaubte –? Wer ruft?

Licht. Der Herr Gerichtsrat dort.
Adam *für sich.* Ei! Hol's der Henker auch! Zwei Fälle gibt's,
Mein Seel, nicht mehr, und wenn's nicht biegt, so bricht's.
– Gleich! Gleich! Gleich! Was befehlen Euer Gnaden?
Soll jetzt die Prozedur beginnen?
Walter. Ihr seid ja sonderbar zerstreut. Was fehlt Euch?
Adam. – Auf Ehr! Verzeiht. Es hat ein Perlhuhn mir,
Das ich von einem Indienfahrer kaufte,
Den Pips: Ich soll es nudeln, und versteh's nicht,
Und fragte dort die Jungfer bloß um Rat.
Ich bin ein Narr in solchen Dingen, seht,
Und meine Hühner nenn ich meine Kinder.
Walter. Hier. Setzt Euch. Ruft den Kläger und vernehmt ihn.
Und Ihr, Herr Schreiber, führt das Protokoll.
Adam. Befehlen Euer Gnaden den Prozess
Nach den Formalitäten, oder so,
Wie er in Huisum üblich ist, zu halten?
Walter. Nach den gesetzlichen Formalitäten,
Wie er in Huisum üblich ist, nicht anders.
Adam. Gut, gut. Ich werd Euch zu bedienen wissen.
Seid Ihr bereit, Herr Schreiber?
Licht. Zu Euren Diensten.
Adam. – So nimm, Gerechtigkeit, denn deinen Lauf!
Klägere trete vor.
Frau Marthe. Hier, Herr Dorfrichter!
Adam. Wer seid Ihr?
Frau Marthe. Wer –?
Adam. Ihr.
Frau Marthe. Wer ich –?
Adam. Wer Ihr seid!
Wes Namens, Standes, Wohnorts, und so weiter.
Frau Marthe. Ich glaub, Er spaßt, Herr Richter.
Adam. Spaßen, was!

Zwei Fälle … so bricht's. → Seite 117

die Prozedur die Verhandlung, das Verfahren, der Prozess

Perlhuhn → Seite 118

Indienfahrer wohl: (Seemann auf einem) Handelsschiff, das zwischen Europa und Indien verkehrt

Pips »(umgangssprachlich) krankhafter Belag auf der Zunge von Vögeln: Beispiel: das Huhn hat den Pips« (DWDS)

nudeln → Seite 118

versteh's nicht weiß nicht, wie

Jungfer → Seite 118

Euch zu bedienen wissen es Euch schon recht machen

Klägere altertümelnde Variante von ›Klägerin‹

Ich sitz im Namen der Justiz, Frau Marthe,
Und die Justiz muss wissen, wer Ihr seid.
Licht *halblaut.* Lasst doch die sonderbare Frag –
Frau Marthe. Ihr guckt
Mir alle Sonntag in die Fenster ja,
Wenn Ihr aufs Vorwerk geht!
Walter. Kennt Ihr die Frau?
Adam. Sie wohnt hier um die Ecke, Euer Gnaden,
Wenn man den Fußsteig durch die Hecken geht;
Witw' eines Kastellans, Hebamme jetzt,
Sonst eine ehrliche Frau, von gutem Rufe.
Walter. Wenn Ihr so unterrichtet seid, Herr Richter,
So sind dergleichen Fragen überflüssig.
Setzt ihren Namen in das Protokoll,
Und schreibt dabei: dem Amte wohlbekannt.
Adam. Auch das. Ihr seid nicht für Formalitäten.
Tut so, wie Seiner Gnaden anbefohlen.
Walter. Fragt nach dem Gegenstand der Klage jetzt.
Adam. Jetzt soll ich –?
Walter. Ja, den Gegenstand ermitteln!
Adam. Das ist gleichfalls ein Krug, verzeiht.
Walter. Wie? Gleichfalls!
Adam. Ein Krug. Ein bloßer Krug. Setzt einen Krug,
Und schreibt dabei: dem Amte wohlbekannt.
Licht. Auf meine hingeworfene Vermutung
Wollt Ihr, Herr Richter –?
Adam. Mein Seel, wenn ich's Euch sage,
So schreibt Ihr's hin. Ist's nicht ein Krug, Frau Marthe?
Frau Marthe. Ja, hier der Krug –
Adam. Da habt Ihr's.
Frau Marthe. Der zerbrochne –
Adam. Pedantische Bedenklichkeit.
Licht. Ich bitt Euch –

Fußsteig Fußweg

Kastellans Ein Kastellan ist ein »Verwalter, Aufsichtsbeamter von Schlössern und anderen öffentlichen Gebäuden« (Duden).

Sonst eine ehrliche Im Übrigen eine ehrbare

unterrichtet seid genau Bescheid wisst

Setzt Notiert; nehmt … auf

Setzt ihren Namen … Tut so … Beide Aufforderungen richten sich an Licht.

anbefohlen es gesagt haben

Pedantische Bedenklichkeit Übertriebene Genauigkeit! Kleinliche Haarspalterei!

Adam. Und wer zerbrach den Krug? Gewiss der Schlingel – ?
Frau Marthe. Ja, er, der Schlingel dort –
Adam *für sich.* Mehr brauch ich nicht.
Ruprecht.
Das ist nicht wahr, Herr Richter.
Adam *für sich.* Auf, aufgelebt, du alter Adam!
Ruprecht. Das lügt sie in den Hals hinein –
Adam. Schweig, Maulaffe!
Du steckst den Hals noch früh genug ins Eisen.
– Setzt einen Krug, Herr Schreiber, wie gesagt,
Zusamt dem Namen des, der ihn zerschlagen.
Jetzt wird die Sache gleich ermittelt sein.
Walter. Herr Richter! Ei! Welch ein gewaltsames Verfahren.
Adam. Wieso?
Licht. Wollt Ihr nicht förmlich – ?
Adam. Nein! sag ich;
Ihr Gnaden lieben Förmlichkeiten nicht.
Walter. Wenn Ihr die Instruktion, Herr Richter Adam,
Nicht des Prozesses einzuleiten wisst,
Ist hier der Ort jetzt nicht, es Euch zu lehren.
Wenn Ihr Recht anders nicht, als so, könnt geben,
So tretet ab: Vielleicht kann's Euer Schreiber.
Adam. Erlaubt! Ich gab's, wie's hier in Huisum üblich;
Eur Gnaden haben's also mir befohlen.
Walter. Ich hätt – ?
Adam. Auf meine Ehre!
Walter. Ich befahl Euch,
Recht hier nach den Gesetzen zu erteilen;
Und hier in Huisum glaubt' ich die Gesetze
Wie anderswo in den vereinten Staaten.
Adam. Da muss submiss ich um Verzeihung bitten!
Wir haben hier, mit Euerer Erlaubnis,
Statuten, eigentümliche, in Huisum,

Auf, aufgelebt, du alter Adam! → Seite 118

Das lügt sie in den Hals hinein → Seite 119

Du steckst den Hals noch früh genug ins Eisen. (vgl. Vers 273)

Zusamt Mitsamt, zusammen mit

gewaltsames rabiates, überstürztes, allen Regeln Hohn sprechendes

Instruktion Anweisung, Dienstvorschrift

also genau so

in den vereinten Staaten (siehe Vers 292)

submiss ergebenst, unterwürfig, untertänig (vgl. lat. ›submissus‹: ›gesenkt‹; also gleichsam ›gesenkten Hauptes‹)

Statuten, eigentümliche besondere (auf unsere Bedürfnisse zugeschnittene) Leitlinien, Bestimmungen, Satzungen

Nicht aufgeschriebene, muss ich gestehn, doch durch
Bewährte Tradition uns überliefert.
Von dieser Form, getrau ich mir zu hoffen,
Bin ich noch heut kein Jota abgewichen.
Doch auch in Eurer andern Form bin ich,
Wie sie im Reich mag üblich sein, zu Hause.
Verlangt Ihr den Beweis? Wohlan, befehlt!
Ich kann Recht so jetzt, jetzo so erteilen.

Walter. Ihr gebt mir schlechte Meinungen, Herr Richter.
Es sei. Ihr fangt von vorn die Sache an. –

Adam. Auf Ehr! Gebt acht, Ihr sollt zufrieden sein.
– Frau Marthe Rull! Bringt Eure Klage vor.

Frau Marthe.
Ich klag, Ihr wisst's, hier wegen dieses Krugs;
Jedoch vergönnt, dass ich, bevor ich melde
Was diesem Krug geschehen, auch beschreibe
Was er vorher mir war.

Adam. Das Reden ist an Euch.

Frau Marthe.
Seht ihr den Krug, ihr wertgeschätzten Herren?
Seht ihr den Krug?

Adam. O ja, wir sehen ihn.

Frau Marthe.
Nichts seht ihr, mit Verlaub, die Scherben seht ihr;
Der Krüge schönster ist entzweigeschlagen.
Hier grade auf dem Loch, wo jetzo nichts,
Sind die gesamten niederländischen Provinzen
Dem span'schen Philipp übergeben worden.
Hier im Ornat stand Kaiser Karl der Fünfte:
Von dem seht ihr nur noch die Beine stehn.
Hier kniete Philipp, und empfing die Krone:
Der liegt im Topf, bis auf den Hinterteil,
Und auch noch der hat einen Stoß empfangen.

kein Jota → Seite 119

im Reich → Seite 119

Ihr gebt mir schlechte Meinungen Ihr vermittelt mir einen sehr ungünstigen Eindruck von Euch und Eurer Amtsführung

Es sei. Aber nun gut.

vergönnt erlaubt

melde mitteile, näher erläutere

Das Reden ist an Euch. Ihr habt das Wort. Fangt an.

mit Verlaub wenn Ihr gestattet; wenn es erlaubt ist (wie in V. 27 oder 619: ›Erlaubt‹)

Sind die gesamten niederländischen Provinzen → Seite 119

im Ornat (siehe Seite 26)

Dort wischten seine beiden Muhmen sich,
Der Franzen und der Ungarn Königinnen,
Gerührt die Augen aus; wenn man die eine
Die Hand noch mit dem Tuch empor sieht heben,
So ist's, als weinete sie über sich.
Hier im Gefolge stützt' sich Philibert,
Für den den Stoß der Kaiser aufgefangen,
Noch auf das Schwert; doch jetzo müsst' er fallen,
So gut wie Maximilian: der Schlingel!
Die Schwerter unten jetzt sind weggeschlagen.
Hier in der Mitte, mit der heilgen Mütze,
Sah man den Erzbischof von Arras stehn;
Den hat der Teufel ganz und gar geholt,
Sein Schatten nur fällt lang noch übers Pflaster.
Hier standen rings, im Grunde, Leibtrabanten,
Mit Hellebarden, dicht gedrängt, und Spießen,
Hier Häuser, seht, vom großen Markt zu Brüssel,
Hier guckt' noch ein Neugierger aus dem Fenster:
Doch was er jetzo sieht, das weiß ich nicht.

Adam.

Frau Marth! Erlasst uns das zerscherbte Paktum,
Wenn es zur Sache nicht gehört.
Uns geht das Loch – nichts die Provinzen an,
Die darauf übergeben worden sind.

Frau Marthe.

Erlaubt! Wie schön der Krug, gehört zur Sache! –
Den Krug erbeutete sich Childerich,
Der Kesselflicker, als Oranien
Briel mit den Wassergeusen überrumpelte.
Ihn hatt ein Spanier, gefüllt mit Wein,
Just an den Mund gesetzt, als Childerich
Den Spanier von hinten niederwarf,
Den Krug ergriff, ihn leert', und weiterging.

Erläuterungen zu dieser Seite → Seiten 120 bis 122

Adam. Ein würdger Wassergeuse.
Frau Marthe. Hierauf vererbte
Der Krug auf Fürchtegott, den Totengräber;
Der trank zu dreimal nur, der Nüchterne,
Und stets vermischt mit Wasser aus dem Krug.
Das erste Mal, als er im Sechzigsten
Ein junges Weib sich nahm; drei Jahre drauf,
Als sie noch glücklich ihn zum Vater machte;
Und als sie jetzt noch funfzehn Kinder zeugte,
Trank er zum dritten Male, als sie starb.
Adam. Gut. Das ist auch nicht übel.
Frau Marthe. Drauf fiel der Krug
An den Zachäus, Schneider in Tirlemont,
Der meinem selgen Mann, was ich euch jetzt
Berichten will, mit eignem Mund erzählt'.
Der warf, als die Franzosen plünderten,
Den Krug, samt allem Hausrat, aus dem Fenster,
Sprang selbst, und brach den Hals, der Ungeschickte,
Und dieser irdne Krug, der Krug von Ton,
Aufs Bein kam er zu stehen, und blieb ganz.
Adam.
Zur Sache, wenn's beliebt, Frau Marthe Rull! Zur Sache!
Frau Marthe.
Drauf in der Feuersbrunst von sechsundsechzig,
Da hatt ihn schon mein Mann, Gott hab ihn selig –
Adam. Zum Teufel! Weib! So seid Ihr noch nicht fertig?
Frau Marthe.
– Wenn ich nicht reden soll, Herr Richter Adam,
So bin ich unnütz hier, so will ich gehn,
Und ein Gericht mir suchen, das mich hört.
Walter.
Ihr sollt hier reden: doch von Dingen nicht,
Die Eurer Klage fremd. Wenn Ihr uns sagt,

vererbte vererbte sich, wurde weitervererbt

zu dreimal insgesamt drei Mal

im Sechzigsten im sechzigsten Lebensjahr

funfzehn seinerzeit verbreitete Variante von ›fünfzehn‹

zeugte gebar

Tirlemont → Seite 122

selgen seligen, verstorbenen

Feuersbrunst von sechsundsechzig → Seite 123

Gott hab ihn selig → Seite 124

Weib! → Seite 124

hört anhört

Eurer Klage fremd mit Eurer Klage nichts zu tun haben

Dass jener Krug Euch wert, so wissen wir
So viel, als wir zum Richten hier gebrauchen.

Frau Marthe. Wie viel ihr brauchen möget, hier zu richten,
Das weiß ich nicht, und untersuch es nicht;
Das aber weiß ich, dass ich, um zu klagen,
Muss vor euch sagen dürfen, über was.

Walter.
Gut denn. Zum Schluss jetzt. Was geschah dem Krug?
Was? – Was geschah dem Krug im Feuer
Von Anno sechsundsechzig? Wird man's hören?
Was ist dem Krug geschehn?

Frau Marthe. Was ihm geschehen?
Nichts ist dem Krug, ich bitt euch sehr, ihr Herren,
Nichts Anno sechsundsechzig ihm geschehen.
Ganz blieb der Krug, ganz in der Flammen Mitte,
Und aus des Hauses Asche zog ich ihn
Hervor, glasiert, am andern Morgen, glänzend,
Als käm er eben aus dem Töpferofen.

Walter. Nun gut. Nun kennen wir den Krug. Nun wissen
Wir alles, was dem Krug geschehn, was nicht.
Was gibt's jetzt weiter?

Frau Marthe. Nun diesen Krug jetzt seht – den Krug,
Zertrümmert einen Krug noch wert, den Krug
Für eines Fräuleins Mund, die Lippe selbst
Nicht der Frau Erbstatthalterin zu schlecht,
Den Krug, ihr hohen Herren Richter beide,
Den Krug hat jener Schlingel mir zerbrochen.

Adam. Wer?

Frau Marthe. Er, der Ruprecht dort.

Ruprecht. Das ist gelogen,
Herr Richter.

Adam. Schweig Er, bis man Ihn fragen wird.
Auch heut an Ihn noch wird die Reihe kommen.

wert sehr viel bedeutet

brauchen möget zu wissen benötigt, zu erfahren braucht

vor vorher

Von Anno Des Jahres

Wird man's hören? Wird man's noch zu hören bekommen?

Zertrümmert einen Krug noch wert wohl: auch in zertrümmertem Zustand noch so viel wert wie sonst nur ein unbeschädigter Krug

Für eines … schlecht → Seite 124

Fräulein → Seite 124

– Habt Ihr's im Protokoll bemerkt?

Licht. O ja.

Adam. Erzählt den Hergang, würdige Frau Marthe.

Frau Marthe. Es war Uhr eilfe gestern –

Adam. Wann, sagt Ihr?

Frau Marthe. Uhr eilf.

Adam. Am Morgen!

Frau Marthe. Nein, verzeiht, am Abend,
Und schon die Lamp im Bette wollt' ich löschen,
Als laute Männerstimmen, ein Tumult,
In meiner Tochter abgelegnen Kammer,
Als ob der Feind einbräche, mich erschreckt.
Geschwind die Trepp eil ich hinab, ich finde
Die Kammertür gewaltsam eingesprengt,
Schimpfreden schallen wütend mir entgegen,
Und da ich mir den Auftritt jetzt beleuchte,
Was find ich jetzt, Herr Richter, was jetzt find ich?
Den Krug find ich zerscherbt im Zimmer liegen,
In jedem Winkel liegt ein Stück,
Das Mädchen ringt die Händ, und er, der Flaps dort,
Der trotzt, wie toll, Euch in des Zimmers Mitte.

Adam. Ei, Wetter!

Frau Marthe. Was?

Adam. Sieh da, Frau Marthe!

Frau Marthe. Ja! –
Drauf ist's, als ob in so gerechtem Zorn,
Mir noch zehn Arme wüchsen, jeglichen
Fühl ich mir wie ein Geier ausgerüstet.
Ihn stell ich dort zu Rede, was er hier
In später Nacht zu suchen, mir die Krüge
Des Hauses tobend einzuschlagen habe:
Und er, zur Antwort gibt er mir, jetzt ratet?
Der Unverschämte! Der Halunke, der!

Uhr eilfe (siehe Vers 222)

eingesprengt eingedrückt, aufgebrochen

Und da ich mir den Auftritt jetzt beleuchte Und als ich mir mithilfe der mitgebrachten Lampe einen Überblick über die Szenerie (oder auch: die am lautstarken Streit beteiligten Personen) verschaffe

Der, trotzt, wie toll, Euch in des Zimmers Mitte Der steht mitten im Zimmer und gebärdet sich widerspenstig wie ein Verrückter (siehe auch Vers 171)

Wetter! kurz für: Alle Wetter! (als Ausruf des Erstaunens, der Verwunderung oder auch der Anerkennung)

zehn Arme … ausgerüstet → Seite 124

Aufs Rad will ich ihn sehen, oder mich
Nicht mehr geduldig auf den Rücken legen:
Er spricht, es hab ein anderer den Krug
Vom Sims gestürzt – ein anderer, ich bitt Euch,
Der vor ihm aus der Kammer nur entwichen;
– Und überhäuft mit Schimpf mir da das Mädchen.

Adam. O! faule Fische – Hierauf?

Frau Marthe. Auf dies Wort
Seh ich das Mädchen fragend an; die steht
Gleich einer Leiche da, ich sage: Eve! –
Sie setzt sich; ist's ein anderer gewesen,
Frag ich? Und Joseph und Marie, ruft sie,
Was denkt Ihr Mutter auch? – So sprich! Wer war's?
Wer sonst, sagt sie, – und wer auch konnt es anders?
Und schwört mir zu, dass er's gewesen ist.

Eve. Was schwor ich Euch? Was hab ich Euch geschworen?
Nichts schwor ich, nichts Euch –

Frau Marthe. Eve!

Eve. Nein! Dies lügt Ihr. –

Ruprecht. Da hört Ihr's.

Adam. Hund, jetzt, verfluchter, schweig,
Soll hier die Faust den Rachen dir noch stopfen!
Nachher ist Zeit für dich, nicht jetzt.

Frau Marthe.
Du hättest nicht – ?

Eve. Nein, Mutter! Dies verfälscht Ihr.
Seht, leid tut's in der Tat mir tief zur Seele,
Dass ich es öffentlich erklären muss:
Doch nichts schwor ich, nichts, nichts hab ich geschworen.

Adam. Seid doch vernünftig, Kinder.

Licht. Das ist ja seltsam.

Frau Marthe. Du hättest mir, o Eve, nicht versichert – ?
Nicht Joseph und Marie angerufen?

Aufs Rad → Seite 124

Sims (siehe Vers 427)

ich bitt Euch Floskel: was für ein lügnerischer Unsinn! das soll man glauben!

Schimpf Schmähworten

faule Fische → Seite 124

dies Wort diese Äußerung hin

Joseph und Marie Anrufung der Eltern von Jesus Christus als Ausruf der Bestürzung

konnt es anders konnt es anders sein

schwört mir zu schwört mir

Dies lügt Ihr Was Ihr da sagt, ist unwahr

zur Seele in der Seele

Eve. Beim Schwur nicht! Schwörend nicht! Seht dies jetzt schwör ich,
Und Joseph und Maria ruf ich an.
Adam. Ei, Leutchen! Ei, Frau Marthe! Was auch macht Sie?
Wie schüchtert Sie das gute Kind auch ein.

auch ein denn auch ein

Wenn sich die Jungfer wird besonnen haben,
Erinnert ruhig dessen, was geschehen,
– Ich sage was geschehen ist, und was,
Spricht sie nicht, wie sie soll, geschehn noch kann:
Gebt acht, so sagt sie heut uns aus, wie gestern,
Gleichviel, ob sie's beschwören kann ob nicht.
Lasst Joseph und Maria aus dem Spiele.

Gleichviel Ganz gleich; unabhängig davon

Walter. Nicht doch, Herr Richter, nicht! Wer wollte den
Parteien so zweideutge Lehren geben.

zweideutge verdächtige, verfängliche (siehe auch Vers 542); »harmlos klingend[e], aber von jedermann als unanständig, schlüpfrig, anstößig zu verstehen[de]« (Duden)

Frau Marthe. Wenn sie ins Angesicht mir sagen kann,
Schamlos, die liederliche Dirne, die,
Dass es ein andrer, als der Ruprecht war,
So mag meintwegen sie – ich mag nicht sagen, was.
Ich aber, ich versichr' es Euch, Herr Richter,
Und kann ich gleich nicht, dass sie's schwor, behaupten,
Dass sie's gesagt hat gestern, das beschwör ich,
Und Joseph und Maria ruf ich an.

Dirne → Seite 124

gleich nicht auch nicht

Adam. Nun weiter will ja auch die Jungfer –
Walter. Herr Richter!
Adam.
Euer Gnaden? – Was sagt er? Nicht, Herzens-Evchen?
Frau Marthe. Heraus damit! Hast du's mir nicht gesagt?
Hast du's mir gestern nicht, mir nicht gesagt?
Eve. Wer leugnet Euch, dass ich's gesagt –
Adam. Da habt ihr's.
Ruprecht. Die Metze, die!
Adam. Schreibt auf.
Veit. Pfui, schäm Sie sich.

Wer leugnet Euch Hab ich Euch gegenüber denn bestritten

Walter. Von Eurer Aufführung, Herr Richter Adam,
Weiß ich nicht, was ich denken soll. Wenn Ihr selbst
Den Krug zerschlagen hättet, könntet Ihr
Von Euch ab den Verdacht nicht eifriger
Hinwälzen auf den jungen Mann, als jetzt. –
Ihr setzt nicht mehr ins Protokoll, Herr Schreiber,
Als nur der Jungfer Eingeständnis, hoff ich,
Vom gestrigen Geständnis, nicht vom Fakto.
– Ist's an die Jungfer jetzt schon auszusagen?
Adam. Mein Seel, wenn's ihre Reihe noch nicht ist,
In solchen Dingen irrt der Mensch, Eur Gnaden.
Wen hätt ich fragen sollen jetzt? Beklagten?
Auf Ehr! Ich nehme gute Lehre an.
Walter. Wie unbefangen! – Ja, fragt den Beklagten.
Fragt, macht ein Ende, fragt, ich bitt Euch sehr:
Dies ist die letzte Sache, die Ihr führt.
Adam. Die letzte! Was! Ei freilich! Den Beklagten!
Wohin auch, alter Richter, dachtest du?
Verflucht, das pipsge Perlhuhn mir! Dass es
Krepiert wär an der Pest in Indien!
Stets liegt der Kloß von Nudeln mir im Sinn.
Walter.
Was liegt? Was für ein Kloß liegt Euch – ?
Adam. Der Nudelkloß,
Verzeiht, den ich dem Huhne geben soll.
Schluckt mir das Aas die Pille nicht herunter,
Mein Seel, so weiß ich nicht, wie's werden wird.
Walter. Tut Eure Schuldigkeit, sag ich, zum Henker!
Adam. Beklagter trete vor.
Ruprecht. Hier, Herr Dorfrichter.
Ruprecht, Veits des Kossäten Sohn, aus Huisum.
Adam. Vernahm Er dort, was vor Gericht soeben
Frau Marthe gegen Ihn hat angebracht?

Eurer Aufführung Eurem Verhalten

nicht vom Fakto nicht von der Tatsache an sich

an die an der

Beklagten? den Beklagten?

gute Lehre guten Rat

Wie unbefangen! → Seite 125

die letzte Sache der letzte Prozess

pipsge → Seite 125

Dass es Dass es doch

Pest → Seite 125

Schluckt … die Pille nicht herunter → Seite 125

das Aas → Seite 125

Schuldigkeit Pflicht

Veits des Kossäten Sohn → Seite 125

dort → Seite 125

hat angebracht vorgebracht hat

Ruprecht. Ja, Herr Dorfrichter, das hab ich.
Adam. Getraut Er sich
Etwas dagegen aufzubringen, was?
Bekennt Er, oder unterfängt Er sich,
Hier wie ein gottvergessner Mensch zu leugnen?
Ruprecht. Was ich dagegen aufzubringen habe,
Herr Richter? Ei! Mit Euerer Erlaubnis,
Dass sie kein wahres Wort gesprochen hat.
Adam. So? Und das denkt Er zu beweisen?
Ruprecht. O ja.
Adam. Die würdige Frau Marthe, die.
Beruhige Sie sich. Es wird sich finden.
Walter. Was geht Ihn die Frau Marthe an, Herr Richter?
Adam. Was mir – ? Bei Gott! Soll ich als Christ – ?
Walter. Bericht
Er, was Er für sich anzuführen hat. –
Herr Schreiber, wisst Ihr den Prozess zu führen?
Adam. Ach, was!
Licht. Ob ich – ei nun, wenn Euer Gnaden –
Adam. Was glotzt Er da? Was hat Er aufzubringen?
Steht nicht der Esel, wie ein Ochse, da?
Was hat Er aufzubringen?
Ruprecht. Was ich aufzubringen?
Walter. Er ja, Er soll den Hergang jetzt erzählen.
Ruprecht.
Mein Seel, wenn man zu Wort mich kommen ließe.
Walter. 's ist in der Tat, Herr Richter, nicht zu dulden.
Ruprecht. Glock zehn Uhr mogt' es etwa sein zu Nacht, –
Und warm, just diese Nacht des Januars
Wie Mai, als ich zum Vater sage: Vater!
Ich will ein bissel noch zur Eve gehn.
Denn heuren wollt' ich sie, das müsst ihr wissen,
Ein rüstig Mädel ist's, ich hab's beim Ernten

aufzubringen vorzubringen, zu erwidern
unterfängt Er sich wagt Er, ist Er so dreist
gottvergessner → Seite 125
Mit Euerer Erlaubnis (siehe Vers 646)
Die würdige Frau Marthe, die. → Seite 125
Es wird sich finden. → Seite 125
Soll ich als Christ – ? → Seite 125
wisst Ihr wärt Ihr in der Lage
nicht zu dulden → Seite 125
mogt' es etwa sein zu Nacht → Seite 125
just gerade (siehe Vers 60)
heuren → Seite 125
rüstig → Seite 125

Gesehn, wo alles von der Faust ihr ging,
Und ihr das Heu man flog, als wie gemaust.
Da sagt' ich: willst du? Und sie sagte: ach!
Was du da gakelst. Und nachher sagt' sie, ja.
Adam. Bleib Er bei seiner Sache. Gakeln! Was!
Ich sagte, willst du? Und sie sagte, ja.
Ruprecht.
Ja, meiner Treu, Herr Richter.
Walter. Weiter! Weiter!
Ruprecht. Nun –
Da sagt' ich: Vater, hört Er? Lass Er mich.
Wir schwatzen noch am Fenster was zusammen.
Na, sagt er, lauf; bleibst du auch draußen, sagt er?
Ja, meiner Seel, sag ich, das ist geschworen.
Na, sagt er, lauf, um eilfe bist du hier.
Adam. Na, so sag du, und gakle, und kein Ende.
Na, hat er bald sich ausgesagt?
Ruprecht. Na, sag ich,
Das ist ein Wort, und setz die Mütze auf,
Und geh; und übern Steig will ich, und muss
Durchs Dorf zurückgehn, weil der Bach geschwollen.
Ei, alle Wetter, denk ich, Ruprecht, Schlag!
Nun ist die Gartentür bei Marthens zu:
Denn bis um zehn lässt's Mädel sie nur offen,
Wenn ich um zehn nicht da bin, komm ich nicht.
Adam. Die liederliche Wirtschaft, die.
Walter. Drauf weiter?
Ruprecht. Drauf – wie ich übern Lindengang mich näh're,
Bei Marthens, wo die Reihen dicht gewölbt,
Und dunkel, wie der Dom zu Utrecht, sind,
Hör ich die Gartentüre fernher knarren.
Sieh da! Da ist die Eve noch! sag ich,
Und schicke freudig euch, von wo die Ohren

von der Faust leicht von der Hand

man flog, als wie gemaust → Seite 125

gakelst → Seite 125

meiner Treu (siehe Vers 227)

was ein bisschen

Das ist ein Wort Einverstanden, (geht) in Ordnung

Steig → Seite 125

geschwollen Hochwasser führt

Schlag! Fluch: Donnerschlag!

komm ich nicht komm ich nicht mehr hinein

Die liederliche Wirtschaft, die. → Seite 126

übern Lindengang wohl: über die Lindenallee

wie der Dom zu Utrecht → Seite 126

fernher in der Ferne

Mir Kundschaft brachten, meine Augen nach –
– Und schelte sie, da sie mir wiederkommen,
Für blind, und schicke auf der Stelle sie
Zum zweiten Mal, sich besser umzusehen,
Und schimpfe sie nichtswürdige Verleumder,
Aufhetzer, niederträchtge Ohrenbläser,
Und schicke sie zum dritten Mal, und denke,
Sie werden, weil sie ihre Pflicht getan,
Unwillig los sich aus dem Kopf mir reißen,
Und sich in einen andern Dienst begeben:
Die Eve ist's, am Latz erkenn ich sie,
Und einer ist's noch obenein.
Adam. So? Einer noch? Und wer, Er Klugschwätzer?
Ruprecht. Wer? Ja, mein Seel, da fragt Ihr mich –
Adam. Nun also!
Und nicht gefangen, denk ich, nicht gehangen.
Walter. Fort! Weiter in der Rede! Lasst ihn doch!
Was unterbrecht Ihr ihn, Herr Dorfrichter?
Ruprecht. Ich kann das Abendmal darauf nicht nehmen,
Stockfinster war's, und alle Katzen grau.
Doch müsst Ihr wissen, dass der Flickschuster,
Der Lebrecht, den man kürzlich losgesprochen,
Dem Mädel längst mir auf die Fährte ging.
Ich sagte vorgen Herbst schon: Eve, höre,
Der Schuft schleicht mir ums Haus, das mag ich nicht;
Sag ihm, dass du kein Braten bist für ihn,
Mein Seel, sonst werf ich ihn vom Hof herunter.
Die spricht: Ich glaub, du schierst mich, sagt ihm was,
Das ist nicht hin, nicht her, nicht Fisch, nicht Fleisch:
Drauf geh ich hin, und werf den Schlingel herunter.
Adam. So? Lebrecht heißt der Kerl?
Ruprecht. Ja, Lebrecht.
Adam. Gut.

Kundschaft Nachricht

schelte sie … / Für blind → Seite 126

nichtswürdige → Seite 126

Aufhetzer → Seite 126

Ohrenbläser → Seite 126

weil sie ihre Pflicht getan → Seite 126

Latz → Seite 126

einer ist's noch obenein → Seite 126

Und nicht gefangen, denk ich, nicht gehangen. → Seite 126

Ich kann das Abendmahl darauf nicht nehmen → Seite 126

alle Katzen grau → Seite 126

Flickschuster → Seite 127

losgesprochen → Seite 127

längst mir auf die Fährte ging → Seite 127

du schierst mich → Seite 127

Das ist ein Nam. Es wird sich alles finden.
– Habt Ihr's bemerkt im Protokoll, Herr Schreiber?
Licht. O ja, und alles andere, Herr Richter.
Adam. Sprich weiter, Ruprecht, jetzt, mein Sohn.
Ruprecht. Nun schießt,
Da ich Glock eilf das Pärchen hier begegne,
– Glock zehn Uhr zog ich immer ab – das Blatt mir.
Ich denke, halt, jetzt ist's noch Zeit, o Ruprecht,
Noch wachsen dir die Hirschgeweihe nicht: –
Hier musst du sorgsam dir die Stirn befühlen,
Ob dir von fern hornartig etwas keimt.
Und drücke sacht mich durch die Gartenpforte,
Und berg in einen Strauch von Taxus mich:
Und hör Euch ein Gefispre hier, ein Scherzen,
Ein Zerren hin, Herr Richter, Zerren her,
Mein Seel, ich denk, ich soll vor Lust –
Eve. Du Böswicht!
Was das, o schändlich ist von dir!
Frau Marthe. Halunke!
Dir weis ich noch einmal, wenn wir allein sind,
Die Zähne! Wart! Du weißt noch nicht, wo mir
Die Haare wachsen! Du sollst's erfahren!
Ruprecht. Ein Viertelstündchen dauert's so, ich denke,
Was wird's doch werden, ist doch heut nicht Hochzeit?
Und eh ich den Gedanken ausgedacht,
Husch! sind sie beid ins Haus schon, vor dem Pastor.
Eve. Geht, Mutter, mag es werden, wie es will –
Adam. Schweig du mir dort, rat ich, das Donnerwetter
Schlägt über dich ein, unberufne Schwätzerin!
Wart, bis ich auf zur Red dich rufen werde.
Walter. Sehr sonderbar, bei Gott!
Ruprecht. Jetzt hebt, Herr Richter Adam,
Jetzt hebt sich's, wie ein Blutsturz, mir. Luft!

bemerkt vermerkt

Nun schießt … das Blatt mir. → Seite 127

Da ich … das Pärchen hier begegne → Seite 127

die Hirschgeweihe → Seite 127

Taxus → Seite 127

Gefispre → Seite 127

ich soll vor Lust – → Seite 127

Dir weis ich … / Die Zähne → Seite 127

wo mir / Die Haare wachsen → Seite 127

doch werden denn werden

ausgedacht → Seite 127

vor dem Pastor → Seite 127

unberufne unaufgeforderte

Jetzt hebt sich's → Seite 127

Blutsturz → Seite 127

Brustlatz → Seite 127

Dirne (siehe Vers 807)

Blitzjunge »(veraltet, scherzhaft) sehr tüchtiger Junge« (DWDS)

Schöße … vom Rocke Ein Rockschoß ist das in der Mitte geteilte untere Stück an der Hinterseite eines Herrenrocks (wie beim heute noch zu festlichen Gelegenheiten getragenen Frack).

hangen veraltet bzw. süddeutsch für: hängen

Spalier »meist gitterartiges Gestell aus Holzlatten oder Draht, an dem Obstbäume, Wein o. Ä. gezogen werden« (Duden)

Dez (niederdeutsch, salopp) Kopf, Rübe (eventuell von frz. ›tête‹: ›Kopf‹)

just gerade so (siehe Vers 60)

Bei meiner Treu! (siehe Vers 227)

Da mir der Knopf am Brustlatz springt: Luft jetzt!
Und reiße mir den Latz auf: Luft jetzt sag ich!
Und geh, und drück, und tret und donnere,
Da ich der Dirne Tür, verriegelt finde,
Gestemmt, mit Macht, auf einen Tritt, sie ein.
Adam. Blitzjunge, du!
Ruprecht. Just da sie auf jetzt rasselt,
Stürzt dort der Krug vom Sims ins Zimmer hin,
Und husch! springt einer aus dem Fenster Euch:
Ich seh die Schöße noch vom Rocke wehn.
Adam. War das der Leberecht?
Ruprecht. Wer sonst, Herr Richter?
Das Mädchen steht, die werf ich übern Haufen,
Zum Fenster eil ich hin, und find den Kerl
Noch in den Pfählen hangen, am Spalier,
Wo sich das Weinlaub aufrankt bis zum Dach.
Und da die Klinke in der Hand mir blieb,
Als ich die Tür eindonnerte, so reiß ich
Jetzt mit dem Stahl eins pfundschwer übern Dez ihm:
Den just, Herr Richter, konnt ich noch erreichen.
Adam. War's eine Klinke?
Ruprecht. Was?
Adam. Ob's –
Ruprecht. Ja, die Türklinke.
Adam. Darum.
Licht. Ihr glaubtet wohl, es war ein Degen?
Adam. Ein Degen? Ich – wieso?
Ruprecht. Ein Degen!
Licht. Je nun!
Man kann sich wohl verhören. Eine Klinke
Hat sehr viel Ähnlichkeit mit einem Degen.
Adam. Ich glaub –!
Licht. Bei meiner Treu! Der Stiel, Herr Richter?

Adam. Der Stiel!
Ruprecht. Der Stiel! Der war's nun aber nicht.
Der Klinke umgekehrtes Ende war's.
Adam. Das umgekehrte Ende war's der Klinke!
Licht. So! So!
Ruprecht. Doch auf dem Griffe lag ein Klumpen
Blei, wie ein Degengriff, das muss ich sagen.
Adam. Ja, wie ein Griff.
Licht. Gut. Wie ein Degengriff.
Doch irgendeine tücksche Waffe musst' es
Gewesen sein. Das wusst ich wohl.
Walter. Zur Sache stets, ihr Herren, doch! Zur Sache!
Adam. Nichts als Allotrien, Herr Schreiber! – Er, weiter!
Ruprecht.
Jetzt stürzt der Kerl, und ich schon will mich wenden,
Als ich's im Dunkeln auf sich rappeln sehe.
Ich denke, lebst du noch? und steig aufs Fenster
Und will dem Kerl das Gehen unten legen:
Als jetzt, ihr Herrn, da ich zum Sprung just aushol,
Mir eine Handvoll grobgekörnten Sandes –
– Und Kerl und Nacht und Welt und Fensterbrett,
Worauf ich steh, denk ich nicht, straf mich Gott,
Das alles fällt in einen Sack zusammen –
Wie Hagel, stiebend, in die Augen fliegt.
Adam. Verflucht! Sieh da! Wer tat das?
Ruprecht. Wer? Der Lebrecht.
Adam. Halunke!
Ruprecht. Meiner Treu! Wenn er's gewesen.
Adam. Wer sonst!
Ruprecht. Als stürzte mich ein Schloßenregen
Von eines Bergs zehn Klaftern hohen Abhang,
So schlag ich jetzt vom Fenster Euch ins Zimmer:
Ich denk ich schmettere den Boden ein.

Allotrien Unfug, Possen, dummes Zeug

wenden abwenden, zurück ins Zimmer wenden

legen unmöglich machen

Das alles fällt in einen Sack zusammen (Variation des bildhaften Ausdrucks ›wie ein leerer Sack in sich zusammenfallen‹)

stiebend »(wie Staub) in Teilchen auseinanderwirbeln[d]« (Duden)

Schloßenregen Regen von Hagelkörnern

Klaftern Ein Klafter ist »ein Längenmaß, so lang, als eine Person mit beiden ausgespannten Armen greifen kann« (Adelung, Grammatisch-kritisches Wörterbuch).

Nun brech ich mir den Hals doch nicht, auch nicht
Das Kreuz mir, Hüften, oder sonst, inzwischen
Konnt ich des Kerls doch nicht mehr habhaft werden,
Und sitze auf, und wische mir die Augen.
Die kommt, und ach, Herr Gott! ruft sie, und Ruprecht!
Was ist dir auch? Mein Seel, ich hob den Fuß,
Gut war's, dass ich nicht sah, wohin ich stieß.

Adam. Kam das vom Sande noch?

Ruprecht. Vom Sandwurf, ja.

Adam. Verdammt! Der traf!

Ruprecht. Da ich jetzt aufersteh
Was sollt' ich auch die Fäuste hier mir schänden?
So schimpf ich sie, und sage liederliche Metze,
Und denke, das ist gut genug für sie.
Doch Tränen, seht, ersticken mir die Sprache.
Denn da Frau Marthe jetzt ins Zimmer tritt,
Die Lampe hebt, und ich das Mädchen dort
Jetzt schlotternd, zum Erbarmen vor mir sehe,
Sie, die so herzhaft sonst wohl um sich sah,
So sag ich zu mir, blind ist auch nicht übel.
Ich hätte meine Augen hingegeben,
Knippkügelchen, wer will, damit zu spielen.

Eve. Er ist nicht wert, der Böswicht –

Adam. Sie soll schweigen.

Ruprecht. Das Weitre wisst ihr.

Adam. Wie, das Weitere?

Ruprecht. Nun ja, Frau Marthe kam, und geiferte,
Und Ralf, der Nachbar, kam, und Hinz, der Nachbar,
Und Muhme Sus' und Muhme Liese kamen,
Und Knecht und Mägd und Hund' und Katzen kamen,
's war ein Spektakel, und Frau Marthe fragte
Die Jungfer dort, wer ihr den Krug zerschlagen,
Und die, die sprach, ihr wisst's, dass ich's gewesen.

inzwischen nun (siehe auch Vers 112)

des Kerls doch … habhaft werden den Kerl ja doch … erwischen

Was ist dir auch? Was hast du denn? Ist dir was passiert?

aufersteh wieder auf die Beine komme

die Fäuste … schänden Ruprecht bringt zum Ausdruck, Eve sei es nicht einmal wert, von ihm geschlagen zu werden.

Metze (siehe Vers 444)

herzhaft tapfer, furchtlos

Knippkügelchen Murmeln (von ›knippen‹: ›wegschnellen‹)

Mein Seel, sie hat so Unrecht nicht, ihr Herren.
Den Krug, den sie zu Wasser trug, zerschlug ich,
Und der Flickschuster hat im Kopf ein Loch. –

Adam. Frau Marthe! Was entgegnet Ihr der Rede?
Sagt an!

Frau Marthe. Was ich der Red entgegene?
Dass sie, Herr Richter, wie der Marder einbricht,
Und Wahrheit wie ein gakelnd Huhn erwürgt.
Was Recht liebt, sollte zu den Keulen greifen,
Um dieses Ungetüm der Nacht zu tilgen.

Adam. Da wird Sie den Beweis uns führen müssen.

Frau Marthe.
O ja, sehr gern. Hier ist mein Zeuge. – Rede!

Adam. Die Tochter? Nein, Frau Marthe.

Walter. Nein? Warum nicht?

Adam. Als Zeugin, gnädger Herr? Steht im Gesetzbuch
Nicht titulo, ist's quarto? oder quinto?
Wenn Krüge oder sonst, was weiß ich?
Von jungen Bengeln sind zerschlagen worden,
So zeugen Töchter ihren Müttern nicht?

Walter. In Eurem Kopf liegt Wissenschaft und Irrtum
Geknetet, innig, wie ein Teig, zusammen;
Mit jedem Schnitte gebt Ihr mir von beidem.
Die Jungfer zeugt noch nicht, sie deklariert jetzt;
Ob, und für wen, sie zeugen will und kann,
Wird erst aus der Erklärung sich ergeben.

Adam. Ja, deklarieren. Gut. Titulo sexto.
Doch was sie sagt, das glaubt man nicht.

Walter. Tritt vor, mein junges Kind.

Adam. He! Lies' –! – Erlaubt!
Die Zunge wird sehr trocken mir – Margrethe!

den sie zu Wasser trug → Seite 128

Sagt an! Sprecht!

gakelnd gackerndes (siehe auch Vers 880)

zu tilgen zu vernichten, zu töten (›von der Erdoberfläche zu tilgen‹)

titulo … quarto? oder quinto? (lat.) im vierten oder fünften Paragraphen?

zeugen Töchter ihren Müttern nicht können Töchter nicht als Zeuginnen für ihre Mütter auftreten

Schnitte Anschnitt (wie beim Brotschneiden)

deklariert gibt eine Erklärung ab

Titulo sexto (lat.) im sechsten Paragraphen

Erlaubt! hier: Erlaubt, dass ich mich kurz an die Magd wende (siehe auch Vers 646)

Achter Auftritt

Eine Magd *tritt auf.* **Die Vorigen.**

Adam.
Ein Glas mit Wasser! –
Die Magd. Gleich!
Adam. Kann ich Euch gleichfalls –!
Walter. Ich danke.
Adam. Franz? oder Mosler? Was Ihr wollt.
Walter verneigt sich; die Magd bringt Wasser und entfernt sich.

Franz? oder Mosler? Wein aus Frankreich? Oder von der Mosel (aus dem deutschen Weinanbaugebiet im Moseltal bei Koblenz)?

Walter verneigt sich Geste, die höfliche Ablehnung, aber auch stummen Dank bedeuten kann

Neunter Auftritt

Walter. Adam. Frau Marthe *u. s. w. ohne die Magd.*

Adam. – Wenn ich freimütig reden darf, Ihr Gnaden,
Die Sache eignet gut sich zum Vergleich.
Walter.
Sich zum Vergleich? Das ist nicht klar, Herr Richter.
Vernünftge Leute können sich vergleichen;
Doch wie Ihr den Vergleich schon wollt bewirken,
Da noch durchaus die Sache nicht entworren,
Das hätt ich wohl von Euch zu hören Lust.
Wie denkt Ihr's anzustellen, sagt mir an?
Habt Ihr ein Urteil schon gefasst?
Adam. Mein Seel!
Wenn ich, da das Gesetz im Stich mich lässt,

freimütig offen

Vergleich »Einigung in einem Streitfall durch gegenseitiges Nachgeben der streitenden Parteien« (Duden)

entworren ausreichend untersucht und aufgeklärt

Philosophie zu Hülfe nehmen soll,
So war's – der Leberecht –
Walter. Wer?
Adam. Oder Ruprecht –
Walter. Wer?
Adam. Oder Lebrecht, der den Krug zerschlug.
Walter. Wer also war's? Der Lebrecht oder Ruprecht?
Ihr greift, ich seh, mit Eurem Urteil ein,
Wie eine Hand in einen Sack voll Erbsen.
Adam. Erlaubt!
Walter. Schweigt, schweigt, ich bitt Euch.
Adam. Wie Ihr wollt.
Auf meine Ehr, mir wär's vollkommen recht,
Wenn sie es alle beid gewesen wären.
Walter. Fragt dort, so werdet Ihr's erfahren.
Adam. Sehr gern.
Doch wenn Ihr's herausbekommt, bin ich ein Schuft.
– Habt Ihr das Protokoll da in Bereitschaft?
Licht. Vollkommen.
Adam. Gut.
Licht. Und brech ein eignes Blatt mir,
Begierig, was darauf zu stehen kommt.
Adam. Ein eignes Blatt? Auch gut.
Walter. Sprich dort, mein Kind.
Adam.
Sprich, Evchen, hörst du, sprich jetzt, Jungfer Evchen!
Gib Gotte, hörst du, Herzchen, gib, mein Seel,
Ihm und der Welt, gib ihm was von der Wahrheit.
Denk, dass du hier vor Gottes Richtstuhl bist,
Und dass du deinen Richter nicht mit Leugnen,
Und Plappern, was zur Sache nicht gehört,
Betrüben musst. Ach, was! Du bist vernünftig.
Ein Richter immer, weißt du, ist ein Richter,

Hülfe Nebenform von: Hilfe

Ihr greift … in einen Sack voll Erbsen. → Seite 128

Erlaubt! hier: Ich bitte Euch! (Der Sprecher verwahrt sich gegen den für ihn beleidigenden Vergleich.)

wenn Ihr's herausbekommt, bin ich ein Schuft → Seite 128

brech ein eignes Blatt mir nehme für die Aussage der Zeugin (Eves) ein frisches Blatt

Sprich dort Stell dich dort hin und mach nun deine Aussage

gib ihm was von der Wahrheit → Seite 128

musst darfst, sollst

Und einer braucht ihn heut, und einer morgen.
Sagst du, dass es der Lebrecht war: nun gut;
Und sagst du, dass es Ruprecht war: auch gut!
Sprich so, sprich so, ich bin kein ehrlicher Kerl,
Es wird sich alles, wie du's wünschest finden.
Willst du mir hier von einem andern trätschen,
Und Dritten etwa, dumme Namen nennen:
Sieh, Kind, nimm dich in Acht, ich sag nichts weiter.
In Huisum, hol's der Henker, glaubt dir's keiner,
Und keiner, Evchen, in den Niederlanden,
Du weißt, die weißen Wände zeugen nicht,
Der auch wird zu verteidigen sich wissen:
Und deinen Ruprecht holt die Schwerenot!

Walter. Wenn Ihr doch Eure Reden lassen wolltet.
Geschwätz, gehauen nicht und nicht gestochen.

Adam. Verstehen's Euer Gnaden nicht?

Walter. Macht fort!
Ihr habt zulängst hier auf dem Stuhl gesprochen.

Adam. Auf Ehr! Ich habe nicht studiert, Eur Gnaden.
Bin ich euch Herrn aus Utrecht nicht verständlich,
Mit diesem Volk vielleicht verhält sich's anders:
Die Jungfer weiß, ich wette, was ich will.

Frau Marthe.
Was soll das? Dreist heraus jetzt mit der Sprache!

Eve. O liebste Mutter!

Frau Marthe. Du –! Ich rate dir!

Ruprecht.
Mein Seel, 's ist schwer, Frau Marthe, dreist zu sprechen,
Wenn das Gewissen an der Kehl uns sitzt.

Adam. Schweig Er jetzt, Nasweis, mucks Er nicht.

Frau Marthe. Wer war's?

Eve. O Jesus!

Frau Marthe. Maulaffe, der! Der niederträchtige!

ich bin kein ehrlicher Kerl, / Es wird sich alles, wie du's wünschest finden. → Seite 129

trätschen → Seite 129

die weißen Wände zeugen nicht → Seite 129

Der auch wird zu verteidigen sich wissen → Seite 130

deinen Ruprecht holt die Schwerenot! → Seite 130

gehauen nicht und nicht gestochen → Seite 130

zulängst hier auf dem Stuhl gesprochen → Seite 130

Dreist → Seite 131

an der Kehl uns sitzt uns die Kehle zuschnürt; bildlich für: uns bedrängt

mucks → Seite 131

O Jesus! Als ob sie eine Hure wäre.
War's der Herr Jesus?
Adam. Frau Marthe! Unvernunft!
Was das für –! Lass Sie die Jungfer doch gewähren!
Das Kind einschrecken – Hure – Schafsgesicht!
So wird's uns nichts. Sie wird sich schon besinnen.
Ruprecht. O ja, besinnen.
Adam. Flaps dort, schweig Er jetzt.
Ruprecht. Der Flickschuster wird ihr schon einfallen.
Adam. Der Satan! Ruft den Büttel! He! Hanfriede!
Ruprecht.
Nun, nun! Ich schweig, Herr Richter, lasst's nur sein.
Sie wird Euch schon auf meinen Namen kommen.
Frau Marthe.
Hör du, mach mir hier kein Spektakel, sag ich.
Hör, neunundvierzig bin ich alt geworden
In Ehren: funfzig möcht ich gern erleben.
Den dritten Februar ist mein Geburtstag;
Heut ist der erste. Mach es kurz. Wer war's?
Adam. Gut, meinethalben! Gut, Frau Marthe Rull!
Frau Marthe.
Der Vater sprach, als er verschied: Hör, Marthe,
Dem Mädel schaff mir einen wackern Mann;
Und wird sie eine liederliche Metze,
So gib dem Totengräber einen Groschen,
Und lass mich wieder auf den Rücken legen:
Mein Seel, ich glaub ich kehr im Grab mich um.
Adam. Nun, das ist auch nicht übel.
Frau Marthe. Willst du Vater
Und Mutter jetzt, mein Evchen, nach dem vierten
Gebot hoch ehren, gut, so sprich: In meine Kammer
Ließ ich den Schuster, oder einen Dritten,
Hörst du? Der Bräutgam aber war es nicht.

Was das für –! verkürzt für: Was das für Reden sind!

einschrecken einschüchtern

So wird's uns nichts. So wird das nichts. So kommen wir nicht zum Ziel.

funfzig (siehe Vers 694)

verschied starb

schaff mir besorge, verschaffe (nach meinem Willen, zu meiner Erleichterung)

wackern (siehe Vers 78)

Metze (siehe Vers 444)

einen Groschen eine kleine Münze, etwas Münzgeld

ich kehr im Grab mich um → Seite 131

nach dem vierten / Gebot → Seite 132

Ruprecht.

Sie jammert mich. Es tut mir in der Seele weh, sie so zu sehen.

Sie jammert mich. Lasst doch den Krug, ich bitt Euch;
Ich will'n nach Utrecht tragen. Solch ein Krug –.
Ich wollt' ich hätt ihn nur entzweigeschlagen.

nur hier als Verstärkung ohne eigentliche Bedeutung

Eve. Unedelmütger, du! Pfui, schäme dich,
Dass du nicht sagst, gut, ich zerschlug den Krug!
Pfui, Ruprecht, pfui, o schäme dich, dass du
Mir nicht in meiner Tat vertrauen kannst.

Mir nicht in meiner Tat vertrauen kannst Kein Vertrauen darin hast, dass ich nichts Unrechtes getan habe

Gab ich die Hand dir nicht, und sagte, ja,
Als du mich fragtest, Eve, willst du mich?
Meinst du, dass du den Flickschuster nicht wert bist?
Und hättest du durchs Schlüsselloch mich mit
Dem Lebrecht aus dem Kruge trinken sehen,

brav gut, vortrefflich

Du hättest denken sollen: Ev ist brav,

Es wird sich alles ihr zum Ruhme lösen Aus dieser fragwürdigen Situation wird sie ganz unschuldig hervorgehen

Es wird sich alles ihr zum Ruhme lösen,
Und ist's im Leben nicht, so ist es jenseits,

wenn wir auferstehn ist auch ein Tag → Seite 132

Und wenn wir auferstehn ist auch ein Tag.

Ruprecht. Mein Seel, das dauert mir zu lange, Evchen.
Was ich mit Händen greife, glaub ich gern.

des Todes will ich ewig sterben → Seite 132

dir Einzigem dir, meinem einzig Geliebten

vertraut anvertraut

Eve. Gesetzt, es wär der Leberecht gewesen,
Warum – des Todes will ich ewig sterben,
Hätt ich's dir Einzigem nicht gleich vertraut;
Jedoch warum vor Nachbarn, Knecht' und Mägden –
Gesetzt, ich hätte Grund, es zu verbergen,
Warum, o Ruprecht, sprich, warum nicht sollt' ich,
Auf dein Vertraun hin sagen, dass du's warst?
Warum nicht sollt' ich's? Warum sollt' ich's nicht?

die Fiedel (siehe Vers 488)

Ruprecht. Ei, so zum Henker, sag's, es ist mir recht,
Wenn du die Fiedel dir ersparen kannst.

Eve. O du Abscheulicher! Du Undankbarer!
Wert, dass ich mir die Fiedel spare! Wert,
Dass ich mit einem Wort zu Ehren mich,
Und dich in ewiges Verderben bringe.

Walter. Nun – ? Und dies einzge Wort – ? Halt uns nicht auf.
Der Ruprecht also war es nicht?
Eve. Nein gnädger Herr, weil er's denn selbst so will,
Um seinetwillen nur verschwieg ich es:
Den irdnen Krug zerschlug der Ruprecht nicht,
Wenn er's Euch selber leugnet, könnt Ihr's glauben.
Frau Marthe. Eve! Der Ruprecht nicht?
Eve. Nein, Mutter, nein!
Und wenn ich's gestern sagte, war's gelogen.
Frau Marthe. Hör, dir zerschlag ich alle Knochen!
Sie setzt den Krug nieder.
Eve. Tut, was Ihr wollt.
Walter *drohend.* Frau Marthe!
Adam. He! Der Büttel! –
Schmeißt sie heraus dort, die verwünschte Vettel!
Warum soll's Ruprecht just gewesen sein.
Hat Sie das Licht dabei gehalten, was?
Die Jungfer, denk ich, wird es wissen müssen:
Ich bin ein Schelm, wenn's nicht der Lebrecht war.
Frau Marthe.
War es der Lebrecht etwa? War's der Lebrecht?
Adam.
Sprich, Evchen, war's der Lebrecht nicht, mein Herzchen?
Eve. Er Unverschämter, Er! Er Niederträchtger!
Wie kann Er sagen, dass es Lebrecht –
Walter. Jungfer!
Was untersteht Sie sich? Ist das mir der
Respekt, den Sie dem Richter schuldig ist?
Eve. Ei, was! Der Richter dort! Wert, selbst vor dem
Gericht, ein armer Sünder, dazustehn –
– Er, der wohl besser weiß, wer es gewesen!
Sich zum Dorfrichter wendend:
Hat Er den Lebrecht in die Stadt nicht gestern

Vettel »(umgangssprachlich, abwertend) liederliches, altes Weib« (DWDS)

Hat Sie das Licht dabei gehalten → Seite 132

Schelm »ehrloser, unehrlicher Mensch, Betrüger, Dieb« (DWDS); eigentlich »ein abgezogenes totes Vieh […] ein Aas« (Adelung, Grammatisch-kritisches Wörterbuch)

ein armer Sünder als ein armer Sünder

vor die Kommission, / … die die Rekruten aushebt → Seite 132

Mit dem Attest → Seite 132

auf ein Fuhrwerk sich nicht lud → Seite 132

zurückgehaspelt → Seite 132

Geht seinen Stiefel Schreitet durchaus kräftig aus

trotz einem (siehe Vers 137)

von ungespaltnem Leibe → Seite 132

mäßger mittlerer

Hierauf … dienen. → Seite 133

twatsch »(norddeutsch) einfältig« (DWDS)

gefirmelt kaum gerade erst gefirmt → Seite 133

leiden sie's sind sie bereit, es zu ertragen

Die Wahrheit Um die Wahrheit

Geschickt nach Utrecht, vor die Kommission,
Mit dem Attest, die die Rekruten aushebt?
Wie kann Er sagen, dass es Lebrecht war,
Wenn Er wohl weiß, dass der in Utrecht ist?
Adam. Nun wer denn sonst? Wenn's Lebrecht nicht,
zum Henker –
Nicht Ruprecht ist, nicht Lebrecht ist – – Was machst du?
Ruprecht. Mein Seel, Herr Richter Adam, lasst Euch sagen,
Hierin mag doch die Jungfer just nicht lügen,
Dem Lebrecht bin ich selbst begegnet gestern,
Als er nach Utrecht ging, früh war's Glock acht,
Und wenn er auf ein Fuhrwerk sich nicht lud,
Hat sich der Kerl, krummbeinig wie er ist,
Glock zehn Uhr nachts noch nicht zurückgehaspelt.
Es kann ein Dritter wohl gewesen sein.
Adam.
Ach, was! Krummbeinig! Schafsgesicht! Der Kerl
Geht seinen Stiefel, der, trotz einem.
Ich will von ungespaltnem Leibe sein,
Wenn nicht ein Schäferhund von mäßger Größe
Muss seinen Trab gehn, mit ihm fortzukommen.
Walter. Erzähl den Hergang uns.
Adam. Verzeihn Eur Gnaden!
Hierauf wird Euch die Jungfer schwerlich dienen.
Walter. Nicht dienen? Mir nicht dienen? Und warum nicht?
Adam. Ein twatsches Kind. Ihr seht's. Gut, aber twatsch.
Blutjung, gefirmelt kaum; das schämt sich noch,
Wenn's einen Bart von Weitem sieht. So'n Volk
Im Finstern leiden sie's, und wenn es Tag wird,
So leugnen sie's vor ihrem Richter ab.
Walter. Ihr seid sehr nachsichtsvoll, Herr Richter Adam,
Sehr mild, in allem, was die Jungfer angeht.
Adam. Die Wahrheit Euch zu sagen, Herr Gerichtsrat,

Ihr Vater war ein guter Freund von mir.
Wollen Euer Gnaden heute huldreich sein,
So tun wir hier nicht mehr, als unsre Pflicht,
Und lassen seine Tochter gehn.
Walter. Ich spüre große Lust in mir, Herr Richter,
Der Sache völlig auf den Grund zu kommen. –
Sei dreist, mein Kind; sag, wer den Krug zerschlagen.
Vor niemand stehst du, in dem Augenblick,
Der einen Fehltritt nicht verzeihen könnte.
Eve. Mein lieber, würdiger und gnädger Herr,
Erlasst mir, Euch den Hergang zu erzählen.
Von dieser Weigrung denkt uneben nicht.
Es ist des Himmels wunderbare Fügung,
Die mir den Mund in dieser Sache schließt.
Dass Ruprecht jenen Krug nicht traf, will ich
Mit einem Eid, wenn Ihr's verlangt,
Auf heiligem Altar bekräftigen.
Jedoch die gestrige Begebenheit,
Mit jedem andern Zuge, ist mein eigen,
Und nicht das ganze Garnstück kann die Mutter,
Um eines einzgen Fadens willen, fordern,
Der, ihr gehörig, durchs Gewebe läuft.
Ich kann hier, wer den Krug zerschlug, nicht melden,
Geheimnisse, die nicht mein Eigentum,
Müsst' ich, dem Kruge völlig fremd, berühren.
Früh oder spät, will ich's ihr anvertrauen,
Doch hier das Tribunal ist nicht der Ort,
Wo sie das Recht hat, mich darnach zu fragen.
Adam. Nein, rechtens nicht. Auf meine Ehre nicht.
Die Jungfer weiß, wo unsre Zäume hängen.
Wenn sie den Eid hier vor Gericht will schwören,
So fällt der Mutter Klage weg:
Dagegen ist nichts weiter einzuwenden.

huldreich wohlwollend, gnädig

dreist (siehe Vers 1126)

denkt uneben nicht denkt nicht schlecht (argwöhnt dahinter nichts Schlechtes)

Es ist des Himmels wunderbare Fügung Es sind Gottes oft unerwartete Wege

Mit jedem andern Zuge … eigen → Seite 133

Garnstück → Seite 133

gehörig gehörend

melden kundtun, preisgeben

Früh oder spät Früher oder später

das Tribunal (lat.) der Gerichtshof

darnach damals gängige Variante von: danach

Die Jungfer weiß, wo unsre Zäume hängen. → Seite 133

Erläuterungen zu dieser Seite → Seiten 133 und 134

Walter. Was sagt zu der Erklärung Sie, Frau Marthe?
Frau Marthe.
Wenn ich gleich was Erkleckliches nicht aufbring,
Gestrenger Herr, so glaubt, ich bitt Euch sehr,
Dass mir der Schlag bloß jetzt die Zunge lähmte.
Beispiele gibt's, dass ein verlorner Mensch,
Um vor der Welt zu Ehren sich zu bringen,
Den Meineid vor dem Richterstuhle wagt; doch dass
Ein falscher Eid sich schwören kann, auf heilgem
Altar, um an den Pranger hinzukommen,
Das heut erfährt die Welt zum ersten Mal.
Wär, dass ein andrer, als der Ruprecht, sich
In ihre Kammer gestern schlich, gegründet,
Wär's überall nur möglich, gnädger Herr,
Versteht mich wohl, – so säumt' ich hier nicht länger.
Den Stuhl setzt' ich, zur ersten Einrichtung,
Ihr vor die Tür, und sagte, geh, mein Kind,
Die Welt ist weit, da zahlst du keine Miete,
Und lange Haare hast du auch geerbt,
Woran du dich, kommt Zeit, kommt Rat, kannst hängen.
Walter. Ruhig, ruhig, Frau Marthe.
Frau Marthe. Da ich jedoch
Hier den Beweis noch anders führen kann,
Als bloß durch sie, die diesen Dienst mir weigert,
Und überzeugt bin völlig, dass nur er
Mir, und kein anderer den Krug zerschlug,
So bringt die Lust, es kurzhin abzuschwören,
Mich noch auf einen schändlichen Verdacht.
Die Nacht von gestern birgt ein anderes
Verbrechen noch, als bloß die Krugverwüstung.
Ich muss Euch sagen, gnädger Herr, dass Ruprecht
Zur Konskription gehört, in wenig Tagen
Soll er den Eid zur Fahn in Utrecht schwören.

Die jungen Landessöhne reißen aus.
Gesetzt, er hätte gestern Nacht gesagt:
Was meinst du, Evchen? Komm. Die Welt ist groß.
Zu Kist' und Kasten hast du ja die Schlüssel –
Und sie, sie hätt ein wenig sich gesperrt:
So hätte ohngefähr, da ich sie störte,
– Bei ihm aus Rach, aus Liebe noch bei ihr –
Der Rest, so wie geschehn, erfolgen können.

Ruprecht.
Das Rabenaas! Was das für Reden sind!
Zu Kist' und Kasten –

Walter. Still!

Eve. Er, austreten!

Walter. Zur Sache hier. Vom Krug ist hier die Rede. –
Beweis, Beweis, dass Ruprecht ihn zerbrach!

Frau Marthe. Gut, gnädger Herr. Erst will ich hier beweisen,
Dass Ruprecht mir den Krug zerschlug,
Und dann will ich im Hause untersuchen. –
Seht eine Zunge, die mir Zeugnis redet,
Bring ich für jedes Wort auf, das er sagte,
Und hätt in Reihen gleich sie aufgeführt,
Wenn ich von fern geahndet nur, dass diese
Die ihrige für mich nicht brauchen würde.
Doch wenn ihr Frau Brigitte jetzo ruft,
Die ihm die Muhm ist, so genügt mir die,
Weil die den Hauptpunkt just bestreiten wird.
Denn die, die hat Glock halb auf eilf im Garten,
Merkt wohl, bevor der Krug zertrümmert worden,
Wortwechselnd mit der Ev ihn schon getroffen;
Und wie die Fabel, die er aufgestellt,
Vom Kopf zu Fuß dadurch gespalten wird,
Durch diese einzge Zung, ihr hohen Richter,
Das überlass ich selbst euch einzusehn.

Erläuterungen zu dieser Seite → Seiten 134 und 135

Ruprecht.
Wer hat mich – ?
Veit. Schwester Briggy?
Ruprecht. Mich mit Ev? Im Garten?
Frau Marthe.
Ihn mit der Ev, im Garten, Glock halb eilf,
Bevor er noch, wie er geschwätzt, um eilf
Das Zimmer überrumpelnd eingesprengt:
Im Wortgewechsel, kosend bald, bald zerrend,
Als wollt' er sie zu etwas überreden.
Adam *für sich.* Verflucht! Der Teufel ist mir gut.
Walter. Schafft diese Frau herbei.
Ruprecht. Ihr Herrn, ich bitt euch:
Das ist kein wahres Wort, das ist nicht möglich.
Adam. O wart, Halunke! – He! Der Büttel! Hanfried! –
Denn auf der Flucht zerschlagen sich die Krüge –
– Herr Schreiber, geht, schafft Frau Brigitt herbei!
Veit. Hör, du verfluchter Schlingel, du, was machst du?
Dir brech ich alle Knochen noch.
Ruprecht. Weshalb auch?
Veit. Warum verschwiegst du, dass du mit der Dirne
Glock halb auf eilf im Garten schon scharwenzt'?
Warum verschwiegst du's?
Ruprecht. Warum ich's verschwieg?
Gotts Schlag und Donner, weil's nicht wahr ist, Vater!
Wenn das die Muhme Briggy zeugt, so hängt mich.
Und bei den Beinen sie meinthalb dazu.
Veit. Wenn aber sie's bezeugt – nimm dich in Acht!
Du und die saubre Jungfer Eve dort,
Wie ihr auch vor Gericht euch stellt, ihr steckt
Doch unter einer Decke noch. 's ist irgend
Ein schändliches Geheimnis noch, von dem
Sie weiß, und nur aus Schonung hier nichts sagt.

Briggy Koseform von Brigitte (siehe Vers 1330)

Wortgewechsel Wortwechsel

kosend bald, bald zerrend einmal sanft und zärtlich, dann wieder zudringlich auf sie einredend

ist mir gut meint es gut mit mir

scharwenzt' → Seite 135

Gotts Schlag und Donner ungehaltener Ausruf im Sinne von: ›Himmelherrgottnochmal!‹

zeugt bezeugt, aussagt

die saubre Jungfer Eve dort → Seite 135

stellt gebt, präsentiert, verstellt

Ruprecht. Geheimnis! Welches?
Veit. Warum hast du eingepackt?
He? Warum hast du gestern Abend eingepackt?
Ruprecht. Die Sachen?
Veit. Röcke, Hosen, ja, und Wäsche;
Ein Bündel, wie's ein Reisender just auf
Die Schultern wirft?
Ruprecht. Weil ich nach Utrecht soll!
Weil ich zum Regiment soll! Himmel-Donner –!
Glaubt Er, dass ich –?
Veit. Nach Utrecht? Ja, nach Utrecht!
Du hast geeilt, nach Utrecht hinzukommen!
Vorgestern wusstest du noch nicht, ob du
Den fünften oder sechsten Tag wirst reisen.
Walter. Weiß Er zur Sache was zu melden, Vater?
Veit. – Gestrenger Herr, ich will noch nichts behaupten.
Ich war daheim, als sich der Krug zerschlug,
Und auch von einer andern Unternehmung
Hab ich, die Wahrheit zu gestehn, noch nichts,
Wenn ich jedweden Umstand wohl erwäge,
Das meinen Sohn verdächtig macht, bemerkt.
Von seiner Unschuld völlig überzeugt,
Kam ich hieher, nach abgemachtem Streit
Sein ehelich Verlöbnis aufzulösen,
Und ihm das Silberkettlein einzufordern,
Zusamt dem Schaupfennig, den er der Jungfer
Bei dem Verlöbnis vorgen Herbst verehrt.
Wenn jetzt von Flucht was, und Verräterei
An meinem grauen Haar zutage kommt,
So ist mir das so neu, ihr Herrn, als euch:
Doch dann der Teufel soll den Hals ihm brechen.
Walter.
Schafft Frau Brigitt herbei, Herr Richter Adam.

Bündel Kleiderbündel

zu melden zu sagen, beizutragen (siehe Vers 641)

hieher seinerzeit verbreitete Variante von: hierher

abgemachtem beendetem, geklärtem

Sein ehelich Verlöbnis Seine Verlobung

ihm … einzufordern für ihn … zurückzufordern

Zusamt (siehe Vers 609)

Schaupfennig Münze, die »nicht zum Ausgeben im Handel und Wandel, sondern zur Schau, d. i. zum Ansehen, zum Denkmal einer merkwürdigen Begebenheit geschlagen worden« ist (Adelung, Grammatisch-kritisches Wörterbuch)

verehrt geschenkt hat

Adam. – Wird Euer Gnaden diese Sache nicht
Ermüden? Sie zieht sich in die Länge.
Eur Gnaden haben meine Kassen noch,
Und die Registratur – Was ist die Glocke?

Licht.
Es schlug soeben halb.

Adam. Auf eilf!

Licht. Verzeiht, auf zwölfe.

Walter.
Gleichviel.

Gleichviel. Egal. Wie auch immer.

Adam. Ich glaub, die Zeit ist, oder Ihr verrückt.
Er sieht nach der Uhr.
Ich bin kein ehrlicher Mann. – Ja, was befehlt Ihr?

Walter. Ich bin der Meinung –

Adam. Abzuschließen? Gut – !

Abzuschließen? Zum Ende zu kommen?

Walter. Erlaubt! Ich bin der Meinung, fortzufahren.

Adam. Ihr seid der Meinung – Auch gut. Sonst würd ich
Auf Ehre, morgen Früh, Glock neun, die Sache,
Zu Euerer Zufriedenheit beendgen.

Walter. Ihr wisst um meinen Willen.

Adam. Wie Ihr befehlt.
Herr Schreiber, schickt die Büttel ab; sie sollen
Sogleich ins Amt die Frau Brigitte laden.

Walter.
Und nehmt Euch – Zeit, die mir viel wert, zu sparen –
Gefälligst selbst der Sach ein wenig an.
Licht ab.

Zeit, die mir viel wert, zu sparen damit nicht noch mehr kostbare Zeit verloren geht

Gefälligst (leicht ungehalten) Freundlicherweise; wenn Ihr so gut sein wollt

Zehnter Auftritt

Die **Vorigen** *ohne* **Licht.** *Späterhin* **einige Mägde.**

Adam *aufstehend.* Inzwischen könnte man, wenn's so gefällig,
Vom Sitze sich ein wenig lüften – ?
Walter. Hm! O ja.
Was ich sagen wollt' –
Adam. Erlaubt Ihr gleichfalls,
Dass die Partein, bis Frau Brigitt erscheint – ?
Walter. Was? Die Partein?
Adam. Ja, vor die Tür, wenn Ihr –
Walter *für sich.*
Verwünscht!
Laut. Herr Richter Adam, wisst Ihr was?
Gebt ein Glas Wein mir in der Zwischenzeit.
Adam. Von ganzem Herzen gern. He! Margarethe!
Ihr macht mich glücklich, gnädger Herr. – Margrethe!
Die Magd tritt auf.
Die Magd. Hier.
Adam. Was befehlt Ihr? – Tretet ab, ihr Leute.
Franz? – Auf den Vorsaal draußen. – Oder Rhein?
Walter. Von unserm Rhein.
Adam. Gut. – Bis ich rufe. Marsch!
Walter. Wohin?
Adam. Geh, vom Versiegelten, Margrethe. –
Was? Auf den Flur bloß draußen. – Hier. – Der Schlüssel.
Walter.
Hm! Bleibt.
Adam. Fort! Marsch, sag ich! – Geh, Margarethe!
Und Butter, frisch gestampft, Käs auch aus Limburg,
Und von der fetten pommerschen Räuchergans.

Franz? … Oder Rhein? Wein aus Frankreich? Oder vom Rhein? (also aus der ›klassischen deutschen Weingegend‹)

Versiegelten noch nicht Geöffneten (offenbar von einem der besten vorrätigen Weine)

Limburg die belgische Stadt Limbourg, die für ihren aromatischen Weichkäse (›den Limburger‹) bekannt ist

pommerschen Räuchergans wohl: nach pommerscher Art geräucherten Gans (Pommern war früher eine preußische Provinz; die Region gehört heute zu Polen.)

Walter. Halt! Einen Augenblick! Macht nicht so viel
Umständ ich bitt Euch sehr, Herr Richter.
Adam. Schert
Zum Teufel euch, sag ich! Tu, wie ich sagte.
Walter.
Schickt Ihr die Leute fort, Herr Richter?
Adam. Euer Gnaden?
Walter. Ob Ihr – ?
Adam. Sie treten ab, wenn Ihr erlaubt.
Bloß ab, bis Frau Brigitt erscheint.
Wie, oder soll's nicht etwa – ?
Walter. Hm! Wie Ihr wollt.
Doch ob's der Mühe sich verlohnen wird?
Meint Ihr, dass es so lange Zeit wird währen,
Bis man im Ort sie trifft?
Adam. 's ist heute Holztag,
Gestrenger Herr. Die Weiber größtenteils
Sind in den Fichten, Sträucher einzusammeln.
Es könnte leicht –
Ruprecht. Die Muhme ist zu Hause.
Walter. Zu Haus. Lasst sein.
Ruprecht. Die wird sogleich erscheinen.
Walter. Die wird uns gleich erscheinen. Schafft den Wein.
Adam *für sich.*
Verflucht!
Walter. Macht fort. Doch nichts zum Imbiss, bitt ich,
Als ein Stück trocknen Brodes nur, und Salz.
Adam *für sich.*
Zwei Augenblicke mit der Dirn allein –
Laut. Ach trocknes Brod! Was! Salz! Geht doch.
Walter. Gewiss.
Adam. Ei, ein Stück Käs aus Limburg – mindstens Käse –
Macht erst geschickt die Zunge, Wein zu schmecken.

sich verlohnen wert sein

Weiber Frauen

Sträucher Reisig, am Boden liegendes, als Brennholz geeignetes kleines Astwerk

Schafft Besorgt, lasst … herbeibringen (siehe Vers 195)

Imbiss → Seite 135

Brodes Brotes

Geht doch. Das reicht doch nicht. Nur nicht so anspruchslos.

Gewiss. Doch, doch. Nichts weiter. Wie ich sagte.

Macht erst geschickt Befähigt erst

Walter. Gut. Ein Stück Käse denn, doch weiter nichts.
Adam. So geh. Und weiß, von Damast, aufgedeckt.
Schlecht alles zwar, doch recht.
Die Magd ab.
Das ist der Vorteil
Von uns verrufnen hagestolzen Leuten,
Dass wir, was andre knapp und kummervoll,
Mit Weib und Kindern täglich teilen müssen,
Mit einem Freunde zur gelegnen Stunde,
Vollauf genießen.
Walter. Was ich sagen wollte –
Wie kamt Ihr doch zu Eurer Wund, Herr Richter?
Das ist ein böses Loch, fürwahr, im Kopf, das!
Adam. – Ich fiel.
Walter. Ihr fielt. Hm! So. Wann? Gestern Abend?
Adam. Heut, Glock halb sechs, verzeiht, am Morgen, früh,
Da ich soeben aus dem Bette stieg.
Walter. Worüber?
Adam. Über – gnädger Herr Gerichtsrat,
Die Wahrheit Euch zu sagen, über mich.
Ich schlug Euch häuptlings an den Ofen nieder,
Bis diese Stunde weiß ich nicht, warum?
Walter. Von hinten?
Adam. Wie? Von hinten –
Walter. Oder vorn?
Ihr habt zwo Wunden, vorne ein' und hinten.
Adam. Von vorn und hinten. – Magarethe!
Die beiden Mägde mit Wein u. s. w. Sie decken auf, und gehen wieder ab.
Walter. Wie?
Adam. Erst so, dann so. Erst auf die Ofenkante,
Die vorn die Stirn mir einstieß, und sodann
Vom Ofen rückwärts auf den Boden wieder,

denn nun denn, dann also

weiß, von Damast, aufgedeckt → Seite 136

Schlecht Schlicht, einfach

uns verrufnen hagestolzen Leuten → Seite 136

Vollauf genießen Zur Gänze genießen können

doch denn gleich nochmal

verzeiht vgl. ›mit Verlaub‹ (Vers 646) oder die zahlreichen ›Erlaubt‹

Da ich Als ich (siehe Vers 251)

zwo (Duden: »umgangssprachlich, häufig auch aus Gründen der Deutlichkeit, um eine akustische Verwechslung mit ›drei‹ zu vermeiden«) zwei

Wo ich mir noch den Hinterkopf zerschlug.
Er schenkt ein.
Ist's Euch gefällig?
Walter *nimmt das Glas.* Hättet Ihr ein Weib,
So würd ich wunderliche Dinge glauben,
Herr Richter.
Adam. Wieso?
Walter. Ja, bei meiner Treu,
So rings seh ich zerkritzt Euch und zerkratzt.
Adam *lacht.* Nein, Gott sei Dank! Fraunnägel sind es nicht.
Walter. Glaub's. Auch ein Vorteil noch der Hagestolzen.
Adam *fortlachend.*

Strauchwerk, für Seidenwürmer → Seite 136

Strauchwerk, für Seidenwürmer, das man trocknend
Mir an dem Ofenwinkel aufgesetzt. –

aufgesetzt angebracht, befestigt

Auf Euer Wohlergehn!
Sie trinken.
Walter. Und grad auch heut
Noch die Perücke seltsam einzubüßen!
Die hätt Euch Eure Wunde noch bedeckt.

Rect' direkt (vgl. lat. ›recta via‹: ›geradewegs‹)

Adam. Ja, ja. Jedwedes Übel ist ein Zwilling. –
Hier – von dem fetten jetzt – kann ich –?
Walter. Ein Stückchen.
Aus Limburg?
Adam. Rect' aus Limburg, gnädger Herr.
Walter. – Wie Teufel aber, sagt mir, ging das zu?
Adam. Was?
Walter. Dass Ihr die Perücke eingebüßt.

in den Streit in das Dossier, also in die »umfänglichere Akte, in der alle zu einer Sache, einem Vorgang gehörenden Schriftstücke gesammelt sind« (Duden: ›Dossier‹)

Adam. Ja, seht. Ich sitz und lese gestern Abend
Ein Aktenstück, und weil ich mir die Brille
Verlegt, duck ich so tief mich in den Streit,
Dass bei der Kerze Flamme lichterloh
Mir die Perücke angeht. Ich, ich denke,
Feu'r fällt vom Himmel auf mein sündig Haupt,

angeht anbrennt

Und greife sie, und will sie von mir werfen;
Doch eh ich noch das Nackenband gelöst,
Brennt sie wie Sodom und Gomorrha schon.
Kaum dass ich die drei Haare noch mir rette.
Walter. Verwünscht! Und Eure andr' ist in der Stadt.
Adam. Bei dem Perückenmacher. – Doch zur Sache.
Walter. Nicht allzu rasch, ich bitt, Herr Richter Adam.
Adam. Ei, was! Die Stunde rollt. Ein Gläschen hier.
Er schenkt ein.
Walter.
Der Lebrecht – wenn der Kauz dort wahr gesprochen –
Er auch hat einen bösen Fall getan.
Adam. Auf meine Ehr.
Er trinkt.
Walter. Wenn hier die Sache,
Wie ich fast fürchte, unentworren bleibt,
So werdet Ihr, in Eurem Ort, den Täter
Leicht noch aus seiner Wund entdecken können.
Er trinkt.
Niersteiner?
Adam. Was?
Walter. Oder guter Oppenheimer?
Adam. Nierstein. Sieh da! Auf Ehre! Ihr versteht's.
Aus Nierstein, gnädger Herr, als hätt ich ihn geholt.
Walter. Ich prüft' ihn, vor drei Jahren, an der Kelter.
Adam *schenkt wieder ein.*
Walter. – Wie hoch ist Euer Fenster – Dort! Frau Marthe.
Frau Marthe. Mein Fenster?
Walter. Das Fenster jener Kammer, ja,
Worin die Jungfer schläft?
Frau Marthe. Die Kammer zwar
Ist nur vom ersten Stock, ein Keller drunter,
Mehr als neun Fuß das Fenster nicht vom Boden;

das Nackenband Band, mit dem die Perücke befestigt ist

Sodom und Gomorrha → Seite 136

Stunde rollt Zeit rennt

Kauz »(spöttisch) wunderliche[] Mensch« (DWDS) (siehe auch Vers 124)

Niersteiner … Oppenheimer → Seite 136

Auf Ehre! Ihr versteht's. Bei meiner Ehre, Ihr seid ein Kenner!

als hätt ich ihn geholt so gewiss, als hätte ich ihn selbst von dort mitgebracht

prüft' ihn … an der Kelter → Seite 136

zwar / Ist nur vom ersten Stock befindet sich zwar lediglich im ersten Stock

neun Fuß etwa zwei Meter siebzig

die ganze, wohlerwogene / Gelegenheit sehr ungeschickt zum Springen → Seite 136

Jedoch die ganze, wohlerwogene
Gelegenheit sehr ungeschickt zum Springen.
Denn auf zwei Fuß steht von der Wand ein Weinstock,
Der seine knotgen Äste rankend hin
Durch ein Spalier treibt, längs der ganzen Wand:
Das Fenster selbst ist noch davon umstrickt.
Es würd ein Eber, ein gewaffneter,
Müh mit den Fängern haben, durchzubrechen.

auf zwei Fuß in einer Entfernung von etwa sechzig Zentimetern

Spalier (siehe Vers 976)

Eber männliches Schwein

ein gewaffneter → Seite 136

den Fängern den Fangzähnen, den Hauern

Adam. Es hing auch keiner drin.
Er schenkt sich ein.
Walter. Meint Ihr?
Adam. Ach, geht!
Er trinkt.
Walter *zu Ruprecht.*
Wie traf Er denn den Sünder? Auf den Kopf?
Adam. Hier.
Walter. Lasst.
Adam. Gebt her.
Walter. ’s ist halb noch voll.
Adam. Will’s füllen.
Walter. Ihr hört’s.
Adam. Ei, für die gute Zahl.
Walter. Ich bitt Euch.
Adam. Ach, was! Nach der Pythagoreer-Regel.
Er schenkt ihm ein.

die gute Zahl Anspielung auf das Sprichwort ›Aller guten Dinge sind drei‹

Pythagoreer-Regel → Seite 137

Walter *wieder zu Ruprecht.*
Wie oft traf Er dem Sünder denn den Kopf?
Adam. Eins ist der Herr. Zwei ist das finstre Chaos;
Drei ist die Welt. Drei Gläser lob ich mir.
Im dritten trinkt man mit den Tropfen Sonnen,
Und Firmamente mit den übrigen.
Walter. Wie oftmals auf den Kopf traf Er den Sünder?
Er, Ruprecht, Ihn dort frag ich!

Eins … die Welt. Anspielung auf die biblische Schöpfungsgeschichte

der Herr Gott

Firmamente Himmelsgewölbe

Adam. Wird man's hören?
Wie oft trafst du den Sündenbock? Na, heraus!
Gotts Blitz, seht, weiß der Kerl wohl selbst, ob er –
Vergaßt du's?

Ruprecht. Mit der Klinke?

Adam. Ja, was weiß ich.

Walter. Vom Fenster, als Er nach ihm herunterhieb?

Ruprecht. Zweimal, ihr Herrn.

Adam. Halunke! Das behielt er!
Er trinkt.

Walter. Zweimal! Er konnt ihn mit zwei solchen Hieben
Erschlagen, weiß Er –?

Ruprecht. Hätt ich ihn erschlagen,
So hätt ich ihn. Es wär mir grade recht.
Läg er hier vor mir, tot, so könnt' ich sagen,
Der war's, ihr Herrn, ich hab euch nicht belogen.

Adam. Ja, tot! Das glaub ich. Aber so –
Er schenkt ein.

Walter. Konnt Er ihn denn im Dunkeln nicht erkennen?

Ruprecht. Nicht einen Stich, gestrenger Herr. Wie sollt' ich?

Adam. Warum sperrtst du nicht die Augen auf – Stoßt an!

Ruprecht. Die Augen auf! Ich hatt sie aufgesperrt.
Der Satan warf sie mir voll Sand.

Adam *in den Bart.* Voll Sand, ja!
Warum sperrtst du deine großen Augen auf.
– Hier. Was wir lieben, gnädger Herr! Stoßt an!

Walter. – Was recht und gut und treu ist, Richter Adam!
Sie trinken.

Adam. Nun denn, zum Schluss jetzt, wenn's gefällig ist.
Er schenkt ein.

Walter. Ihr seid zuweilen bei Frau Marthe wohl,
Herr Richter Adam. Sagt mir doch,
Wer, außer Ruprecht, geht dort aus und ein.

Wird man's hören? Wird's bald?

Nicht einen Stich Nicht im Geringsten

gestrenger → Seite 137

Was wir lieben Auf das, was wir lieben!

Was recht und gut und treu ist Auf das, was recht …

Adam. Nicht allzu oft, gestrenger Herr, verzeiht.
Wer aus und ein geht, kann ich Euch nicht sagen.
Walter. Wie? Solltet Ihr die Witwe nicht zuweilen
Von Eurem selgen Freund besuchen?
Adam. Nein, in der Tat, sehr selten nur.
Walter. Frau Marthe!
Habt Ihr's mit Richter Adam hier verdorben?

spräche nicht mehr bei Euch ein käme Euch nicht mehr besuchen

Er sagt, er spräche nicht mehr bei Euch ein?
Frau Marthe.
Hm! Gnädger Herr, verdorben? Das just nicht.
Ich denk er nennt mein guter Freund sich noch.
Doch dass ich oft in meinem Haus ihn sähe,

Vetter → Seite 137

Das vom Herrn Vetter kann ich just nicht rühmen.
Neun Wochen sind's, dass er's zuletzt betrat,
Und auch nur da noch im Vorübergehn.
Walter. Wie sagt Ihr?
Frau Marthe. Was?
Walter. Neun Wochen wären's –?
Frau Marthe. Neun,

Nelken → Seite 138

Ja – Donnerstag sind's zehn. Er bat sich Samen
Bei mir, von Nelken und Aurikeln aus.

Aurikeln → Seite 138

Walter. Und – sonntags – wenn er auf das Vorwerk geht –?
Frau Marthe. Ja, da – da guckt er mir ins Fenster wohl,
Und saget guten Tag zu mir und meiner Tochter;
Doch dann so geht er wieder seiner Wege.

Sollt' ich auch dem Manne wohl – … mit meinem Verdacht Unrecht getan haben?

Walter *für sich.*
Hm! Sollt' ich auch dem Manne wohl –
Er trinkt.
Ich glaubte,

In Eurer Wirtschaft braucht in hauswirtschaftlichen Angelegenheiten in Anspruch nehmt

Weil Ihr die Jungfer Muhme dort zuweilen
In Eurer Wirtschaft braucht, so würdet Ihr
Zu Dank die Mutter dann und wann besuchen.
Adam. Wieso, gestrenger Herr?

Walter. Wieso? Ihr sagtet,
Die Jungfer helfe Euren Hühnern auf,
Die Euch im Hof erkranken. Hat sie nicht
Noch heut in dieser Sach Euch Rat erteilt?

Frau Marthe.
Ja, allerdings, gestrenger Herr, das tut sie,
Vorgestern schickt' er ihr ein krankes Perlhuhn
Ins Haus, das schon den Tod im Leibe hatte.
Vorm Jahr rettete sie ihm eins vom Pips,
Und dies auch wird sie mit der Nudel heilen:
Jedoch zum Dank ist er noch nicht erschienen.

Pips (siehe Vers 560)

Walter *verwirrt.*
– Schenkt ein, Herr Richter Adam, seid so gut.
Schenkt gleich mir ein. Wir wollen eins noch trinken.

Adam.
Zu Eurem Dienst. Ihr macht mich glücklich. Hier.
Er schenkt ein.

Walter. Auf Euer Wohlergehn! – Der Richter Adam,
Er wird früh oder spät schon kommen.

früh oder spät (siehe Vers 1271)

Frau Marthe. Meint Ihr? Ich zweifle.
Könnt' ich Niersteiner, solchen, wie Ihr trinkt,
Und wie mein selger Mann, der Kastellan,
Wohl auch, von Zeit zu Zeit, im Keller hatte,
Vorsetzen dem Herrn Vetter, wär's was anders:
Doch so besitz ich nichts, ich arme Witwe,
In meinem Hause, das ihn lockt.

anders anderes

Walter. Um so viel besser.

Eilfter Elfter

Eilfter Auftritt

Licht. Frau Brigitte *mit einer Perücke in der Hand.*
Die Mägde. Die Vorigen.

Licht. Hier, Frau Brigitt, herein.
Walter. Ist das die Frau, Herr Schreiber Licht?
Licht. Das ist die Frau Brigitte, Euer Gnaden.

beschließen zum Abschluss bringen

Walter. Nun denn, so lasst die Sach uns jetzt beschließen.
Nehmt ab, ihr Mägde. Hier.
Die Mägde mit Gläsern u. s. w. ab.
Adam *währenddessen.*
Nun, Evchen, höre,

Dreh du mir deine Pille ordentlich → Seite 138

sprech ich … / Auf ein Gericht Karauschen bei euch ein. → Seite 138

Luder → Seite 138

Dem Luder muss sie ganz jetzt durch die Gurgel Gemeint ist (zumindest vordergründig) das Perlhuhn, das die Pille schlucken soll.

Dreh du mir deine Pille ordentlich,
Wie sich's gehört, so sprech ich heute Abend
Auf ein Gericht Karauschen bei euch ein.
Dem Luder muss sie ganz jetzt durch die Gurgel,
Ist sie zu groß, so mag's den Tod dran fressen.
Walter *erblickt die Perücke.*
Was bringt uns Frau Brigitte dort für eine
Perücke?
Licht. Gnädger Herr?
Walter. Was jene Frau uns dort für eine
Perücke bringt?
Licht. Hm!
Walter. Was!
Licht. Verzeiht –
Walter. Werd ich's erfahren?
Licht. Wenn Euer Gnaden gütigst
Die Frau, durch den Herrn Richter, fragen wollen,
So wird, wem die Perücke angehört,
Sich, und das Weitre, zweifl ich nicht, ergeben.

Walter. – Ich will nicht wissen, wem sie angehört.
Wie kam die Frau dazu? Wo fand sie sie?
Licht. Die Frau fand die Perücke im Spalier
Bei Frau Margrethe Rull. Sie hing gespießt,
Gleich einem Nest, im Kreuzgeflecht des Weinstocks,
Dicht unterm Fenster, wo die Jungfer schläft.
Frau Marthe. Was? Bei mir? Im Spalier?
Walter *heimlich.* Herr Richter Adam,
Habt Ihr mir etwas zu vertraun,
So bitt ich, um die Ehre des Gerichtes,
Ihr seid so gut, und sagt mir's an.
Adam. Ich Euch – ?
Walter. Nicht? Habt Ihr nicht – ?
Adam. Auf meine Ehre –
Er ergreift die Perücke.
Walter. Hier die Perücke ist die Eure nicht?
Adam. Hier die Perück ihr Herren, ist die meine!
Das ist, Blitz-Element, die nämliche,
Die ich dem Burschen vor acht Tagen gab,
Nach Utrecht sie zum Meister Mehl zu bringen.
Walter.
Wem? Was?
Licht. Dem Ruprecht?
Ruprecht. Mir?
Adam. Hab ich Ihm Schlingel,
Als Er nach Utrecht vor acht Tagen ging,
Nicht die Perück hier anvertraut, sie zum
Friseur, dass er sie renoviere, hinzutragen?
Ruprecht. Ob er – ? Nun ja. Er gab mir –
Adam. Warum hat Er
Nicht die Perück, Halunke, abgegeben?
Warum nicht hat Er sie, wie ich befohlen,
Beim Meister in der Werkstatt abgegeben?

angehört gehört

Frau Margrethe Rull → Seite 139

Kreuzgeflecht dichten Geäst

heimlich (siehe Vers 509)

zu vertraun anzuvertrauen

um die Ehre des Gerichtes um der Ehre des Gerichtes willen; um das Ansehen des Gerichtes nicht noch mehr zu beschädigen

Ihr seid so gut, und sagt mir's an. Ihr gebt Euch einen Ruck und sagt mir, was Ihr zu beichten habt.

Blitz-Element (siehe Vers 197)

die nämliche eben jene

renoviere ausbessere, instand setze

Ruprecht.
Warum ich sie –? Gotts, Himmel-Donner – Schlag!
Ich hab sie in der Werkstatt abgegeben.
Der Meister Mehl nahm sie –
Adam. Sie abgegeben?
Und jetzt hängt sie im Weinspalier bei Marthens?
O wart, Kanaille! So entkommst du nicht.
Dahinter steckt mir von Verkappung was,
Und Meuterei, was weiß ich? – Wollt Ihr erlauben,
Dass ich sogleich die Frau nur inquiriere?
Walter. Ihr hättet die Perücke –?
Adam. Gnädger Herr,
Als jener Bursche dort, vergangnen Dienstag,
Nach Utrecht fuhr mit seines Vaters Ochsen,
Kam er ins Amt, und sprach, Herr Richter Adam,
Habt Ihr im Städtlein etwas zu bestellen?
Mein Sohn, sag ich, wenn du so gut willt sein,
So lass mir die Perück hier auftoupieren –
Nicht aber sagt' ich ihm, geh und bewahre
Sie bei dir auf, verkappe dich darin,
Und lass sie im Spalier bei Marthens hängen.
Frau Brigitte.
Ihr Herrn, der Ruprecht, mein ich, halt zu Gnaden,
Der war's wohl nicht. Denn da ich gestern Nacht
Hinaus aufs Vorwerk geh, zu meiner Muhme,
Die schwer im Kindbett liegt, hört' ich die Jungfer
Gedämpft, im Garten hinten jemand schelten:
Wut scheint und Furcht die Stimme ihr zu rauben.
Pfui, schäm Er sich, Er Niederträchtiger,
Was macht Er? Fort. Ich werd die Mutter rufen;
Als ob die Spanier im Lande wären.
Drauf: Eve! durch den Zaun hin: Eve! ruf ich.
Was hast du? Was auch gibt's? – Und still wird es:

Gotts, Himmel-Donner – Schlag! (siehe Vers 1357)

Kanaille (siehe Vers 258)

So entkommst du nicht. So leicht (mit einer so billigen Ausrede) kommst du mir nicht davon.

Verkappung → Seite 139

inquiriere vernehme, verhöre (von lat.: ›inquirere‹: ›untersuchen‹)

mit seines Vaters Ochsen mit dem Ochsenkarren seines Vaters

willt ältere Variante zu ›willst‹

auftoupieren »aufkämmen« (Duden) (von frz.: ›toupet‹: ›Haarbüschel‹)

halt zu Gnaden → Seite 139

Kindbett → Seite 139

Als ob die Spanier im Lande wären → Seite 140

Nun? Wirst du antworten? – Was wollt Ihr, Muhme? –
Was hast du vor, frag ich? – Was werd ich haben. –
Ist es der Ruprecht? – Ei so ja, der Ruprecht.
Geht Euren Weg doch nur. – So koch dir Tee.
Das liebt sich, denk ich, wie sich andre zanken.

Frau Marthe.
Mithin – ?

Ruprecht. Mithin – ?

Walter. Schweigt! Lasst die Frau vollenden.

Frau Brigitte. Da ich vom Vorwerk nun zurückekehre
Zur Zeit der Mitternacht etwa, und just,
Im Lindengang, bei Marthens Garten bin,
Huscht Euch ein Kerl bei mir vorbei, kahlköpfig,
Mit einem Pferdefuß, und hinter ihm
Erstinkt's wie Dampf von Pech und Haar und Schwefel.
Ich sprech ein Gottseibeiuns aus, und drehe
Entsetzensvoll mich um, und seh, mein Seel,
Die Glatz ihr Herren im Verschwinden noch,
Wie faules Holz, den Lindengang durchleuchten.

Ruprecht.
Was! Himmel – Tausend – !

Frau Marthe. Ist sie toll, Frau Briggy?

Ruprecht.
Der Teufel, meint sie, wär's – ?

Licht. Still! Still!

Frau Brigitte. Mein Seel!
Ich weiß, was ich gesehen und gerochen.

Walter *ungeduldig.*
Frau, ob's der Teufel war, will ich nicht untersuchen,
Ihn aber, ihn denunziiert man nicht.
Kann Sie von einem andern melden, gut:
Doch mit dem Sünder da verschont Sie uns.

Licht. Wollen Euer Gnaden sie vollenden lassen.

So koch dir Tee. → Seite 140

Mithin (siehe Vers 351)

bei mir vorbei an mir vorbei

Pferdefuß »1. Fuß des Teufels. 2. missgestalteter menschlicher Fuß« (DWDS)

Erstinkt's Fängt es an zu stinken

Pech und Haar und Schwefel → Seite 140

Gottseibeiuns → Seite 140

Wie faules Holz … das im Dunkeln phosphoresziert (von selbst leuchtet)

Himmel – Tausend – ! Ausrufe der Bestürzung und Verblüffung (vgl. ›Potztausend!‹)

toll (siehe Vers 171)

denunziiert man nicht zeigt man nicht an, meldet man nicht (von lat. ›denuntiare‹: ›anzeigen‹)

Blödsinnig Volk, das! Was für verrückte Leute!

Walter. Blödsinnig Volk, das!
Frau Brigitte. Gut, wie Ihr befehlt.
Doch der Herr Schreiber Licht sind mir ein Zeuge.
Walter. Wie? Ihr ein Zeuge?
Licht. Gewissermaßen, ja.
Walter. Fürwahr, ich weiß nicht –

submiss (siehe Vers 625)

Licht. Bitte ganz submiss,
Die Frau in dem Berichte nicht zu stören.
Dass es der Teufel war, behaupt ich nicht;
Jedoch mit Pferdefuß, und kahler Glatze
Und hinten Dampf, wenn ich nicht sehr mich irre,
Hat's seine völlge Richtigkeit! – Fahrt fort!

Da Als (siehe Vers 251)

Den Um den

zu Nacht in der Nacht, nachts

Frau Brigitte. Da ich nun mit Erstaunen heut vernehme,
Was bei Frau Marthe Rull geschehn, und ich
Den Krugzertrümmrer auszuspionieren,
Der mir zu Nacht begegnet am Spalier
Den Platz, wo er gesprungen, untersuche,
Find ich im Schnee, ihr Herrn, Euch eine Spur –
Was find ich Euch für eine Spur im Schnee?

nett gekantet mit sauberen Kanten

unförmig grobhin eingetölpelt formlos plumpe Eindrücke (Spuren)

Rechts fein und scharf und nett gekantet immer,
Ein ordentlicher Menschenfuß,
Und links unförmig grobhin eingetölpelt
Ein ungeheurer klotzger Pferdefuß.
Walter *ärgerlich.*
Geschwätz, wahnsinniges, verdammenswürdges –!
Veit. Es ist nicht möglich, Frau!

Bei meiner Treu! (siehe Vers 227)

Frau Brigitte. Bei meiner Treu!
Erst am Spalier, da, wo der Sprung geschehen,
Seht, einen weiten, schneezerwühlten Kreis,
Als ob sich eine Sau darin gewälzt;
Und Menschenfuß und Pferdefuß von hier,
Und Menschenfuß und Pferdefuß, und Menschenfuß und Pferdefuß,

Quer durch den Garten, bis in alle Welt.
Adam. Verflucht! – Hat sich der Schelm vielleicht erlaubt,
Verkappt des Teufels Art – ?
Ruprecht. Was! Ich!
Licht. Schweigt! Schweigt!
Frau Brigitte.
Wer einen Dachs sucht, und die Fährt entdeckt,
Der Waidmann, triumphiert nicht so, als ich.
Herr Schreiber Licht, sag ich, denn eben seh ich
Von Euch geschickt, den Würdgen zu mir treten,
Herr Schreiber Licht, spart Eure Session,
Den Krugzertrümmrer judiziert Ihr nicht,
Der sitzt nicht schlechter Euch, als in der Hölle:
Hier ist die Spur die er gegangen ist.
Walter. So habt Ihr selbst Euch überzeugt?
Licht. Eur Gnaden,
Mit dieser Spur hat's völlge Richtigkeit.
Walter. Ein Pferdefuß?
Licht. Fuß eines Menschen, bitte,
Doch präterpropter wie ein Pferdehuf.
Adam. Mein Seel, ihr Herrn, die Sache scheint mir ernsthaft.
Man hat viel beißend abgefasste Schriften,
Die, dass ein Gott sei, nicht gestehen wollen;
Jedoch den Teufel hat, soviel ich weiß,
Kein Atheist noch bündig wegbewiesen.
Der Fall, der vorliegt, scheint besonderer
Erörtrung wert. Ich trage darauf an,
Bevor wir ein Konklusum fassen,
Im Haag bei der Synode anzufragen
Ob das Gericht befugt sei, anzunehmen,
Dass Beelzebub den Krug zerbrochen hat.
Walter. Ein Antrag, wie ich ihn von Euch erwartet.
Was wohl meint I h r, Herr Schreiber?

Erläuterungen zu dieser Seite → Seiten 140 und 141

Licht. Euer Gnaden werden
Nicht die Synode brauchen, um zu urteiln.
Vollendet – mit Erlaubnis! – den Bericht,
Ihr Frau Brigitte, dort; so wird der Fall
Aus der Verbindung, hoff ich, klar konstieren.

Aus der Verbindung … klar konstieren Aus dem Zusammenhang des Gesagten … klar hervorgehen (vgl. lat. ›constare‹: ›existieren, feststehen, stimmen‹)

Frau Brigitte.
Hierauf: Herr Schreiber Licht, sag ich, lasst uns
Die Spur ein wenig doch verfolgen, sehn,
Wohin der Teufel wohl entwischt mag sein.
Gut, sagt er, Frau Brigitt, ein guter Einfall;
Vielleicht gehn wir uns nicht weit um,
Wenn wir zum Herrn Dorfrichter Adam gehn.

gehn wir uns nicht weit um machen wir keinen sonderlichen Umweg

Walter. Nun? Und jetzt fand sich – ?
Frau Brigitte. Zuerst jetzt finden wir
Jenseits des Gartens, in dem Lindengange,
Den Platz, wo Schwefeldämpfe von sich lassend,
Der Teufel bei mir angeprellt: ein Kreis,
Wie scheu ein Hund etwa zur Seite weicht,
Wenn sich die Katze prustend vor ihm setzt.

angeprellt angeprallt ist, stürmisch auf mich zukam → Seite 141

prustend fauchend

Walter. Drauf weiter?
Frau Brigitte.
Nicht weit davon jetzt steht ein Denkmal seiner,
An einem Baum, dass ich davor erschrecke.

steht ein Denkmal seiner findet sich eine »Hinterlassenschaft« (der zurückgelassene Kothaufen, vgl. Vers 1774)

Walter. Ein Denkmal? Wie?
Frau Brigitte. Wie? Ja, da werdet Ihr –
Adam *für sich.* Verflucht mein Unterleib.
Licht. Vorüber, bitte,
Vorüber hier, ich bitte, Frau Brigitte.

Vorüber, bitte Bitte weiter, genug der abstoßenden Einzelheiten, alle haben verstanden, worum es geht

Walter.
Wohin die Spur Euch führte, will ich wissen!
Frau Brigitte.
Wohin? Mein Treu, den nächsten Weg zu Euch,
Just wie Herr Schreiber Licht gesagt.

nächsten direkten

Walter. Zu uns? Hierher?
Frau Brigitte. Vom Lindengange, ja,
Aufs Schulzenfeld, den Karpfenteich entlang,
Den Steg, quer übern Gottesacker dann,
Hier, sag ich, her, zum Herrn Dorfrichter Adam.
Walter. Zum Herrn Dorfrichter Adam?
Adam. Hier zu mir?
Frau Brigitte. Zu Euch, ja.
Ruprecht. Wird doch der Teufel nicht
In dem Gerichtshof wohnen?
Frau Brigitte. Mein Treu, ich weiß nicht,
Ob er in diesem Hause wohnt; doch hier,
Ich bin nicht ehrlich, ist er abgestiegen:
Die Spur geht hinten ein bis an die Schwelle.
Adam. Sollt' er vielleicht hier durchpassiert – ?
Frau Brigitte. Ja, oder durchpassiert. Kann sein. Auch das.
Die Spur vornaus –
Walter. War eine Spur vornaus?
Licht. Vornaus, verzeihn Eur Gnaden, keine Spur.
Frau Brigitte. Ja, vornaus war der Weg zertreten.
Adam. Zertreten. Durchpassiert. Ich bin ein Schuft.
Der Kerl, passt auf, hat den Gesetzen hier
Was angehängt. Ich will nicht ehrlich sein,
Wenn es nicht stinkt in der Registratur.
Wenn meine Rechnungen, wie ich nicht zweifle,
Verwirrt befunden werden sollten,
Auf meine Ehr, ich stehe für nichts ein.
Walter.
Ich auch nicht. *Für sich.* Hm! Ich weiß nicht, war's der linke,
War es der rechte? Seiner Füße einer –
Herr Richter! Eure Dose! – Seid so gefällig.
Adam. Die Dose?
Walter. Die Dose. Gebt! Hier!

Aufs Schulzenfeld vermutlich: Über den Acker, der im Besitz des Schulzen, des Dorfvorstehers, ist

Gottesacker Friedhof neben der Kirche

Ich bin nicht ehrlich (siehe Vers 1108)

vornaus nach vorne hinaus

Ich bin ein Schuft. (siehe Vers 1108)

Ich will nicht ehrlich sein, / Wenn es nicht stinkt in der Registratur. → Seite 141

Verwirrt Als unordentlich geführt, als fehlerhaft

ich stehe für nichts ein ich weise alle Schuld von mir

Ich auch nicht. → Seite 142

Eure Dose! Reicht mir doch bitte Eure Schnupftabaksdose herüber!

Bringt Bringt sie

Adam *zu Licht.* Bringt dem Herrn Gerichtsrat.
Walter. Wozu die Umständ? Einen Schritt gebraucht's.

Einen Schritt gebraucht's. Ihr seid ja selbst in einem Schritt bei mir.

Adam. Es ist schon abgemacht. Gebt Seiner Gnaden.
Walter. Ich hätt Euch was ins Ohr gesagt.
Adam. Vielleicht, dass wir nachher Gelegenheit –
Walter. Auch gut.

Es ist schon abgemacht. Gebt Seiner Gnaden. (Zu Walter) Ist schon geregelt. (Zu Licht) Reicht sie dem Herrn Gerichtsrat hinüber.

Nachdem sich Licht wieder gesetzt.
Sagt doch, ihr Herrn, ist jemand hier im Orte,
Der missgeschaffne Füße hat?
Licht. Hm! Allerdings ist jemand hier in Huisum –
Walter.
So? Wer?
Licht. Wollen Euer Gnaden den Herrn Richter fragen –
Walter. Den Herrn Richter Adam?
Adam. Ich weiß von nichts.

missgeschaffne Füße Füße mit einer Fehlbildung

Zehn Jahre bin ich hier im Amt zu Huisum,
Soviel ich weiß, ist alles grad gewachsen.
Walter *zu Licht.*
Nun? Wen hier meint Ihr?
Frau Marthe. Lass Er doch seine Füße draußen!
Was steckt Er untern Tisch verstört sie hin,
Dass man fast meint, Er wär die Spur gegangen.

verstört »Verstört aussehen, Schrecken, Furcht und Zerstörung durch Mienen und Kleidung verraten« (Adelung, Grammatisch-kritisches Wörterbuch)

Walter. Wer? Der Herr Richter Adam?
Adam. Ich? die Spur?
Bin ich der Teufel? Ist das ein Pferdefuß?
Er zeigt seinen linken Fuß.
Walter. Auf meine Ehr. Der Fuß ist gut.
Heimlich.
Macht jetzt mit der Session sogleich ein Ende.

Heimlich Leise zu Adam (siehe Vers 1629)

Adam. Ein Fuß, wenn den der Teufel hätt,
So könnt' er auf die Bälle gehn und tanzen.
Frau Marthe.
Das sag ich auch. Wo wird der Herr Dorfrichter –

Session (siehe Vers 538)

Adam. Ach, was! Ich!
Walter. Macht, sag ich, gleich ein Ende.
Frau Brigitte. Den einzgen Skrupel nur, ihr würdgen Herrn,
Macht, dünkt mich, dieser feierliche Schmuck!
Adam. Was für ein feierlicher –?
Frau Brigitte. Hier, die Perücke!
Wer sah den Teufel je in solcher Tracht?
Ein Bau, getürmter, strotzender von Talg,
Als eines Domdechanten auf der Kanzel!
Adam. Wir wissen hierzuland nur unvollkommen,
Was in der Hölle Mod ist, Frau Brigitte!
Man sagt, gewöhnlich trägt er eignes Haar.
Doch auf der Erde, bin ich überzeugt,
Wirft er in die Perücke sich, um sich
Den Honoratioren beizumischen.
Walter.
Nichtswürdger! Wert, vor allem Volk ihn schmachvoll
Vom Tribunal zu jagen! Was Euch schützt,
Ist einzig nur die Ehre des Gerichts.
Schließt Eure Session!
Adam. Ich will nicht hoffen –
Walter. Ihr hofft jetzt nichts. Ihr zieht Euch aus der Sache.
Adam. Glaubt Ihr, ich hätte, ich, der Richter, gestern,
Im Weinstock die Perücke eingebüßt?
Walter. Behüte Gott! Die Eur' ist ja im Feuer,
Wie Sodom und Gomorrha, aufgegangen.
Licht. Vielmehr – vergebt mir, gnädger Herr! die Katze
Hat gestern in die seinige gejungt.
Adam.
Ihr Herrn, wenn hier der Anschein mich verdammt:
Ihr übereilt euch nicht, bitt ich. Es gilt
Mir Ehre oder Prostitution.
Solang die Jungfer schweigt, begreif ich nicht,

Skrupel → Seite 142

Ein Bau, getürmter, strotzender von Talg → Seite 142

Domdechant → Seite 142

Den Honoratioren beizumischen → Seite 142

Tribunal (siehe Vers 1272)

die Ehre des Gerichts (die Sorge um) das Ansehen des Gerichts

zieht Euch aus der Sache → Seite 142

Behüte Gott! ironisch: Der Gedanke liegt mir ganz fern!

Sodom und Gomorrha (siehe Vers 1497)

vergebt mir entschuldigt, dass ich mich einmische

übereilt euch nicht sollt nicht voreilig urteilen

Es gilt / Mir Ehre oder Prostitution → Seite 142

Mit welchem Recht ihr mich beschuldiget.
Hier auf dem Richterstuhl von Huisum sitz ich,
Und lege die Perücke auf den Tisch:
Den, der behauptet, dass sie mein gehört
Fordr' ich vors Oberlandgericht in Utrecht.
Licht. Hm! Die Perücke passt Euch doch, mein Seel,
Als wär auf Euren Scheiteln sie gewachsen.
Er setzt sie ihm auf.
Adam. Verleumdung!
Licht. Nicht?
Adam. Als Mantel um die Schultern
Mir noch zu weit, wie viel mehr um den Kopf.
Er besieht sich im Spiegel.
Ruprecht. Ei, solch ein Donnerwetter-Kerl!
Walter. Still, Er!
Frau Marthe. Ei, solch ein blitz-verfluchter Richter, das!
Walter.
Noch einmal, wollt I h r gleich, soll i c h die Sache enden?
Adam. Ja, was befehlt Ihr?
Ruprecht *zu Eve.* Eve, sprich, ist er's?
Walter. Was untersteht der Unverschämte sich?
Veit. Schweig du, sag ich.
Adam. Wart, Bestie! Dich fass ich.
Ruprecht. Ei, du Blitz-Pferdefuß!
Walter. Heda! der Büttel!
Veit. Halt's Maul, sag ich.
Ruprecht. Wart! Heute reich ich dich.
Heut streust du keinen Sand mir in die Augen.
Walter.
Habt Ihr nicht so viel Witz, Herr Richter – ?
Adam. Ja, wenn Euer Gnaden
Erlauben, fäll ich jetzo die Sentenz.
Walter. Gut. Tut das. Fällt sie.

mein gehört mein ist, mir gehört

Oberlandgericht Oberlandesgericht (die nächsthöhere gerichtliche Instanz)

Donnerwetter-Kerl hier: dreister Schurke

Bestie → Seite 142

der Büttel! Gerichtsdiener! Greif Er ein! (siehe auch Seite 98)

reich ich dich erreiche, erwische ich dich

Heut streust du keinen Sand mir in die Augen. → Seite 142

Habt Ihr nicht so viel Witz, Herr Richter – ? → Seite 142

fäll ich jetzo die Sentenz spreche ich jetzt das Urteil (vgl. lat. ›sententia‹: ›Meinung; Urteil; Gedanke‹)

Adam. Die Sache jetzt konstiert,
Und Ruprecht dort, der Racker, ist der Täter.
Walter. Auch gut das. Weiter.
Adam. Den Hals erkenn ich
Ins Eisen ihm, und weil er ungebührlich
Sich gegen seinen Richter hat betragen,
Schmeiß ich ihn ins vergitterte Gefängnis.
Wie lange, werd ich noch bestimmen.
Eve. Den Ruprecht – ?
Ruprecht. Ins Gefängnis mich?
Eve. Ins Eisen?
Walter. Spart eure Sorgen Kinder, – Seid Ihr fertig?
Adam. Den Krug meinthalb mag er ersetzen, oder nicht.
Walter. Gut denn. Geschlossen ist die Session.
Und Ruprecht appelliert an die Instanz zu Utrecht.
Eve. Er soll, er, erst nach Utrecht appellieren?
Ruprecht. Was? Ich – ?
Walter. Zum Henker, ja! Und bis dahin –
Eve. Und bis dahin – ?
Ruprecht. In das Gefängnis gehn?
Eve. Den Hals ins Eisen stecken? Seid Ihr auch Richter?
Er dort, der Unverschämte, der dort sitzt,
Er selber war's –
Walter. Du hörst's, zum Teufel! Schweig!
Ihm bis dahin krümmt sich kein Haar –
Eve. Auf, Ruprecht!
Der Richter Adam hat den Krug zerbrochen!
Ruprecht. Ei, wart, du!
Frau Marthe. Er?
Frau Brigitte. Der dort?
Eve. Er, ja! Auf, Ruprecht!
Er war bei deiner Eve gestern!
Auf! Fass ihn! Schmeiß ihn jetzo, wie du willst.

konstiert steht fest (siehe auch Vers 1758)

Racker → Seite 142

Den Hals erkenn ich / Ins Eisen ihm Ich verurteile ihn zum Halseisen (siehe Vers 273)

appelliert an die Instanz legt beim Oberlandesgericht in Utrecht Berufung ein (siehe Vers 1858)

Seid Ihr auch Richter? wohl: Seid Ihr denn nicht auch ein Richter (und könntet für Gerechtigkeit sorgen)?

bis dahin krümmt sich kein Haar wird bis zum Berufungsprozess kein Haar gekrümmt werden

Schmeiß ihn → Seite 143

Walter *steht auf.*
Halt dort! Wer hier Unordnungen –
Eve. Gleichviel!
Das Eisen ist verdient, geh Ruprecht!
Geh schmeiß ihn von dem Tribunal herunter.
Adam. Verzeiht, ihr Herrn.
Läuft weg.
Eve. Hier! Auf!
Ruprecht. Halt' ihn!
Eve. Geschwind!
Adam. Was?
Ruprecht.
Blitz-Hinketeufel!
Eve. Hast du ihn?
Ruprecht. Gotts Schlag und Wetter!
Es ist sein Mantel bloß!
Walter. Fort! Ruft den Büttel!
Ruprecht *schlägt den Mantel.*
Ratz! Das ist eins. Und Ratz! Und Ratz! Noch eins.
Und noch eins! In Ermangelung des Buckels.
Walter.
Er ungezogner Mensch! – Schafft hier mir Ordnung!
– An Ihm, wenn Er sogleich nicht ruhig ist,
Ihm wird der Spruch vom Eisen heut noch wahr.
Veit. Sei ruhig, du vertrackter Schlingel!

Gleichviel (siehe Vers 802 und Vers 1399)

Das Eisen ist verdient Das Halseisen hat sich der Schurke redlich verdient

dem Tribunal hier: dem Podium, seinem erhöhten Ehrenplatz als Richter

Halt' Haltet

Gotts Schlag und Wetter! (siehe Vers 1357)

Ratz Interjektion, ähnlich wie ›ratsch‹

des Buckels salopp für: des Rückens

Spruch Richterspruch, Verurteilung

vertrackter → Seite 143

Schlingel → Seite 144

Zwölfter Auftritt

Die Vorigen *ohne* **Adam.** –
Sie begeben sich alle in den Vordergrund der Bühne.

Ruprecht. Ei, Evchen!
Wie hab ich heute schändlich dich beleidigt!
Ei Gotts Blitz, alle Wetter; und wie gestern!
Ei, du mein goldnes Mädchen, Herzens-Braut!
Wirst du dein Lebtag mir vergeben können?
Eve *wirft sich dem Gerichtsrat zu Füßen.*
Herr! Wenn Ihr jetzt nicht helft, sind wir verloren!
Walter. Verloren? Warum das?
Ruprecht. Herr Gott! Was gibt's?
Eve. Errettet Ruprecht von der Konskription!
Denn diese Konskription – der Richter Adam
Hat mir's als ein Geheimnis anvertraut,
Geht nach Ostindien; und von dort, Ihr wisst,
Kehrt von drei Männern einer nur zurück!
Walter. Was! Nach Ostindien! Bist du bei Sinnen?
Eve. Nach Bantam, gnädger Herr; verleugnet's nicht!
Hier ist der Brief, die stille heimliche
Instruktion, die Landmiliz betreffend,
Die die Regierung jüngst deshalb erließ:
Ihr seht, ich bin von allem unterrichtet.
Walter *nimmt den Brief und liest ihn.*
O unerhört, arglistiger Betrug! –
Der Brief ist falsch!
Eve. Falsch?
Walter. Falsch, so wahr ich lebe!
Herr Schreiber Licht, sagt selbst, ist das die Ordre,
Die man aus Utrecht jüngst an euch erließ?

Ei Gotts Blitz, alle Wetter → Seite 144

goldnes → Seite 144

dein Lebtag → Seite 144

Konskription (siehe Seite 134 Mitte)

Geht nach Ostindien → Seite 146

Bantam → Seite 146

verleugnet's nicht! streitet es nicht ab!

stille heimliche / Instruktion, die Landmiliz betreffend → Seite 146

jüngst deshalb ganz kürzlich in dieser Angelegenheit

falsch eine Fälschung

Ordre → Seite 146

an euch erließ euch als offizielle Weisung zukommen ließ

Licht. Die Ordre! Was! Der Sünder, der! Ein Wisch,

aufgesetzt ›komponiert‹ hat, verfertigt hat

Den er mit eignen Händen aufgesetzt! –
Die Truppen, die man anwarb, sind bestimmt
Zum Dienst im Landesinneren; kein Mensch
Denkt dran, sie nach Ostindien zu schicken!

Eve. Nein, nimmermehr, ihr Herrn?

Walter. Bei meiner Ehre!

meines Worts meiner Versicherung

Und zum Beweise meines Worts: den Ruprecht,
Wär's so, wie du mir sagst: ich kauf ihn frei!

ich kauf ihn frei Gegen einen Geldbetrag konnte man sich von der Dienstpflicht in der Miliz befreien lassen.

Eve *steht auf.* O Himmel! Wie belog der Böswicht mich!
Denn mit der schrecklichen Besorgnis eben,
Quält' er mein Herz, und kam, zur Zeit der Nacht,
Mir ein Attest für Ruprecht aufzudringen;
Bewies, wie ein erlognes Krankheitszeugnis,
Von allem Kriegsdienst ihn befreien könnte;
Erklärte und versicherte und schlich,

auszufertgen auszustellen

Um es mir auszufertgen, in mein Zimmer:
So Schändliches, ihr Herren, von mir fordernd,
Dass es kein Mädchenmund wagt auszusprechen!

Frau Brigitte. Ei, der nichtswürdig-schändliche Betrüger!

Ruprecht. Lass, lass den Pferdehuf, mein süßes Kind!
Sieh, hätt ein Pferd bei dir den Krug zertrümmert,
Ich wär so eifersüchtig just, als jetzt!
Sie küssen sich.

Das sag ich auch! Das ist einmal ein vernünftiges Wort!

Veit.
Das sag ich auch! Küsst und versöhnt und liebt euch;
Und Pfingsten, wenn ihr wollt, mag Hochzeit sein!

flöh er Rad und Galgen wolle er sich durch hastige Flucht einer grausamen und schimpflichen Hinrichtungsart entziehen

Licht *am Fenster.*
Seht, wie der Richter Adam, bitt ich Euch,
Berg auf, Berg ab, als flöh er Rad und Galgen,
Das aufgepflügte Winterfeld durchstampft!

Das aufgepflügte Winterfeld → Seite 146

Walter. Was? Ist das Richter Adam?

Licht. Allerdings!

Mehrere. Jetzt kommt er auf die Straße. Seht! seht!
Wie die Perücke ihm den Rücken peitscht!
Walter. Geschwind, Herr Schreiber, fort! Holt ihn zurück!
Dass er nicht Übel rettend ärger mache.
Von seinem Amt zwar ist er suspendiert,
Und Euch bestell ich, bis auf weitere
Verfügung, hier im Ort es zu verwalten;
Doch sind die Kassen richtig, wie ich hoffe,
Zur Desertion ihn zwingen will ich nicht.
Fort! Tut mir den Gefallen, holt ihn wieder!
Licht ab.

Letzter Auftritt

Die Vorigen *ohne* **Licht.**

Frau Marthe.
Sagt doch, gestrenger Herr, wo find ich auch
Den Sitz in Utrecht der Regierung?
Walter.
Weshalb, Frau Marthe?
Frau Marthe *empfindlich.* Hm! Weshalb? Ich weiß nicht –
Soll hier dem Kruge nicht sein Recht geschehn?
Walter. Verzeiht mir! Allerdings. Am großen Markt,
Und Dienstag ist und Freitag Session.
Frau Marthe. Gut! Auf die Woche stell ich dort mich ein.
Alle ab.

Ende.

Dass er nicht Übel rettend ärger mache. Dass er das Unheil, indem er sich zu retten glaubt, nicht noch größer mache.

suspendiert enthoben

bestell ich beauftrage ich

es zu verwalten es (das Richteramt) auszufüllen

sind die Kassen richtig wurden nicht auch noch Gelder veruntreut

Zur Desertion ihn zwingen will ich nicht. → Seite 147

auch denn nun

Den Sitz … Regierung Den Sitz der Regierung in Utrecht

empfindlich ein wenig beleidigt

Am großen Markt / … Session. → Seite 147

Auf die Woche stell ich dort mich ein. → Seite 148

Illustration von Adolph Menzel (1815–1905) zum zwölften Auftritt von Heinrich von Kleists Lustspiel »Der zerbrochne Krug«. Die Serie von insgesamt 30 Illustrationen entstand für eine Prachtausgabe des Stücks, die 1877 im Verlag Hofmann & Co in Berlin erschien.

Zur Textgestalt

»Der zerbrochne Krug« geht auf eine Art Wette unter Dichterfreunden zurück, zu der es Anfang 1802 in der Schweiz kam. Vielleicht schon dort, mit Sicherheit aber im Sommer 1803 in Dresden begann Kleist an dem Lustspiel zu arbeiten. Während seines Vorbereitungsdienstes für eine Anstellung als preußischer Zivilbeamter entstanden in den Jahren 1804 bis 1806 in Berlin und Königsberg weitere Partien des Stücks; und während seiner Kriegsgefangenschaft in Frankreich im ersten Halbjahr 1807 gelang es Kleist, das Lustspiel abzuschließen. Goethe nahm sich des Stücks an und brachte es Anfang März 1808 am von ihm geleiteten Weimarer Hoftheater heraus. Kurz darauf präsentierte Kleist Teile des Werkes in der von ihm und dem ›Staatsgelehrten‹ und Publizisten Adam Müller in Dresden herausgegebenen Kunstzeitschrift »Phöbus«. Die erste Buchausgabe des ganzen (von Kleist in der vorletzten Szene stark zusammengekürzten) Stücks kam 1811, im Todesjahr des Autors, in Berlin heraus.

In der Buchausgabe ließ Kleist auch die in der Manuskriptfassung enthaltene »Vorrede« weg. Da sie aber sehr interessant ist, wurde sie in vielen späteren Ausgaben dem Dramentext vorangestellt. In der vorliegenden Ausgabe wurde darauf verzichtet, um dem Willen des Autors zu entsprechen. Stattdessen wird sie hier, im Kommentarteil zum Stück, präsentiert. Kleist schreibt:

> Diesem Lustspiel liegt wahrscheinlich ein historisches Faktum [eine wirkliche Begebenheit], worüber ich jedoch keine nähere Auskunft habe auffinden können, zum Grunde. Ich nahm die Veranlassung dazu aus einem Kupferstich, den ich vor mehreren Jahren in der Schweiz sah. Man bemerkte darauf – zuerst einen Richter, der gravitätisch [mit betonter Würde] auf dem Richterstuhl saß: vor ihm stand eine alte Frau, die einen zerbrochenen Krug hielt, sie schien das Unrecht, das ihm widerfahren war, zu demonstrie-

ren: Beklagter, ein junger Bauerkerl, den der Richter, als überwiesen [als der Tat überführt], andonnerte, verteidigte sich noch, aber schwach: ein Mädchen, das wahrscheinlich in dieser Sache gezeugt hatte [als Zeugin gehört worden war] (denn wer weiß, bei welcher Gelegenheit das Deliktum [das Vergehen, die Straftat] geschehen war) spielte sich, in der Mitte zwischen Mutter und Bräutigam, an der Schürze [befingerte verlegen ihre Schürze]; wer ein falsches Zeugnis abgelegt [eine Falschaussage gemacht] hätte, könnte nicht zerknirschter dastehn: und der Gerichtsschreiber sah (er hatte vielleicht vorher das Mädchen angesehen) jetzt den Richter misstrauisch zur Seite [von der Seite] an, wie Kreon, bei einer ähnlichen Gelegenheit, den Ödip. Darunter stand: der zerbrochene Krug. – Das Original [das dem Kupferstich zugrunde liegende Gemälde] war, wenn ich nicht irre, von einem niederländischen Meister.

Der erwähnte Kupferstich mit dem Titel »Le Juge ou la Cruche cassé« (›Der Richter oder Der zerbrochene Krug‹; siehe Seite 89) stammte von Jean Jacques Le Veau und ging nicht, wie Kleist mutmaßte, auf ein Bild eines niederländischen Meisters, sondern auf ein Ölgemälde des französischen Malers Philibert-Louis Debucourt zurück. Der Stich hing bei Heinrich Zschokke, den Kleist möglicherweise schon in seiner Heimatstadt Frankfurt an der Oder kennengelernt hatte, wo er zwischen 1790 und 1795 studiert und anschließend als Privatdozent gewirkt hatte. Als Kleist Ende 1801 Paris den Rücken kehrte und in die Schweiz ging, war Zschokke seine erste Anlaufstelle. Er war 1796 als Leiter einer Erziehungsanstalt in die Schweiz gekommen und ab 1800 knapp zwei Jahre lang Regierungsstatthalter im Kanton Basel gewesen. Im Frühjahr 1802 kaufte er ein Schloss mit einem landwirtschaftlichen Betrieb im Aargau. Kleist folgte ihm nach Bern und spielte für einige Zeit mit dem Gedanken, ebenfalls als Landwirt zu leben.

Zum Freundeskreis von Zschokke zählten zu dieser Zeit neben Kleist auch Ludwig Wieland und Heinrich Geßner. Ludwig Wieland war der Sohn des berühmten Schriftstellers und ehemaligen Weimarer

»Le Juge ou la Cruche cassée«. Kupferstich von Jean Jacques Le Veau (1729 – 1786) nach einem Ölgemälde von Philibert-Louis Debucourt (1755 – 1832)

Prinzenerziehers Christoph Martin Wieland, Heinrich Geßner der Sohn des bekannten Schweizer Idyllendichters Salomon Geßner und überdies der Schwiegersohn des alten und Schwager des jungen Wieland. In seiner autobiografischen Schrift »Eine Selbstschau« (1842) berichtete Heinrich Zschokke über die Treffen dieser vier:

> Zuweilen teilten wir uns auch freigiebig von eignen poetischen Schöpfungen mit, was natürlich zu neckischen Glossen [Kommentaren] und Witzspielen den ergiebigsten Stoff lieferte. Als uns Kleist eines Tages sein Trauerspiel »Die Familie Schroffenstein« vorlas, ward im letzten Akt das allseitige Gelächter der Zuhörerschaft, wie auch des Dichters, so stürmisch und endlos, dass, bis zu seiner letzten Mordszene zu gelangen, Unmöglichkeit wurde. Wir vereinigten uns auch [...] zum poetischen Wettkampf. In meinem Zimmer hing ein französischer Kupferstich, »La Cruche cassée«. In den Figuren desselben glaubten wir ein trauriges Liebespärchen, eine keifende Mutter mit einem zerbrochenen Majolika-Kruge [Krug

> aus farbig glasierter Keramik], und einen großartigen [großspurig wirkenden] Richter zu erkennen. Für Wieland sollte dies Aufgabe zu einer Satire, für Kleist zu einem Lustspiele, für mich zu einer Erzählung werden. – Kleists »Zerbrochner Krug« hat den Preis davongetragen. (Heinrich von Kleists Lebensspuren. Dokumente und Berichte der Zeitgenossen. Neu herausgegeben von Helmut Sembdner. München: Carl Hanser Verlag 1996, Nr. 67a auf S. 62f.; im Folgenden zitiert als: Lebensspuren)

In Dresden beschäftigte sich Kleist im Sommer 1803 nicht nur mit dem »Zerbrochnen Krug«, sondern auch und vor allem mit dem antiken Amphitryon-Stoff, aus dem er seine gleichnamige Tragikomödie formte. Dazu entlieh er sich aus der Bibliothek, wohl um sich mit dem antiken Drama tiefer vertraut zu machen, zwei Bände mit deutschen Übertragungen der »Wolken« von Aristophanes und einiger Tragödien des Sophokles. Bei der Lektüre des »König Ödipus« merkte er, dass das im Vorjahr verabredete Lustspiel sich nach dem Modell des analytischen Dramas, dessen Prototyp der »König Ödipus« ist, aufbauen ließe. Damit hatte er die Form gefunden, die sich für das Thema am besten eignete. Entsprechend konnte er noch in Dresden dem Freund Ernst von Pfuel, als dieser Zweifel an Kleists komischem Talent äußerte, als prompten Gegenbeweis die ersten drei Szenen des »Zerbrochnen Krugs« diktieren. Die erste Fassung des Stücks schloss Kleist jedoch erst drei Jahre später ab, wie aus einem Brief an Otto August Rühle von Lilienstern vom 31. August 1806 hervorgeht.

Während Kleists Gefangenschaft in Frankreich als vermeintlicher Spion in der ersten Hälfte des Jahres 1807 schickte Adam Müller, der in dieser Zeit auch für das Erscheinen der Buchausgabe des »Amphitryon« sorgte, am 31. Juli von Dresden aus den »Amphitryon« und eine Abschrift des Manuskripts des »Zerbrochnen Krugs« nach Weimar an Goethe (vgl. Lebensspuren, Nr. 183). Dieser las das Stück gleich nach Erhalt der Sendung und am 26. August noch ein zweites Mal (vgl. Lebensspuren, Nr. 184). Am 28. August, dem Tag seines 58. Geburtstags, schrieb er an Müller, Kleists Lustspiel habe »außerordentliche Verdienste, und die ganze Darstellung dringt sich mit gewaltsamer Gegenwart auf. Nur schade, dass das Stück auch wieder dem unsichtbaren Theater angehört.« Damit war gemeint, dass das Werk zwar als Lesedrama außerordentlich anschaulich, aber wenig bühnentauglich sei. Bedauernd und zugleich aufmunternd fuhr er fort: »Könnte er [Kleist] mit eben dem Naturell und Geschick eine wirklich dramatische Aufgabe lösen und eine Handlung vor unsern Augen und Sinnen sich entfalten lassen, wie er hier eine vergangene sich nach und nach enthüllen lässt, so würde es für das deutsche Theater ein großes Geschenk sein.« Und trotz seiner Bedenken versprach er, er wolle »sehen, ob etwa ein Versuch der Vorstellung zu machen sei« (Lebensspuren, Nr. 185).

Tatsächlich ließ Goethe das Stück einstudieren. Kleist, der mittlerweile aus der Militärhaft entlassen und in Dresden eingetroffen war, setzte große Hoffnungen in diese Inszenierung an einer der wichtigsten deutschen Bühnen. Doch die Uraufführung am 2. März 1808 war kein Erfolg. Goethe hatte das Stück in drei Akte unterteilt, deren Pausen mit Zwischenaktmusiken ausgefüllt waren. Vor Kleists Lustspiel wurde eine einaktige Oper gegeben. Lange, aus ganz verschiedenartigen Darbietungen zusammengesetzte Theaterprogramme waren nichts Ungewöhnliches. Dennoch scheint sich das überlange Programm für Kleists Lustspiel nachteilig ausgewirkt zu haben. Goethes Sekretär Friedrich Wilhelm Riemer notierte nach der Aufführung in sein Tagebuch: »Abends ›der Gefangene‹ und der zerbrochene Krug, der anfangs gefiel, nachher langweilte und zuletzt von einigen wenigen ausgetrommelt [ausgebuht] wurde, während andere zum Schlusse klatschten. Um 9 Uhr aus.« (Lebensspuren, Nr. 239 a, b)

Auch die beiden Rezensenten, deren Besprechungen am 11. März in der Leipziger »Allgemeinen Deutschen Theater-Zeitung« und am 14. März in der ebenfalls Leipziger »Zeitung für die elegante Welt« erschienen, äußerten mehr Bedenken als Lob. Der Kritiker der »Theater-Zeitung« bezeichnete das »Sujet«, also die Geschichte, von Kleists

Stück als »recht artig«, kritisierte jedoch: »Aus dem scheuen Schweigen der Tochter, der Verlegenheit und den Wunden des kahlköpfigen Dorfrichters erraten wir sogleich, dass nur er am Abend unter irgendeinem Vorwande bei Jungfer Even gewesen; aber hilf Himmel, hilf! nun müssen wir noch den zweiten und den (das ganze Stück verdarb dritthalb Stunden) eine Stunde währenden, dritten Akt, alles ein einziges Verhör, mit anhören. Dem Erzähler kommt es wohl zu, und wird bei ihm interessant, aber der dramatische Dichter darf die entdeckte Wahrheit nicht so unendlich weit vom endlichen Bekenntnis entfernen.« (Lebensspuren, Nr. 247)

Der Rezensent der Zeitung für die elegante Welt« schlug in die gleiche Kerbe. »Die Geschichte des Stücks« sei »wirklich komisch«, »und es würde gewiss sehr gefallen haben, wenn es auf einen Akt zusammengedrängt und alles gehörig in lebhafte Handlung gesetzt wäre. Stattdessen ist es aber in drei lange Akte abgeteilt, und besonders wird im letzten Akte so entsetzlich viel und alles so breit erzählt, dass dem sonst sehr geduldigen Publikum der Geduldsfaden endlich ganz riss, und gegen den Schluss ein solcher Lärm sich erhob, dass keiner imstande war, von den ellenlangen Reden auch nur eine Silbe zu verstehn.« (Lebensspuren, Nr. 248 a)

Kleists Schock über diese Reaktionen ging tief. Er gab Goethe, der ja die Einteilung in drei Akte vorgenommen hatte, die Hauptschuld für den Misserfolg. Man erzählte sich, Kleist wolle Goethe zum Duell fordern, was auch Goethe zu Ohren kam, der verständlicherweise gekränkt reagierte (vgl. Lebensspuren, Nr. 252 und 267) und Kleist von da an nicht mehr wohlgesonnen war – umso schlimmer für diesen, da er Goethe weiterhin als die einzig maßgebliche literarische Autorität betrachtete.

In seinem Ärger ignorierte Kleist zunächst den wohl wichtigeren Kritikpunkt an seinem Stück, dass nämlich das Publikum früh ahnt, wer der Schuldige ist, dann aber noch lange abwarten muss, bis auch alle Figuren dahinterkommen. Zwar liegt der Reiz einer Komödie oft gerade in der Diskrepanz zwischen dem, was das Publikum weiß, und

Weimar,

Mittwoch, den 2. März 1808.

Der Gefangene.

Oper in einem Aufzuge, Musik von Della Maria.

Hierauf:

Zum Erstenmahle:

Der zerbrochene Krug.

Ein Lustspiel in drei Aufzügen.

Die Handlung spielt in einem niederländischen Dorfe bei Utrecht.

Eilfte Vorstellung im sechsten Abonnement.

Numerirte Plätze im Parterre und numerirte Stühle auf dem Balkon sind belegt und können nur von Abonnenten eingenommen werden.

Balkon	.	16 Gr.
Parket	.	12 Gr.
Parterre	.	8 Gr.
Gallerie	.	4 Gr.

Anfang um halb 6 Uhr.

Heinrich von Kleist: »Der zerbrochne Krug«. Theaterzettel der Uraufführung am Weimarer Hoftheater unter Goethes Leitung (mit falsch geschriebenem mittleren Wort im Titel)

dem, was die Figuren wissen. Doch ist jenseits dessen schon auch eine gewisse Spannung auf den Ausgang der Sache erforderlich.

In einer Art von Trotzreaktion veröffentlichte Kleist einen Teil des Lustspiels im Märzheft 1808 der von ihm und Adam Müller kurz zuvor ins Leben gerufenen Zeitschrift »Phöbus« (vgl. Helmut Sembdner: Heinrich von Kleist: Der zerbrochne Krug. Erläuterungen und Dokumente. Stuttgart: Reclam Verlag 1973, bibliographisch ergänzte Ausgabe 1998, S. 64 – 67; im Folgenden zitiert als: ED Sembdner). In einer Vorbemerkung begründete er diese Teilveröffentlichung folgendermaßen: »da dieses kleine, vor mehrern Jahren zusammengesetzte, Lustspiel eben jetzt auf der Bühne von Weimar verunglückt ist: so wird es unsere Leser vielleicht interessieren, einigermaßen prüfen zu können, worin dies seinen Grund habe« (zitiert nach ED Sembdner, S. 92).

Allmählich glätteten sich jedoch die Wogen und Kleist gelangte zu einer unvoreingenommeneren Beurteilung seines Stücks. Bevor er das

Lustspiel Ende 1810 dem Berliner Verleger Georg Reimer anbot, in dessen »Realschulbuchhandlung« wichtige Werke der literarischen Romantik (und 1812 beispielsweise auch der erste Band der »Kinder- und Hausmärchen« der Brüder Grimm) erschienen, griff er noch einmal entscheidend in den Text ein, der erst mit diesem Bearbeitungsschritt seine endgültige Gestalt annahm. Der Eingriff betraf die von den Kritikern monierte ausufernde Länge vor allem der Schlusspartien. Kleist kürzte den vorletzten (zwölften) Auftritt radikal zusammen, um das Stück bühnentauglicher zu machen. Die ursprüngliche Langfassung der Szene blieb ihm gleichwohl so wichtig, dass er sie in dem Band, der im Frühjahr 1811 erschien, unter der Überschrift »Variant« als eine Art von Anhang zum eigentlichen Stück mit abdrucken ließ (vgl. ED Sembdner, S. 42 – 63).

Die in Weimar aufgeführte Fassung des Lustspiels besaß 2429 Verse und war damit um ein Fünftel länger als die Buchfassung von 1811, die 1974 Verse umfasst. Der zwölfte Auftritt, der in der Endfassung lediglich eine knappe Aufklärung über die Intrige Adams und die Versöhnung der beiden Verlobten enthält, bietet in der Erstfassung – die noch nicht in Auftritte eingeteilt war – Eves ausführliche Schilderung all dessen, was sich zwischen ihr und dem Dorfrichter, der sie durch die Vorspiegelung falscher Tatsachen unter Druck zu setzen versucht hat, zugetragen hat. Dieser lange Bericht trägt dazu bei, Eve, die bis dahin hartnäckig geschwiegen hat und daher als Figur notwendig etwas blass geblieben ist, ein stärkeres Profil zu verleihen, strapaziert jedoch die Geduld des Publikums, das sich über die wesentlichen Umstände der Angelegenheit im Verlauf der Verhandlung schon ein hinlängliches Bild gemacht hat. Auch setzt Eves Bericht unmittelbar nach dem starken Spannungsabfall ein, der mit Adams Überführung und Flucht verbunden ist. Das ist psychologisch einleuchtend, da Eve erst nach Adams Entmachtung vor seiner Rache sicher sein kann, dramaturgisch jedoch ungünstig. Überdies fehlt nun die komische Figur des ständigen Unruhestifters Adam, der bis dahin mit seinen Manövern für Spannung und Erheiterung gesorgt hat.

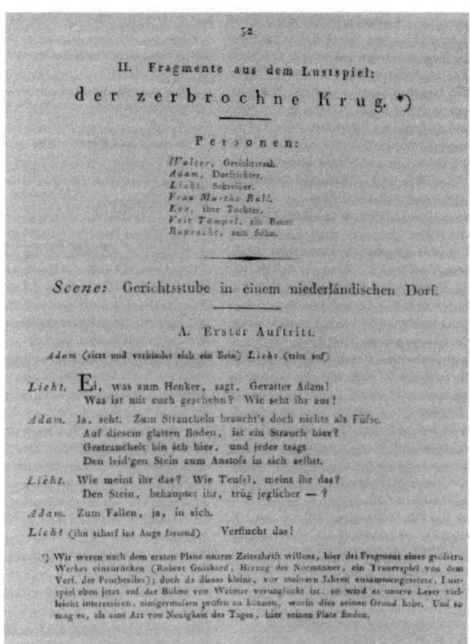

32

II. Fragmente aus dem Lustspiel:

der zerbrochne Krug. *)

Personen:

Walter, Gerichtsrath.
Adam, Dorfrichter.
Licht, Schreiber.
Frau Marthe Rull.
Eve, ihre Tochter.
Veit Tümpel, ein Bauer.
Ruprecht, sein Sohn.

Scene: Gerichtsstube in einem niederländischen Dorf.

A. Erster Auftritt.

Adam (sitzt und verbindet sich ein Bein) *Licht* (tritt auf)

Licht. Ei, was zum Henker, sagt, Gevatter Adam!
Was ist mit euch geschehn? Wie seht ihr aus!

Adam. Ja, seht. Zum Straucheln braucht's doch nichts als Füſse.
Auf diesem glatten Boden, ist ein Strauch hier?
Gestrauchelt bin ich hier, und jeder trägt
Den leid'gen Stein zum Anstoſs in sich selbst.

Licht. Wie meint ihr das? Wie Teufel, meint ihr das?
Den Stein, behauptet ihr, trüg jeglicher — ?

Adam. Zum Fallen, ja, in sich.

Licht (ihn scharf ins Auge fassend) Verflucht das!

*) Wir waren nach dem ersten Plane unsrer Zeitschrift willens, hier das Fragment eines gröſsern Werkes einzurücken (Robert Guiskard, Herzog der Normänner, ein Trauerspiel von dem Verf. der Penthesilea); doch da dieses kleine, vor mehrern Jahren zusammengesetzte, Lustspiel eben jetzt auf der Bühne von Weimar verunglückt ist: so wird es unsere Leser vielleicht interessiren, einigermaſsen prüfen zu können, worin dies seinen Grund habe. Und so mag es, als eine Art von Neuigkeit des Tages, hier seinen Platz finden.

»Fragmente aus dem Lustspiel: der zerbrochne Krug«. In: »Phöbus. Ein Journal für die Kunst«. Herausgegeben von Heinrich v. Kleist und Adam H. Müller. Erster Jahrgang. Drittes Stück. März 1808. Dresden, gedruckt bei Carl Gottlob Gärtner, S. 32–46, dort S. 32

Die vorliegende Ausgabe folgt dem Text der Erstausgabe des Stücks, der auch im Internet – sogar gleich zweimal – gut dokumentiert ist (https://www.deutschestextarchiv.de/book/show/kleist_krug_1811 und https://kleist-digital.de/dramen/krug). Vergleichend wurden neben den von Helmut Sembdner herausgegebenen Ausgaben (Hanser und Reclam) folgende Editionen herangezogen: Heinrich von Kleist: Sämtliche Werke. Herausgegeben von Roland Reuß und Peter Staengle (Brandenburger Ausgabe). Band I/3: Der zerbrochne Krug. Basel; Frankfurt am Main: Stroemfeld Verlag 1995; sowie: Heinrich von Kleist: Der zerbrochne Krug, ein Lustspiel. Textkritische Edition der Handschrift herausgegeben von Günter Dunz-Wolff (Sonderband des Kleist-Jahrbuchs 2020). Berlin: J. B. Metzler (© Springer-Verlag) 2020. Die Fassung der Handschrift lässt sich ebenfalls bequem im Internet studieren (https://kleist-digital.de/dramen/krug_ms).

Die *Rechtschreibung* ist an den heutigen Stand angepasst, der *Lautstand* bleibt jedoch gewahrt, sodass folgende inzwischen veraltete Wortformen unverändert übernommen wurden: »eilf« und »eilfe« (etwa in V. 743 und 744), »Brod« (V. 1446), »kömmt« (V. 69), »Hülf« (V. 112), »funfzehn« (V. 694), »praktisiert« (V. 99), »Sackzehnde« (V. 385), »lüderliche« (V. 455), »mogt'« (V. 871), »hangen« (V. 976) oder »willt« (V. 1660). Die *Zeichensetzung* folgt so stark wie möglich dem Original. Nur dort, wo sich Verständnisschwierigkeiten ergeben könnten, wurde – in Übereinstimmung mit anderen neueren Ausgaben des Stücks – behutsam in die Zeichensetzung eingegriffen (etwa durch ein Komma nach »Ruprecht« in Vers 1289; oder durch die Einfügung von Gedankenstrichen am Ende der Verse 1676 und 1677). Der *Einsatz von Apostrophen* erfolgt im Original – wie in den meisten Werken jener Zeit – ohne rechtes System. Er ist in der vorliegenden Ausgabe vereinheitlicht. Insgesamt wird von Apostrophen nur sparsam Gebrauch gemacht (vor allem dort, wo es zur Identifizierung der gemeinten Verbform notwendig ist), was durch Kleists Entscheidung, im Mittelwort des Titels kein Apostroph zu setzen, gewissermaßen schon vorgegeben ist. Viel Durcheinander herrscht im Original auch bei der Groß- oder Kleinschreibung der *Anredepronomen*. Sie sind im vorliegenden Band – wie in allen neueren Ausgaben – im Sinne der auf Seite 97 erläuterten damaligen Signale gesellschaftlicher Rangabstufungen vereinheitlicht (wobei manches Mal von den von Sembdner getroffenen Entscheidungen abgewichen wird, etwa in Vers 884, in dem in der Reclam-Ausgabe das erste »Er« groß-, das zweite aber kleingeschrieben ist; oder in den Versen 1527, 1531 und 1544, in denen bei Reclam ebenfalls »er« statt »Er« steht). Die im Original verwendete Schreibweise »Ew. Gnaden« wird in der vorliegenden Ausgabe dem Metrum folgend meist als »Eur Gnaden« umgesetzt (etwa in den Versen 306, 331 und 385), während bei Reclam »Euer Gnaden« steht. *Hervorhebungen einzelner Wörter durch gesperrte Schrift* wurden originalgetreu übernommen (vgl. die Verse 301, 799, 800, 812, 1360, 1754 und 1865).

Erläuterungen

Zu den im Lustspiel verwendeten Anredeformen Die DU-ANREDE (das Duzen, die Anrede in der 2. Person Singular) wird um 1800 (also zur Entstehungszeit des Stücks) zwischen Kindern und miteinander verwandten Erwachsenen verwendet. Nicht verwandte, aber miteinander befreundete oder vertraut umgehende Personen duzen sich auf Vereinbarung hin; unter Personen höheren Standes ist das Duzen allerdings nicht sehr verbreitet. – Die ER- beziehungsweise die SIE-ANREDE (die Anrede in der 3. Person Singular; vgl. auch ›Ihm‹ oder ›Ihr‹) wird im Umgang mit Untergebenen, mit Dienstpersonal verwendet. Sie markiert einen deutlichen Rangunterschied zwischen dem Sprecher (der Sprecherin) und dem oder der Angesprochenen. Die übliche Großschreibung (bei der Anrede von Einzelpersonen) deutet aber immerhin eine gewisse Höflichkeit (›Artigkeit‹, hätte man damals gesagt) auch gegenüber Untergebenen an. – Die IHR-ANREDE (die Anrede in der 2. Person Plural) wird als respektvolle Anrede verwendet (daher auch die Großschreibung von ›Ihr‹, ›Euch‹ oder ›Euer‹; werden mehrere Personen angesprochen – wie in »ihr Herren« –, markiert das Pronomen keine gesellschaftliche Rangabstufung und wird kleingeschrieben); schon um 1825 beginnt die IHR-ANREDE allerdings altmodisch zu wirken. – An ihre Stelle tritt um diese Zeit mehr und mehr die heute noch gebräuchliche SIE-ANREDE (das Siezen, die Anrede in der 3. Person Plural). Diese höfliche Anredeform, die bis dahin nur unter Adligen üblich war, wird nun (als gesellschaftliches Gleichstellungssignal) auch von den Angehörigen des Bürgertums übernommen. Mit der voranschreitenden Auflösung der festen Klassenschranken wird später auch den Angehörigen ›unterer Gesellschaftsschichten‹ die höfliche Anrede ›Sie‹ oder ›Ihnen‹ zuerkannt. – ANREDEATTRIBUTE wie in »gnädger Herr« dienen als besondere Respektbezeugung. Personen von hohem Rang werden durch ANREDEFORMELN wie »Euer Gnaden« (»Ihre/Ihro Gnaden«) geehrt.

S. 4 Personen Die Namen der Hauptfiguren des Stücks sind als sogenannte sprechende Namen angelegt: Der Name Walter geht auf das althochdeutsche Verb ›waltan‹ zurück, das ›herrschen‹ bedeutet. Die Namen des Dorfrichters und der Tochter von Frau Marthe Rull spielen auf die ersten Menschen (nach der biblischen Schöpfungsgeschichte) Adam und Eva und damit auf den »Sündenfall« an. Der Gerichtsschreiber Licht durchschaut, wie sich im Laufe der Handlung zeigt, von Anfang an die wahren Zusammenhänge: Er steht entsprechend für ›die Aufklärung‹ – die Aufklärung des Falls, aber auch die Aufklärung als (das europäische 18. Jahrhundert prägende) Epoche, ›deren Kind‹ Heinrich von Kleist war und die im englischen Kulturraum ja nicht von ungefähr den Namen »Age of Enlightenment« trägt.

Gerichtsrat Amtstitel eines höheren Beamten des Justizwesens

Schreiber Amtsschreiber, Sekretär

Büttel Gerichtsdiener, Häscher (also eine »männliche Person, die in amtlichem Auftrag jemanden verfolgt, hetzt und zu ergreifen versucht«, wie ›im Duden‹ erläutert wird)

Handlung Der Kleistforscher Helmut Sembdner (1914–1997) kommentiert: »Die Handlung spielt an einem 1. Februar (s. V. 1146) zu Ende des 17. Jh.s; auf den Bantamischen Krieg [auf Java] des Jahres 1685 deuten die Verse 2058–61 im ›Variant‹ « (ED Sembdner [siehe Seite 93], S. 4). Mit dem »Variant« ist der ursprüngliche, deutlich längere Schluss des Lustspiels gemeint – der vorletzte (zwölfte) Auftritt umfasste zunächst gut 500 Verse. Nach der wenig erfolgreichen Uraufführung des Stücks durch Goethe am Weimarer Hoftheater kürzte Kleist diese Szene für die Buchausgabe radikal zusammen (vgl. S. 91–95 dieses Bands). Sie umfasst in der Endfassung nur noch knapp 60 Verse. Die ursprüngliche Fassung ist im oben erwähnten Band von Sembdner auf den Seiten 42 bis 60 dokumentiert.

S. 5 was zum Henker »Ausdruck von Ärger, Unmut, Ablehnung, Abneigung« (DWDS, Der deutsche Wortschatz von 1600 bis heute) (vgl. die – heute veralteten – Redensarten jemandem ›den Henker

Illustration von Adolph Menzel (siehe Seite 86) zum Beginn des ersten Auftritts

an den Hals wünschen‹ oder jemanden ›zum Henker wünschen‹). Ähnliche Wendungen finden sich noch mehrfach im Stück, vor allem »Der Henker hol's« (V. 65, 153, 517 und ähnlich 553 sowie 1113). Siehe auch die Verse 84, 119, 189, 845, 1185, 1220 und 1887.

Stein zum Anstoß Die Redewendung geht auf zwei Bibelstellen in Martin Luthers Übersetzung zurück: »Er wird ein Fallstrick sein und ein Stein des Anstoßes und ein Fels des Ärgernisses für die beiden Häuser Israel, ein Fallstrick und eine Schlinge für die Bürger Jerusalems.« (Altes Testament, Jesaja 8,14) »Sie stießen sich am ›Stein des Anstoßes‹, wie es in der Schrift heißt: Siehe, ich richte in Zion einen Stein auf, an dem man anstößt, einen Fels, an dem man zu Fall kommt. Wer an ihn glaubt, wird nicht zugrunde gehen.« (Neues Testament, Römerbrief 9,32)

Ältervater »des Großvaters oder der Großmutter Vater« (Johann Christoph Adelung: Grammatisch-kritisches Wörterbuch der Hochdeutschen Mundart, 1774 bis 1786, 2. Auflage: 1793 bis 1801)

S. 6 das Morgenlied »ein geistlicher Gesang am Morgen, zum Lobe Gottes bei dem Anfange des Tages« (Adelung, Grammatisch-kritisches Wörterbuch)

den gesetzten den bedächtigen, würdevollen (vgl. beispielsweise den Ausdruck ›ein gesetzter Herr‹); Anspielung auf den Klumpfuß Adams (siehe unten Vers 25)

Der ohnhin schwer den Weg der Sünde wandelt doppelte Anspielung, einerseits auf den schwerfälligen Gang eines Menschen, der unter einem Klumpfuß (siehe unten) leidet, andererseits auf den sprichwörtlichen Hinkefuß des Teufels; ›wandelt‹ bedeutet ›gemessen dahinschreitet‹ (oder auch schlicht: ›geht‹).

Klumpfuß Etwa jedes 500. Kind kommt mit einem Klumpfuß zur Welt; Jungen sind doppelt so häufig betroffen wie Mädchen.

eingehetzt von Hunden verfolgt von Jagdhunden; eigentlich bezeichnete das Verb ›einhetzen‹ die Abrichtung von Jagdhunden: »zum Hetzen geschickt machen« (Adelung, Grammatisch-kritisches Wörterbuch)

S. 7 straf mich Gott verkürzte Bekräftigungsfloskel (›Gott strafe mich, wenn ich nicht die Wahrheit spreche‹)

Großknecht der »erste und vornehmste Knecht auf Landgütern, wo man mehrere Knechte hat« (Adelung, Grammatisch-kritisches Wörterbuch)

der Augenknochen heute veraltete Bezeichnung für das Jochbein

im Feuer des Gefechts Variante der heute noch geläufigen Redensart ›im Eifer des Gefechts‹

Ziegenbock, / Am Ofen Gemeint ist sicherlich ein Bock, also ein Gestell (vgl. unten Vers 55). Der Bock: »ein jedes Gerüst oder Gestell etwas zu tragen. […] Denn, sagt man, ein Ziegenbock hat vier Beine, ein Tragebock gemeiniglich auch.« (Adelung, Grammatisch-kritisches Wörterbuch)

mit dem Stirnblatt mit der Stirn; eigentlich: »ein zierliches metallenes Blatt, dasselbe zur Zierde vor die Stirn zu binden. Bei den ältern Juden war es ein Stück des hohen priesterlichen Schmuckes. Bei uns wird noch der breite Riemen an den Pferdegeschirren, welcher um die Stirn des Pferdes gehet, sowohl Stirnblatt als Stirnriemen genannt.« (Adelung, Grammatisch-kritisches Wörterbuch)

Mein Seel! kurz für »Bei meiner Seele!«, »eine[r] in der niedrigen Sprechart«, also in der Umgangssprache, »üblich[en] Art zu schwören« (Adelung, Grammatisch-kritisches Wörterbuch)

S. 8 Utrecht wichtige Stadt in den Niederlanden mit bedeutender Universität (also ein Zentrum der Bildung und Gelehrsamkeit); die Stadt ist seit Jahrhunderten staatliches Verwaltungszentrum und Sitz eines römisch-katholischen Erzbischofs.

kömmt heute nicht mehr gebräuchliche Variante von ›kommt‹

Revisionsbereisung Inspektionsreise; Rundreise mit dem Zweck der Kontrolle, ob die Rechtspflege und Verwaltung überall im Lande ordnungsgemäß erfolgt

den Ämtern ›Das Amt‹ bezeichnet hier die »Handhabung der Rechtspflege, und die Verwaltung der landesherrlichen Einkünfte eines Ortes oder einer Gegend, und eine solche Gegend selbst. In diesem Verstande [Sinne] wird das Wort Amt, wenn es schlechthin gesetzt wird, am häufigsten genommen« (Adelung, Grammatisch-kritisches Wörterbuch).

Seid Ihr bei Trost? Redensart: Seid Ihr bei Sinnen? Seid Ihr bei gesundem Verstand?

Holla ... Huisum fiktive Namen von Orten in der niederländischen Provinz, die ähnlich wie »Hussahe« (V. 169) an Rufe im Deutschen anklingen, mit denen Kutscher ihr Gespann antreiben (›Hü! Holla! Hussa!‹) oder Seeleute einander anrufen (wie im »Chor der norwegischen Matrosen« zu Beginn des Dritten Aufzugs von Richard Wagners – allerdings erst nach 1840 entstandener – Oper »Der fliegende Holländer«: »Hussahe! Hallohe / Hussahe! Steuermann! / He! komm und trink mit uns!«)

Grenzdorf an einer Grenze (hier wohl: von zwei Amtsbezirken) liegendes Dorf
revidiert kontrolliert, auf seinen ordnungsgemäßen Zustand hin geprüft (vgl. mittellateinisch ›revidere‹: ›prüfend einsehen‹)
Vorspannpferde »Pferde [...], welche einem fremden Wagen vorgespannet werden. [...] Mit Vorspann fahren.« (Adelung, Grammatisch-kritisches Wörterbuch)
schirren »mithilfe des Geschirrs an, vor, in etwas spannen« (Duden)
wackre unermüdlich tätige, wachsame. – »Ein wackerer Mann, der seine Pflichten mit Munterkeit und Tätigkeit erfüllet.« (Adelung, Grammatisch-kritisches Wörterbuch)
Sein Schäfchen schiert sprichwörtlich: Sich seinen Vorteil sichert
Fratzen »im gemeinen Leben, eine abenteuerliche Erzählung. Das sind Fratzen. [...] Geschwätz, Märchen« (Adelung, Grammatisch-kritisches Wörterbuch); hier eher im Sinne von: Possen, Unfug
kujonieren »(umgangssprachlich veraltend) [bei der Arbeit] unwürdig behandeln, schikanieren, unnötig und bösartig bedrängen« (Duden)
Ach geht! Ach lasst mich (damit) in Ruhe! Kommt mir nicht so!
triefäugig Ein ›Triefauge‹ ist »ein gewöhnlich triefendes Auge, und im verächtlichen Verstande [in abwertendem Sinn], auch eine Person mit solchen Augen, Tränenauge, Rinnauge. Daher triefäugig« (Adelung, Grammatisch-kritisches Wörterbuch).
einen Hut dreieckig einen sogenannten Dreispitz (wie er im 18. Jahrhundert als Männerhut verbreitet war)
Rohr hier wohl ein Spazierstock aus Bambusrohr; möglicherweise aber auch ein »Feuerrohr, ein Feuergewehr, [...] eine Flinte« (Adelung, Grammatisch-kritisches Wörterbuch)
Schubiack »niederträchtiger Mensch; Lump [...] Herkunft: niederländisch schobbejak« (Duden)
Wohlan Nun gut; nun denn
S. 9 **ein Wort vorher gesteckt** davor eine Warnung zukommen lassen
Der Unverstand! Was für eine Fehlkalkulation! – ›Der Unverstand‹

Illustration von Adolph Menzel (siehe Seite 86) zum Ende des ersten Auftritts

ist »der Gegensatz von Verstand, doch nur sofern dieses Wort eine Fähigkeit der Seele bezeichnet, sowohl das Unvermögen, aus einzelnen Empfindungen allgemeine Wahrheiten herzuleiten, und den Zusammenhang derselben einzusehen, als auch, und zwar am häufigsten, die Unterlassung des pflichtmäßigen Gebrauches dieses Vermögens« (Adelung, Grammatisch-kritisches Wörterbuch)

Revisor Prüfer (von lat. ›revisum‹: ›Revision‹, ›Kontrolle‹)

Wachholder Der Wacholder ist ein »(zu den Nadelhölzern gehörender) immergrüner Strauch oder kleinerer Baum mit nadelartigen oder schuppenförmigen kleinen, graugrünen Blättern und blauschwarzen Beerenfrüchten (die besonders als Gewürz und zur Herstellung von Branntwein verwendet werden)«; »auch Kurzform für Wacholderbranntwein« (Duden)

Wenngleich Wenn auch
praktisiert seltene Variante von ›praktiziert‹ (›verfährt‹, ›führt die Amtsgeschäfte‹)
Edikten Das ›Edikt‹ (früher ›Edict‹) ist ein »öffentlicher und allgemeiner Befehl eines Landesherren, eine Verordnung, Mandat« (Adelung, Grammatisch-kritisches Wörterbuch).
unvermutet unangekündigt, überraschend
Vis'tierte Besichtigte, untersuchte, überprüfte
Registraturen Räume oder auch nur Schränke, Gestelle oder Regale, in denen »Akten, Urkunden, Karteien oder Ähnliches aufbewahrt werden« (Duden)
suspendierte ... ab officio enthob (vorläufig oder dauerhaft) ... ihres Amtes (›ab officio‹ von lat. ›officium‹: ›Pflicht‹; ›öffentliches Amt‹)
in seinem Haus Arrest gegeben Hausarrest erteilt hat; verboten hat, sein Haus zu verlassen
Scheuer Scheune
Sparren »eines von den schräge stehenden, oben in eine Spitze zusammenlaufenden Bauhölzern, welche das Dach eines Gebäudes bilden; der Dachsparren« (Adelung, Grammatisch-kritisches Wörterbuch)
inzwischen umgangssprachlich für ›indessen‹ (›derweil‹)
löst ihn ab nimmt ihn herunter, löst ihn aus der Schlinge
reibt ihn wohl: reibt ihn mit Branntwein ab, um seine Lebensgeister wiederzuerwecken
begießt ihn wohl: ... mit kaltem Wasser
jetzo ältere Variante von ›jetzt‹
wird versiegelt, / In seinem Haus, vereidet und verschlossen wird der Zugang zu seinem (als Tatort betrachteten) Haus mit amtlichem Siegel versperrt und werden Zeugen vereidigt sowie vernommen
vereidet ältere Form von ›vereidigt‹ (hier im Sinne von: als Zeugen befragt)
beerbt neu vergeben
liederlicher unmoralischer, sittenloser

mit dem sich's gut zusammen war den man gerne um sich hatte; mit dem es sich gut aushalten ließ

S. 10 So ging's ihm schlecht, dem armen Kauz, das glaub ich So glaube ich gern, dass es dem armen Kerl schlecht erging

ohnfehlbar ältere Variante von ›unfehlbar‹

Jetzt gilt's Freundschaft. Jetzt kommt es darauf an, fest zusammenzuhalten.

Ihr wisst, wie sich zwei Hände waschen können. vgl. die Redensart ›eine Hand wäscht die andere‹ (Gemeint ist: Man unterstützt sich gegenseitig, um sich beiderseits Vorteile zu verschaffen.)

so gut wie einer wie kaum einer sonst

den Kelch vorübergehn vgl. das Gebet Jesu im Garten Gethsemane kurz vor seiner Verhaftung, dem Auftakt zu seinem Erlösertod am Kreuz: »Mein Vater ist's möglich, so gehe dieser Kelch an mir vorüber; doch nicht, wie ich will, sondern wie du willst!« (Matthäus-Evangelium 26,39, Lutherbibel 2017)

auch aber auch; denn bloß

Euren Cicero Der Anwalt, Politiker und philosophische Schriftsteller Marcus Tullius Cicero (106 – 43 v. Chr.) gilt als einer der größten Redner aller Zeiten; seine Gerichtsreden und politischen Reden wurden an den humanistischen Schulen und Universitäten als Musterbeispiele der Rednerkunst studiert.

Trotz einem Mehr als einer; wie kaum jemand sonst (sehr fleißig)

auf der Schul wohl: auf der hohen Schule; auf der Universität

Gevatterleute vertrauten Freunde

Geht mir fort. Redensartlich und bildlich: Lasst mich in Frieden. Verschont mich mit Eurem Misstrauen.

Zu seiner Zeit … Mazedonien Der für seine Biografien berühmter Männer der griechischen und römischen Antike bekannte griechische Schriftsteller Plutarch (um 45 bis um 125 n. Chr.) berichtet in der Lebensbeschreibung des griechischen Redners und Staatsmanns Demosthenes (384 – 322 v. Chr.), dass dieser im Jahr 324 v. Chr. von dem nach Athen geflüchteten Schatzmeister Alexanders des Großen, des Königs von Makedonien, als Gegenleistung für die Fluchthilfe eine größere Summe (20 Talente) erhielt, was bei einer von Demosthenes selbst veranlassten Untersuchung herauskam. Demosthenes wurde zu einer Geldstrafe von 50 Talenten verurteilt und musste, da er die Summe nicht aufbringen konnte, ins Gefängnis. Nach kurzer Zeit gelang ihm die Flucht und als Alexander, der schon seit dem Jahr seines Regierungsantritts (336) seine, Demosthenes', Auslieferung gefordert hatte, im Folgejahr 323 starb, kehrte er nach Athen zurück und wandte sich neuerlich öffentlich gegen die makedonische Partei. Als der makedonische Statthalter 322 einen militärischen Sieg über Athen errang, nahm sich Demosthenes das Leben, um sich seiner drohenden Verhaftung zu entziehen.

für mein Teil was mich anbelangt

Depositionen Hinterlegungen (Bürgschaften, Verwahrungen); ein Begriff der Rechtssprache, übernommen aus dem Spätlateinischen (›depositio‹: ›Niederlegen, Ablegen‹)

Perioden drehn Reden drechseln. Eine Periode ist im Kontext der Redekunst »ein Teil einer Rede, welcher aus mehrern untereinander verbundenen Haupt- und Nebensätzen bestehet, und mit einem Punkte geschlossen wird, ein bis zu einer gewissen Länge erweiterter Hauptsatz« (Adelung, Grammatisch-kritisches Wörterbuch), also ein anspruchsvoll gebauter, hypotaktischer Satz.

S. 11 **Schwank** »kurze launige, oft derbkomische Erzählung in Prosa oder Versen« oder auch »lustiges Schauspiel mit Situations- und Typenkomik« (Duden)

Turm zu Babylon (hier als Sinnbild eines großen Durcheinanders; vgl. die ›babylonische Sprachverwirrung‹ als Folge des im Alten Testament – 1. Mose 11 – geschilderten ›Turmbaus zu Babel‹)

S. 12 **den Rock** den Gehrock, eine »meist zweireihig geknöpfte (Herren)jacke mit knielangen, vorn übereinandergreifenden Schößen« (Duden)

Beffchen »Halsbinde mit zwei steifen, schmalen Leinenstreifen vorn am Halsausschnitt von Amtstrachten« (Duden)

Illustration von Adolph Menzel (siehe Seite 86) zum Anfang des zweiten Auftritts

Kragen hier wahrscheinlich Teil der richterlichen Amtstracht, der »den Hals in Gestalt eines Rades umgab, viele krause Falten hatte, und noch an vielen Orten von den Geistlichen, sowie noch an einigen von den Ratspersonen, getragen, und auch die Krause genannt wird« (Adelung, Grammatisch-kritisches Wörterbuch)

lässt sich / Entschuldigen lässt zu seinem Bedauern ausrichten, dass er nicht da sein kann

Mein Empfehl. ältere Variante von ›Empfehlung‹: »Man lässt dem geringeren Mann ein ›Compliment‹, dem Vornehmeren eine ›Empfehlung‹ sagen.« (Jacob und Wilhelm Grimm: Deutsches Wörterbuch, 32 Bände, Leipzig 1854–1960)

purgiert mich doppelsinnig: läutert mich moralisch (vgl. lat. ›purgare‹: ›reinigen‹); aber auch: reinigt mich innerlich (durch Abführen)

Ich wäre krank. Richte Er aus, ich sei krank.

Der Herr Gerichtsrat wär sehr angenehm. / Wollt Ihr? wohl als an den Bedienten gerichtete höfliche Bemerkung aufzufassen: Der Herr Gerichtsrat ist uns sehr willkommen. Würdet Ihr ihm das ausrichten?

S. 13 dass Ihr auf den Weg ihm leuchtet im Allgemeinen, und so auch hier, sprichwörtlich für: dass Ihr ihn grob abfertigt, ihn unhöflich drängt, schnell wieder zu verschwinden; hier zugleich aber mit dem Nebensinn: dass Ihr ihn unfreiwillig auf die rechte Spur setzt (sodass er Euer Geheimnis aufdecken kann)

Der Sack voll Knochen! in volkstümlich-derber bildhafter Rede: Die dürre Person!

Maulaffe »in der niedrigen Sprechart und verächtlichem Verstande, ein Mensch, welcher etwas mit aufgesperrtem Munde, mit dummer Bewunderung angaffet, und in weiterer Bedeutung ein dummer Mensch« (Adelung, Grammatisch-kritisches Wörterbuch)

Kuhmagd »Magd, die besonders die Kühe melkt und versorgt« (DWDS)

Wir sind im Hohlweg umgeworfen! Unsere Kutsche wurde im Hohlweg – einem »zwischen steilen [Fels]abhängen tief eingeschnittene[n] Weg« (Duden) – umgeworfen.

S. 14 Pupillenakten Vormundschaftsakten. Der ›Pupill‹, »aus dem Lat. Pupillus, Pupilla«, ist »eine der Aufsicht eines Vormundes anvertraute minderjährige Person; wofür wir […] das gute deutsche Wort Mündel haben« (Adelung, Grammatisch-kritisches Wörterbuch)

Glock eilf Im Niederdeutschen wurde ›Glock‹ gleichbedeutend mit ›Uhr‹ verwendet: »Ich komme um neun [Uhr]. Es hat schon neun geschlagen. […] ich komme Glock neun« (Adelung, Grammatisch-kritisches Wörterbuch); ›eilf‹ war eine seinerzeit verbreitete Variante von ›elf‹.

S. 15 meiner Treu »Auf Treu und Glauben handeln. Bei meiner Treu! Auf meine Treu! eine im gemeinen [gewöhnlichen] Leben übliche Art der Versicherung, mea fide, franz. ma foi.« (Adelung, Grammatisch-kritisches Wörterbuch)

Ich will nicht ehrlich sein. Redewendung, mit der versichert wird, man sei bereit, sich eine Lügnerin oder einen Lügner nennen zu lassen, wenn sich das, was man gerade gesagt habe, als unwahr herausstellen sollte

S. 16 Schwarzgewand wohl eine Anspielung auf die Kleidung der Frau des Küsters; oder auf die schwarze Amtstracht ihres Mannes

S. 17 Es geht bunt alles überecke mir. Redewendung, die laut dem »Deutschen Wörterbuch« von Jacob und Wilhelm Grimm »wildeste, tollste Verwirrung, die alle Grenze überschreitet«, anzeigt

Ich schält' und hunzt' und schlingelte mich herunter Ich würde mich schelten (›ausschimpfen‹), aushunzen (ebenfalls ›ausschimpfen‹) und herunterschlingeln (›einen Schlingel – nach Adelung: einen »im höchsten Grade träge[n] und ungesittete[n] Mensch[en]« – nennen und auf diese Weise herabsetzen‹).

judiziert' den Hals ins Eisen mir Das Halseisen war »ein eisernes Band, welches Übeltätern in manchen Fällen um den Hals geleget wird. Einen Verbrecher an das Halseisen stellen, oder schließen.« (Adelung, Grammatisch-kritisches Wörterbuch) Siehe auch die Erläuterung zu ›Pranger‹ auf Seite 134. ›Judizieren‹ bedeutet »Recht sprechen; gerichtlich urteilen, entscheiden; richten« (Duden) (von lat. ›iudicare‹: ›Recht sprechen, richten‹)

den Fichten einem nahegelegenen Fichtenwäldchen (vgl. Vers 1439)

ausgehunzten ›aushunzen‹: sehr umgangssprachlich derb »für ausschelten, beschimpfende Verweise geben« (Adelung, Grammatisch-kritisches Wörterbuch); siehe oben Vers 272

S. 18 unsrer Staaten die von 1581 bis 1795 bestehende ›Republik der Vereinigten Niederlande‹, die von den Deutschen meist als ›die Generalstaaten‹ bezeichnet wurde

Die Rechtspfleg auf dem platten Land Die Qualität des Justizwesens außerhalb der städtischen Zentren

Eur Gnaden ›Euer Gnaden‹: »ein Ehrentitel gewisser Personen; im Abstracto Ew. Gnaden. Seine Gnaden, Ihre Gnaden. Ehedem gab man diesen Titel den Kaisern, Königen und weltlichen Fürsten.

Seitdem aber Majestät und Durchlaucht üblich geworden sind, bekommen ihn die geistlichen Kurfürsten, ingleichen die gefürsteten Bischöfe und Äbte, wenn sie nicht geborne Fürsten sind, in manchen Fällen auch die neufürstlichen Häuser, ferner die Reichsgrafen und alten Freiherren, mit Beifügung ihrer andern Unterscheidungswürde. Ew. Kurfürstliche, Hochfürstliche, Fürstliche, Bischöfliche, Hochgräfliche, Freiherrliche Gnaden. Ja es verlangen diesen Titel alle geringere Edelleute von ihren Bedienten und Untertanen« (Adelung, Grammatisch-kritisches Wörterbuch).

hie und da früher verbreitete Variante zu: hier und da

Den alten Brauch im Recht Das hier – auf dem Lande – seit Langem (seit jeher) gebräuchliche Verfahren der Rechtsprechung

Seit Kaiser Karl dem Fünften Anspielung auf die vom Kaiser des Heiligen Römischen Reiches und spanischen König Karl V. (1500–1558) 1532 erlassene »Constitutio Criminalis Carolina (CCC) oder Carolina (in zeitgenössischer Übersetzung ›Peinliche Gerichts- oder Peinliche Halsgerichtsordnung Kaiser Karls V.‹ […])«, die »als erstes allgemeines deutsches Strafgesetzbuch« gilt. »Der Begriff ›Peinlich‹ bezieht auf das lateinische poena für ›Strafe‹ und meint Leibes- und Lebensstrafen.« (Wikipedia-Artikel »Constitutio Criminalis Carolina«; Zugriff: 19. 7. 2023)

S. 19 den Puffendorf Gemeint ist der »deutsche[] Naturrechtsphilosoph, Historiker sowie Natur- und Völkerrechtslehrer am Beginn des Zeitalters der Aufklärung« Samuel Pufendorf, »ab 1694 Freiherr von Pufendorf« (1632–1694), der »als Begründer der Vernunftrechtslehre« gilt (Wikipedia-Artikel »Samuel von Pufendorf«; Zugriff: 19. 7. 2023).

Viel Spreu! vgl. das Sprichwort ›die Spreu vom Weizen trennen‹ (das Schädliche aussondern, damit nur das Nützliche übrigbleibt)

Zwei kleine Meilen Etwa 14 Kilometer; eine sogenannte preußische Meile entsprach annähernd 7,5 Kilometern, ›klein‹ meint ›knapp‹ (wie in Vers 391).

Aufzuwarten Höflichkeitsfloskel: Zu dienen! Ganz recht! Sehr wohl!

Illustration von Adolph Menzel (siehe Seite 86) zum Anfang des vierten Auftritts

›Aufwarten‹ bedeutet im engeren Sinn ›bei Tisch bedienen‹, ›als Speise anbieten‹.

S. 20 gestrenger Herr höfliche, hohen Respekt ausdrückende Anrede

der Veruntreuung der vorsätzlichen Unterschlagung (Abzweigung für eigene Zwecke) öffentlicher Gelder

nicht mehr verschont nicht durchgehen lassen kann und konsequent bestrafen muss

Ich stand im Wahn Ich lebte in der Vorstellung; ich dachte

Rhein-Inundations-Kollekten-Kasse Fonds (»für bestimmte Zwecke gebildete Vermögensreserve«, Duden) zur Behebung etwaiger Schäden nach einer Rheinüberschwemmung

Kollekten Beiträge, Sammlungen der Spendengelder

wenn's beliebt Floskel: wenn es Euch recht ist

Illustration von Adolph Menzel (siehe Seite 86) zum Ende des vierten Auftritts

wohne … bei sehe … zu; nehme als Beobachter … teil

nehmen nehmen … uns vor, überprüfen

Hanfriede oder auch Hanfried: Rufname einer Person, deren Vornamen Johann Friedrich lauten; wie es etwa bei Kurfürst Johann Friedrich I. von Sachsen (1503–1554) der Fall war

S. 21 So sehr … verlegen bin. So sehr ich auch fürchten muss, ohne Perücke (damals ein fast unverzichtbarer Teil der richterlichen Amtstracht) in meiner Autorität als Richter stark beschädigt zu sein.

Pächter Person, die ein Stück Land bewirtschaftet, über das sie mit dem Eigentümer einen Pachtvertrag abgeschlossen hat, für dessen Dauer sie über die Nutzung frei bestimmen kann

S. 24 Ich aber setze noch den Fuß eins drauf Redewendung, die in der verkürzten Form ›Ich setze noch eins drauf‹ weiterhin geläufig ist

Metze »eine Weibsperson, welche ihren Leib Mannspersonen auf eine unerlaubte Art überlässet; eine Hure, obgleich nicht mit ei-

Illustration von Adolph Menzel (siehe Seite 86) zum Ende des fünften Auftritts

nem so harten und verächtlichen Nebenbegriffe, als diesem Worte anklebet. Es scheinet im Oberdeutschen am üblichsten zu sein.« (Adelung, Grammatisch-kritisches Wörterbuch)

S. 25 der würdge Holzgebein der ehrenhafte Mann, der im Krieg ein Bein verloren und nun ein Holzbein hat

seinen Stock im Militär geführt die ihm anvertrauten Rekruten mit harter Hand (mit Schlägen) zu tüchtigen Soldaten geformt hat

den Kamm zertreten, / Der mir bis an die Krüge schwillet vgl. die Redewendung ›mir schwillt (vor Zorn) der Kamm‹, die auf den Hahnenkamm zurückgeht, der sich bei Erregung – zu der Hähne angeblich neigen (daher ja auch die Rede von den ›Streithähnen‹) – mit Blut füllt und davon anschwillt

S. 26 von Herodes' Zeiten her vom Anfang der Zeitrechnung her. Gemeint ist ›Herodes der Große‹ (73 – 4 v. Chr.), der zur Zeit von Jesu Geburt als römischer Klientelkönig über Judäa herrschte.

Illustration von Adolph Menzel (siehe Seite 86) zum Anfang des sechsten Auftritts

Du sprichst, wie du's verstehst. Du fasst die Sache – nach Maßgabe deines Verstandes – ganz falsch auf.
Die Fiedel »Ein Werkzeug von Holz in Gestalt einer Fiedel, welches leichtfertigen Personen am Pranger um den Hals und um die Hände geleget wird; eine Geige. Jemanden in die Fiedel spannen.« (Adelung, Grammatisch-kritisches Wörterbuch)
in der Kirche … Buße tun »Kirchenbuße (lat. poenitentia publica […]) bezeichnet in der alten Kirche öffentlich zu verrichtende Bußwerke, die groben und öffentlichen Sündern auferlegt wurden. […] Obwohl die Kirchenbuße gegen Ende des 16. Jahrhunderts vielerorts abgeschafft wurde, wurde sie zu Teilen im 18. Jahrhundert wieder eingeführt. Aufgrund von steigenden Kindstötungsdelikten wurde sie dann jedoch wieder abgeschafft, so z. B. 1786 in Weimar durch Goethe.« (Wikipedia-Artikel »Kirchenbuße«; Zugriff: 19. 7. 2023)

Illustration von Adolph Menzel (siehe Seite 86) zum Ende des sechsten Auftritts

Dein guter Name Gemeint ist: Dein Ruf als unbescholtene, ›sittsame‹ junge Frau

Schergen Ein Scherge ist eine »männliche Person, die unter Anwendung von Gewalt jemandes (besonders einer politischen Macht) Aufträge vollstreckt«; ein »Handlanger« (Duden).

Block »Klotz, in den die Füße eines Gefangenen eingeschlossen wurden« (DWDS)

weiß zu brennen wiederherzustellen, zu reinigen (weißzuwaschen)

zu glasieren »mit einer Glasur [zu] überziehen und dadurch [zu] glätten oder haltbar [zu] machen« (Duden)

vierschrötge Schlingel derb-ungehobelte Tunichtgut mit seiner kräftig-gedrungenen Gestalt

S. 28 Attest offizielle Bescheinigung (besonders über den Gesundheitszustand einer Person)

Frakturschrift »(heute nicht mehr gebräuchliche) Druckschrift mit gebrochenen Linien« (daher der Name; vgl. ›Fraktur‹: ›Bruch‹); die sogenannte »deutsche Schrift« (Duden)

knackern laut knistern

heut übers Jahr in genau einem Jahr

Dir Trauerschürz und Mieder zuzuschneiden Um dir die Trauerkleidung (daraus) zu schneidern

Batavia »Batavia war von 1619 bis 1799 das Hauptquartier der Niederländischen Ostindien-Kompanie in Asien und bis zur Unabhängigkeit Indonesiens in den 1940er Jahren die Hauptstadt Niederländisch-Indiens. Seitdem ist es unter dem Namen Jakarta Hauptstadt Indonesiens. [...] Batavia hatte in der Vergangenheit zwei Beinamen: ›Der Kirchhof Europas‹, der hohen Sterblichkeit der Neuankömmlinge in der Epoche der Niederländischen Ostindien-Kompanie wegen, und ›Königin des Ostens‹ wegen seiner städtebaulichen Schönheit.« (Wikipedia-Artikel »Batavia (Niederländisch-Indien«; Zugriff: 19. 7. 2023)

an welchem Fieber ... War's gelb, war's scharlach, oder war es faul ›Gelbfieber‹ ist eine »(in tropischen Gebieten Afrikas und Amerikas vorkommende) mit hohem Fieber und Erbrechen einhergehende Infektionskrankheit, deren Erreger die Gelbfiebermücke überträgt«, ›Scharlach‹ eine »(am häufigsten bei Kindern auftretende) mit sehr hohem Fieber, Kopf- und Halsschmerzen und rotem Hautausschlag einhergehende Infektionskrankheit« und ›Faulfieber‹ eine der vielen Bezeichnungen (neben etwa ›Kriegspest‹ oder ›Lazarettfieber‹) für ›Fleckfieber‹, eine »durch Läuse übertragene Infektionskrankheit des Menschen« (alle Erläuterungen: Duden).

den Partein den am Rechtsstreit beteiligten Seiten; den Klägern wie auch den Beklagten

Session Sitzung, Verhandlung

zweideutge Sprache führen mehrdeutige Bemerkungen machen, verdächtige Unterhaltungen führen, heimliche Absprachen treffen

gebührt zukommt

Verhör Verhör ist es

Illustration von Adolph Menzel (siehe Seite 86) zum Anfang des siebenten Auftritts

da ich Abschied nahm als ich Abschied nahm (siehe Vers 251)

Auf Ehre nicht! Bei meiner Ehre nicht!

Ich hatte sie behutsam drauf gehängt Gemeint ist die Perücke.

S. 29 Zwei Fälle ... so bricht's. Adam ist offenkundig in Sorge, wie die Sache für ihn ausgehen wird, und versucht sich zu beruhigen, indem er sich sagt, dass es nur zwei Möglichkeiten gebe und dass er die Sache schon überstehen werde, wenn er nur ›ohne Rücksicht auf Verluste‹ vorgehe und sich ›zu allem entschlossen‹ zeige; denn dies bedeutet ja die Redewendung ›auf Biegen und Brechen‹, die sich in seine Gedanken drängt und damit seine unterschwelligen Einstellungen offenbart. Zudem ist es wohl kein Zufall, dass beide Verben in sprachlichen Wendungen wie ›das Gesetz brechen‹ oder ›das Recht beugen‹ vorkommen beziehungsweise anklingen; auch vor solchen Rechtsbeugungen scheint dieser Richter nicht zurückzuschrecken, wenn es um seinen Vorteil geht.

Perlhuhn »eine Art Afrikanischer Hühner, welche von der Küste Guinea zu uns gebracht worden, und unsern zahmen Hühnern gleichen, nur dass sie einen unterwärts gebogenen Schwanz, einen harten Höcker auf dem Kopfe, und perlenfarbene Flecken und Punkte auf den schwarzen Federn haben« (Adelung, Grammatisch-kritisches Wörterbuch)

nudeln »Hühner nudeln: mit fingerdicken, aus Gerstenschrot, Maismehl und Magermilch oder Wasser hergestellten Röllchen gewaltsam vollstopfen und so mästen« (DWDS)

Jungfer »ein aus Jungfrau zusammengezogenes Wort, welches im gemeinen [gewöhnlichen] Leben stattdessen üblich ist«; »ein Ehrentitel, wo man es lieber gebraucht als das vollständigere Jungfrau. Jungfer Schwarzin. Ihre Jungfer Tochter, Jungfer Schwester. Man gibt es in diesem Verstande als ein Ehrentitel unverheirateten Personen weiblichen Geschlechtes, welche man nicht schlechthin bei ihrem Namen nennen will und darf, und auch nicht für vornehm genug hält, sie mit dem franz. Mamsell oder Mademoiselle anzureden, dergleichen besonders Töchter gemeiner Bürger, und andere ihres Standes sind« (Adelung, Grammatisch-kritisches Wörterbuch).

S. 31 Auf, aufgelebt, du alter Adam! Der Richter Adam spricht sich selbst Mut zu. Der Mehrwortausdruck ›alter Adam‹, der durch Luthers Bibelübersetzung Eingang in die deutsche Sprache gefunden hat, hat dabei die spezifische Bedeutung »der Mensch unter dem Blickwinkel seiner ihm innewohnenden Schwächen, Eigenheiten oder schlechten Gewohnheiten« (DWDS), also im religiösen Sinne ›der sündige Mensch‹. Auf dieser Bedeutung beruhen Redensarten wie ›den alten Adam ausziehen‹ (›ein neuer, besserer Mensch werden‹) oder ›der alte Adam regt sich wieder‹ (›in alte, sündige Gewohnten zurückfallen‹). Diese Wendungen und Bedeutungen waren früher allgemein geläufig, heute sind sie verblasst und den meisten nicht mehr bekannt.

Das lügt sie in den Hals hinein redensartlich, wohl für: Mit dieser Lüge betrügt sie sich selbst! Vielleicht auch: Mit dieser Lüge bringt sie sich selbst ins Halseisen (an den Pranger).

S. 32 kein Jota nicht im Geringsten (›Jota‹ ist eigentlich der neunte Buchstabe des griechischen Alphabets.)

im Reich vermutlich im Sinne von: im ganzen Land; es könnte aber auch das ›Heilige Römische Reich Deutscher Nation‹ gemeint sein.

Sind die gesamten niederländischen Provinzen Auf dem zu Bruch gegangenen Krug befand sich eine Darstellung der feierlichen Übergabe der niederländischen Provinzen des Habsburgerreichs durch Karl V. an seinen Sohn (und Nachfolger als König von Spanien) Philipp II. (1527–1598). Die Feierlichkeiten fanden 1555 in Brüssel statt. Helmut Sembdner weist in seinen Erläuterungen zu dem Lustspiel darauf hin, dass sich Kleist für die Schilderung Frau Marthens auf »die aus dem Holländischen übersetzte ›Allgemeine Geschichte der Vereinigten Niederlande‹, 8 Bde., Leipzig 1756–66«, gestützt habe. »Der anonyme Verfasser war Jan Wagenaar, der [...] in Bd. 2, S. 557–559, berichtet:« »Am 25sten des Weinmonats, als dem zu der feierlichen Abdankung bestimmten Tage, kamen die Ritter des goldenen Vließes [also alle Träger dieses hohen Verdienstordens] und die Gevollmächtigten [Bevollmächtigten, Vertreter] der Stände, in großer Zahl auf dem Hofe zu Brüssel zusammen. Um dieser feierlichen Handlung einen größeren Glanz zu geben, hatte der Kaiser [Karl V.] dazu auch seines Bruders Sohn Maximilian, König von Böhmen, und dessen Gemahlinn [sic] Maria, des Kaisers Tochter, den Herzog von Savoyen, Emanuel Philibert, des Kaisers Schwester Eleonore, verwitwete Königinn von Frankreich, und die Oberstatthalterinn Maria, verwitwete Königinn von Ungarn [...] eingeladen. [...] Als der Kaiser ausgeredet hatte, fiel Philipp auf das eine Knie, und bat seinen Vater, dessen Hand er herzlich druckte [sic], um seinen Segen. Er empfing denselben mit heißen Thränen, und die Anwesenden wurden dadurch auch zum Weinen gezwungen. Philipp stund sodann auf, [...] und befahl dem Bischofe von

Arras, Anton Perenot, in seinem Namen das Wort zu führen.« (Aus bzw. zitiert nach: ED Sembdner, S. 20f.; vgl. auch die Erläuterungen zu Vers 1673 –»Als ob die Spanier ... « – auf Seite 140)

S. 33 Der Franzen und der Ungarn Königinnen Die bereits in der vorigen Anmerkung erwähnten Schwestern Karls V.: Eleonore von Kastilien (1498–1558) hatte der französische König Franz I. (1494–1547) im Sommer 1530, einige Jahre nach dem Tod seiner ersten Frau Claude de France (1499–1524), geheiratet; die Ehe blieb kinderlos. Maria (1505–1558) war durch Geburt Prinzessin von Kastilien, Österreich sowie Burgund und wurde im Juli 1515, kurz vor ihrem zehnten Geburtstag, mit dem neunjährigen ungarischen Thronfolger verheiratet. Als dessen Vater 1516 starb, wurde sie an der Seite ihres Mannes, König Ludwig II., Königin von Ungarn und Böhmen. Luwig starb mit 20 Jahren nach einer verlorenen Schlacht gegen das Osmanische Reich. Auch die Ehe Marias blieb kinderlos. – Als Schwestern des Kaisers waren Eleonore und Maria Tanten (oder »Muhmen«, wie es in Vers 656 heißt) von Karls Sohn Philipp.

Philibert Emanuel Philibert von Savoyen war ein Enkel des portugiesischen Königs Manuel I. (1469 –1521), mit dem Karls Schwester Eleonore Eleonore von Kastilien (1498–1558) vor ihrer Ehe mit Franz I. von Frankreich verheiratet gewesen war. Ab 1553 war er Herzog von Savoyen. 1556 bis 1559 diente er Karl V. als Statthalter der Spanischen Niederlande.

Für den den Stoß der Kaiser aufgefangen »beim Zerbrechen des Kruges nämlich«, wie Sembdner kommentiert (ED Sembdner, S. 21)

Maximilian Karls 1527 in Wien geborenem Neffen Maximilian, dem späteren Kaiser Maximilian II. (1564–1576), wurde ein ausschweifender Lebenswandel nachgesagt (daher der Zusatz: »der Schlingel«).

mit der heilgen Mütze Gemeint ist wohl die ›Mitra‹, die »Kopfbedeckung hoher geistlicher Würdenträger« (DWDS).

Erzbischof von Arras Antoine Perrenot de Granvelle (1517–1586) war Bischof von Arras und ab 1560 Erzbischof von Mechelen. In seiner Rolle als einflussreicher politischer Berater Margarethes von Parma

Bildnis Kaiser Karls V. (1500–1558) von Christoph Amberger (1505–1562), entstanden um 1532. Öl auf Leinwand, 67,2 x 50,7 cm

(1522–1586) – einer unehelichen Tochters Karls V., die von ihrem Halbbruder Philipp II. 1559 als Statthalterin der Spanischen Niederlande eingesetzt worden war – war der Bischof im Volk so verhasst, dass er 1564 aus diesem politischen Amt abberufen wurde.

im Grunde im Hintergrund

Leibtrabanten Leibwächter

Hellebarden im Mittelalter aufgekommene Hieb- und Stoßwaffen, »die aus einem etwa zwei Meter langen Holzschaft, einer scharfen Spitze und einer beilähnlichen Klinge mit Haken am vorderen Ende« bestanden (DWDS)

Spießen ab dem Mittelalter gebräuchliche Waffen »aus einem langen Schaft und einer meist rhombusförmigen Spitze zum Stoßen und Werfen« (DWDS)

vom großen Markt zu Brüssel Der Festakt fand 1555 nicht auf dem Marktplatz von Brüssel, sondern im großen Saal des Schlosses statt.

Die holländische Originalausgabe von Jan Wagenaars Geschichtswerk, das Kleist als Quelle diente, enthält im fünften Band einen Kupferstich, der die Szene zeigt.

das zerscherbte Paktum den damals (1555) in Brüssel geschlossenen Vertrag (Pakt), der – beziehungsweise: dessen Darstellung auf der Außenseite des Kruges – nun in Stücke gegangen ist

Childerich ein alter germanischer Name, den Kleist auch in seinem 1808 verfassten Drama »Die Hermannsschlacht« verwendete

Kesselflicker ein Handwerker, der »schadhafte Kessel ausbessert« (Adelung, Grammatisch-kritisches Wörterbuch)

als Oranien / Briel mit den Wassergeusen überrumpelte Als ›Geusen‹ oder niederländisch ›geuzen‹ – abgeleitet vom französischen Wort für ›Bettler‹: ›gueux‹ – bezeichneten sich die Aufständischen gegen die spanische Vorherrschaft zu Beginn des Achtzigjährigen Krieges (1568–1648), in dem die Niederländer ihre Unabhängigkeit erkämpften. In den ersten Jahren dieses langen Befreiungskriegs »rüsteten viele aus Holland geflüchtete Edelleute und Kaufleute Kaperschiffe aus, die auf spanische Schiffe Jagd machten, und teilten sich die Gewinne mit den Besatzungen. [...] Ohne Bestallung wurden diese Kaperfahrer jedoch als vogelfreie Seeräuber behandelt, bis Wilhelm von Oranien sich mit ihnen verbündete. Er gab den Schiffern Kaperbriefe und ernannte Wilhelm II. von der Mark zum Admiral des nunmehr Wassergeusen genannten Teils der Widerstandsbewegung. Im Namen von Wilhelm von Oranien, der zu dieser Zeit in London im Exil lebte, eroberten die Wassergeusen unter Von der Mark, Willem Bloys van Treslong und Lenaert Jansz de Graeff am 1. April 1572 die Stadt Brielle (Den Briel) an der Mündung der Maas, und bald folgten weitere eroberte Städte. Die lateinische Inschrift im Wappen von Brielle erinnert noch daran: ›Libertatis Primitiae‹ (Die zuerst Befreite).« (Wikipedia-Artikel »Geusen«, Zugriff: 27.7.2023)

Just Eben gerade

S. 34 Tirlemont Tirlemont ist der französische Name der in der Region

Illustration von Adolph Menzel (siehe Seite 86) zum siebenten Auftritt (Mitte)

Flandern gelegenen belgischen Stadt Tienen, die 1635 von den Franzosen eingenommen wurde.

Feuersbrunst von sechsundsechzig Auf welche Feuersbrunst sich Frau Marthe hier bezieht, ist unklar.

Gott hab ihn selig nachgestellter Einschub zu einer verstorbenen Person mit der Bedeutung: Er oder sie möge in Frieden ruhen.

Weib! hier: ungehaltene Anrede an eine weibliche Person, jedoch nicht ganz zu grob, wie sie für heutige Ohren klingt

S. 35 Für eines … schlecht Frau Marthe beteuert die Kostbarkeit des fein gearbeiteten Kruges, den auch ein adliges Fräulein und selbst die Erbstatthalterin – also eine Dame aus den allerhöchsten Kreisen wie Margarethe von Parma (siehe Seite 120 unten: ›Erzbischof von Arras‹) – ohne Bedenken an die Lippe hätte setzen können, um daraus zu trinken.

Fräulein »Ein Ehrennahme unverheirateter adeliger Frauenzimmer; für das veraltete Edeljungfer. Das Fräulein von Hohendorf. Im gemeinen Leben, besonders Niedersachsens, ist es sehr gewöhnlich, diesen Ehrennahmen im weiblichen Geschlechte zu gebrauchen, die Fräulein« (Adelung, Grammatisch-kritisches Wörterbuch).

S. 36 zehn Arme … ausgerüstet Vielleicht in Anspielung auf Gestalten der nordischen Mythologie bringt Frau Marthe bildhaft zum Ausdruck, dass sie in ihrem gerechten Zorn Riesenkräfte in sich gespürt und jeder der »zehn Arme« sich so gefährlich und aggressiv wie ein Geier angefühlt habe.

S. 37 Aufs Rad Aufs Rad geflochten (eine besonders grausame Hinrichtungsart, bei der der Delinquent auf ein Wagenrad gebunden wurde, woraufhin ihm die Knochen zerschlagen wurden und er in dieser qualvollen Stellung belassen wurde, bis der Tod eintrat)

faule Fische dem »Deutschen Wörterbuch« von Jacob und Wilhelm Grimm zufolge »abgestandne, untaugende, erdichtete Nachrichten, erlogne Entschuldigungen«

S. 38 Dirne »Eine junge unverheiratete Person des andern [weiblichen] Geschlechtes. In dieser Bedeutung war dieses Wort ehedem in edlem Verstande üblich […]. Heutzutage ist es […] im Hochdeutschen beinahe veraltet, und man nennet in Niedersachsen nur noch die ledigen Weibespersonen gemeiner Leute Dirnen.« (Adelung, Grammatisch-kritisches Wörterbuch)

S. 39 Wie unbefangen! Wie leichthin (offen, ungeniert) Ihr Eure Unkenntnis der korrekten Verfahrensweise einräumt!

pipsge »den Pips habend[e]« (Duden) (siehe Vers 560)

Pest Hühnerpest, eine meist tödlich verlaufende Krankheit von Geflügeltieren

Schluckt … die Pille nicht herunter siehe die Erläuterung zu ›nudeln‹ auf Seite 118

das Aas das Mistvieh; »das widerspenstige[ ] [Haus]tier« (Duden)

Veits des Kossäten Sohn der Sohn des Kleinbauern (oder auch: Tagelöhners) Veit

dort dort hinten an seinem Platz im Saal

S. 40 gottvergessner entweder: »nicht mehr an Gott denkend[er], sodass man den Maßstab für sein moralisches Verhalten verloren hat«; oder, umgangssprachlich: »gottverlassen[er]« (Duden)

Die würdige Frau Marthe, die. Anrede der offenbar zum Aufbrausen ansetzenden Frau, um sie zu bremsen

Es wird sich finden. Die Wahrheit wird schon noch (oder: bald) ans Licht kommen.

Soll ich als Christ – ? zu ergänzen wäre etwa: … mich nicht um meinen Nächsten kümmern?

nicht zu dulden völlig inakzeptabel (wie Ihr die Sache handhabt)

mogt' es etwa sein zu Nacht mochte es etwa (gewesen) sein am Abend

heuren eigentlich »mieten, pachten, von Grundstücken« (Adelung, Grammatisch-kritisches Wörterbuch); hier: heiraten (zusammengezogen aus ›heuraten‹)

rüstig »gesunde Kräfte habend, und solches durch Stärke und Hurtigkeit an den Tag legend« (Adelung, Grammatisch-kritisches Wörterbuch)

S. 41 man flog, als wie gemaust mal nur so flog, als würde es heimlich weggestohlen

gakelst kakelst, für belangloses Zeug schwatzest

Steig eigentlich: ein schmaler Weg; hier wohl spezifischer ein Brückensteg, der über einen Bach führt

Die liederliche Wirtschaft, die. Was für ein nachlässiges Hauswesen!
wie der Dom zu Utrecht wie der säuleneingefasste Innenraum des Utrechter Doms

S. 42 schelte sie … / Für blind beschimpfe sie, als sie zu mir zurückkehren, als blinde Werkzeuge
nichtswürdige verachtungswürdige, gemeine
Aufhetzer Aufrührer, Aufwiegler, Hassredner
Ohrenbläser »eine Person, welche das Gehör eines andern zum Nachteile eines Dritten missbraucht, demselben nachteilige Dinge […] zuträgt« (Adelung, Grammatisch-kritisches Wörterbuch)
weil sie ihre Pflicht getan weil sie nichts als ihre Pflicht getan (und dafür so gescholten worden sind)
Latz Bei Frauen »ist der Latz ein oben breites und unten spitzig zulaufendes, oft zierlich gesticktes oder besetztes Bruststück, welches vorn über die Schnürbrust gesteckt wird.« »Das Schnürleib« wiederum ist ein »enges nach dem Leibe gemachtes Kleidungsstück des andern [weiblichen] Geschlechtes, welches mit Fischbein ausgesteifet ist, nur den Oberleib bis an die Brust bedeckt, und entweder auf dem Rücken oder auch vorn zugeschnüret wird; Nieders. das Brustleib. Die Schnürbrust ist weit mehr ausgesteift und an der Brust mehr gewölbet.« (Adelung, Grammatisch-kritisches Wörterbuch)
einer ist's noch obenein noch ein anderer ist da
Und nicht gefangen, denk ich, nicht gehangen. Anspielung auf das Sprichwort ›mitgefangen, mitgehangen‹ (wer mit dabei war, muss die Sache auch mit ausbaden)
Ich kann das Abendmahl darauf nicht nehmen Anspielung auf eine im Mittelalter praktizierte Form des Gottesurteils, bei dem der Kläger eine geweihte Hostie in den Mund nahm, an der er beim Hinunterschlucken ersticken sollte, wenn er gelogen hatte
alle Katzen grau vgl. das Sprichwort ›nachts sind alle Katzen grau‹, das auf den berühmten Roman »Don Quijote« (zwei Bände, 1605 und 1615) von Miguel de Cervantes (1547–1616) zurückgeht

Flickschuster »(umgangssprachlich, abwertend) Schuster, der besonders Flickarbeiten ausführt« (DWDS)

losgesprochen hier wohl: nicht die Entlassung, sondern die Befreiung vom Militärdienst

längst mir auf die Fährte ging schon seit Langem, wie mir schien, nachstellte

du schierst mich du willst mich (gegen ihn) aufhetzen

S. 43 Nun schießt … das Blatt mir. Redensart, die Erregung oder Empörung zum Ausdruck bringt.

Da ich … das Pärchen hier begegne Das Verb ›begegnen‹ wurde zur damaligen Zeit nicht selten in Verbindung mit dem Akkusativ verwendet.

die Hirschgeweihe Anspielung auf die Redewendung ›jemandem Hörner aufsetzen‹ (untreu sein)

Taxus (lat.) Eibe. Eibengewächse (Taxaceae) sind Sträucher oder kleine Bäume.

Gefispre Gewisper; unablässiges eifriges Flüstern

ich soll vor Lust – zu ergänzen wäre vielleicht: ›bersten‹

Dir weis ich … / Die Zähne redensartlich für: Mit dir rechne ich noch ab! (Du bekommst, wenn sich eine Gelegenheit ergibt, schon noch meine Zähne zu spüren!)

wo mir / Die Haare wachsen Anspielung auf die Redensart ›Haare auf den Zähnen haben‹, die auf das Vorurteil zurückgeht, stark behaarte Menschen seien besonders durchsetzungsstark

ausgedacht ganz zu Ende gedacht, mir vollständig ausgemalt habe

vor dem Pastor ironisch: noch vor der Trauung durch den Pastor

Jetzt hebt sich's wohl: Nun spannt sich (schmerzhaft) meine Brust

Blutsturz »ein heftiger Auswurf vielen Geblütes aus der Lunge, ein heftiges Blutspeien« (Adelung, Grammatisch-kritisches Wörterbuch)

S. 44 Brustlatz »ein kurzes Kleid ohne Ärmel, welches bis auf die Hüften gehet, und von beiden Geschlechtern gemeiniglich über dem Unterhemde getragen wird« (Adelung, Grammatisch-kritisches Wörterbuch)

Illustration von Adolph Menzel (siehe Seite 86) zum siebenten Auftritt

S. 47 den sie zu Wasser trug Anspielung auf das (oft auf Untreue angewandte) Sprichwort ›Der Krug geht so lange zu Wasser, bis er bricht.‹

S. 49 Ihr greift … in einen Sack voll Erbsen. heute nicht mehr gängige Redewendung: Ihr urteilt vollkommen willkürlich (ganz unsystematisch sowie offenbar nur den eigenen Augenblickseingebungen und persönlichen Interessen folgend).

wenn Ihr's herausbekommt, bin ich ein Schuft doppeldeutig und unfreiwillig entlarvend, also eine sogenannte ›Freud'sche Fehlleistung‹ (auch ›Freud'scher Versprecher‹): Adam will durch starke Worte zum Ausdruck bringen, dass er davon überzeugt ist, die Sache werde sich nicht zweifelsfrei klären lassen, deutet aber durch seine Formulierung bereits an, dass er der Täter ist.

gib ihm was von der Wahrheit ebenfalls eine verräterische Formulie-

Illustration von Adolph Menzel (siehe Seite 86) zum Ende des siebenten Auftritts

rung, die den Schluss zulässt, Adam sei durchaus nicht daran interessiert, dass die Zeugin die ganze Wahrheit preisgibt, wie es vor Gericht geboten ist (nach der bekannten Eidesformel »die Wahrheit, die ganze Wahrheit und nichts als die Wahrheit«).

S. 50 ich bin kein ehrlicher Kerl, / Es wird sich alles, wie du's wünschest finden. Ähnlich wie oben: Ich will mich einen unehrlichen Kerl nennen lassen, wenn sich nicht alles so, wie du es dir wünschst, wird einrenken lassen.

trätschen Variante von ›tratschen‹: gehässig über jemanden reden, etwas Vertrauliches verraten, jemanden verpetzen

die weißen Wände zeugen nicht Gemeint ist wohl: Eine nackte Wand verrät nichts (wenn niemand da war, der deine Aussage bestätigen kann, kannst du leicht in Schwierigkeiten geraten).

Illustration von Adolph Menzel (siehe Seite 86) zum Ende des achten Auftritts

Der auch wird zu verteidigen sich wissen Das Pronomen »Der« bezieht sich wohl auf den »andern«, »Dritten«, von dem oben in den Versen 1110 und 1111 die Rede ist.

deinen Ruprecht holt die Schwerenot! Verwünschungsformel; ursprünglich eine »verhüllende Bezeichnung der als Behexung angesehenen Epilepsie« (Duden), der »Fallsucht«

gehauen nicht und nicht gestochen eine heute nicht mehr gebräuchliche Redewendung, die dem Kontext der Fechtkunst (mit ihren Formen Hieb und Stich) entstammt und etwas Unbestimmtes, eine uneindeutige Situation anzeigt (vgl. auch die heute noch verwendete sprachliche Formel, eine Sache sei ›hieb- und stichfest‹, also unwiderlegbar)

zulängst hier auf dem Stuhl gesprochen die längste Zeit hier auf dem

Illustration von Adolph Menzel (siehe Seite 86) zum Beginn des neunten Auftritts

Richterstuhl gesessen und Recht gesprochen (und werdet bald Eures Amtes enthoben werden)

Dreist Kühn, ohne Umschweife. »Im Hochdeutschen gebraucht man dieses Wort am häufigsten noch von dem beherzten Betragen in dem gesellschaftlichen Umgange, welches aus einem guten Vertrauen auf sich selbst herrühret« (Adelung, Grammatisch-kritisches Wörterbuch).

mucks mucksen: »sich durch einen Laut oder eine Bewegung bemerkbar machen«; aber auch: »Widerspruch erheben, aufbegehren« (Duden)

S. 51 ich kehr im Grab mich um Die Redewendung ›sich im Grabe umkehren‹ ist heute noch gebräuchlich. Sie wird gewöhnlich im Konjunktiv verwendet (›der oder jene würde sich im Grabe umkehren‹)

und bezeichnet eine Situation, die so viel Entrüstung hervorruft, dass sie selbst einer oder einem Toten im Grabe keine Ruhe ließe.

nach dem vierten / Gebot »Du sollst deinen Vater und deine Mutter ehren, auf dass du lange lebest in dem Lande, das dir der HERR, dein Gott, geben wird.« (2. Mose 20,12, Lutherbibel 2017)

S. 52 wenn wir auferstehn ist auch ein Tag Gemeint ist: Auch im Jenseits (nach dem ›Jüngsten Gericht‹ und der »Auferstehung der Toten«, wie es im Apostolischen Glaubensbekenntnis heißt) kann sich noch ihre Unschuld erweisen und können wir miteinander glücklich werden.

des Todes will ich ewig sterben ich will auf ewige Zeiten verdammt sein (als Sünderin in der Hölle schmoren)

S. 53 Hat Sie das Licht dabei gehalten heute nicht mehr geläufige Redewendung mit der Bedeutung: Kupplerdienste leisten; oder auch allgemeiner: bei Untaten behilflich sein

S. 54 vor die Kommission, / ... die die Rekruten aushebt zu dem Ausschuss von Militärpersonen, ... die entscheiden, ob die von ihnen vorgeladenen jungen Männer zum Militär eingezogen werden

Mit dem Attest Mit der Bescheinigung, die dem krummbeinigen (vgl. Vers 1227) Lebrecht seine Untauglichkeit für den Militärdienst attestierte

auf ein Fuhrwerk sich nicht lud nicht das Glück hatte, auf einem Wagen mit Zugtieren mitfahren zu können

zurückgehaspelt (abwertend) ist ... zurückgehumpelt. »Von jemande[m], der sich sehr geschwinde beweget, ingleichen sehr geschwinde plaudert, sagt man in Niedersachsen, er haspele [vgl. den heute noch geläufigen Ausdruck, jemand habe sich ›verhaspelt‹], so wie man auch in Obersachsen die kreisförmige Bewegung der Füße im Gehen haspeln nennet.« (Adelung, Grammatisch-kritisches Wörterbuch). Eine Haspel ist ein kleines Gerät zum Aufwinden, beispielsweise von Garn.

von ungespaltnem Leibe ohne Beine; ein von der Hüfte abwärts amputierter Krüppel; gleichsam das Gegenstück zu einem »weit gespaltene[n] Herr[n]«, einem »Herr[n] mit den langen Beinen« (Adelung, Grammatisch-kritisches Wörterbuch)

Hierauf … dienen. Dazu wird die Jungfer kaum in der Lage sein.

gefirmelt kaum Als Fortführung der Taufe und der Erstkommunion bildet der feierliche Akt der Firmung, der meist im Jugendalter stattfindet, in der katholischen Kirche den letzten Akt der Aufnahme in die Glaubensgemeinschaft als deren vollwertiges Mitglied. Die evangelischen Kirchen haben in der Konfirmation ein vergleichbares Aufnahmeritual.

S. 55 Mit jedem andern Zuge … eigen In jedem andern Aspekt, ist allein meine Sache

Garnstück »bei den Spinnerinnen und Webern eine Anzahl Fäden gesponnenen Garnes« (Adelung, Grammatisch-kritisches Wörterbuch)

Die Jungfer weiß, wo unsre Zäume hängen. eine schon damals seltene Redensart, die Adelung zufolge zum Ausdruck bringt, dass man in einer bestimmten Sache bewandert ist, sich genau auskennt

S. 56 Wenn ich gleich Auch wenn ich

Erkleckliches »Ansehnliches, der Zahl und Summe nach« (Adelung, Grammatisch-kritisches Wörterbuch)

aufbring beisteuern kann

der Schlag der Schlaganfall; »der Schlagfluss«, »ein plötzlicher und oft tödlicher Verlust der innern und äußern Sinne und der willkürlichen [bewusst gesteuerten] Bewegung der Muskeln, wobei, wenn der Kranke nicht sogleich tot bleibt, der Puls stark und oft ungleich, das Atemhohlen aber mit einem Geräusche vor sich gehet; Apoplexia, der Schlag. Einen Schlagfluss bekommen.« »Von dem Schlage gerühret […] werden. Der halbe Schlag, die Lähmung auf einer Seite.« (Adelung, Grammatisch-kritisches Wörterbuch)

ein verlorner Mensch ein »im höchsten Grade und ohne Rettung unglücklich[er]« (verzweifelter, zum Beispiel in unlösbare Schuld verstrickter) Mensch. »Ein verlorner Mensch, dem nicht mehr zu helfen ist.« (Adelung, Grammatisch-kritisches Wörterbuch)

vor der Welt vor aller Welt, in der Öffentlichkeit

Den Meineid Eine vorsätzliche Falschaussage

Pranger »ein Pfahl, eine Säule oder auch ein jeder Ort, an welchem die Missetäter zur öffentlichen Schau und Schande ausgestellet werden. Am Pranger stehen. An den Pranger gestellet werden. Weil der Verbrecher gemeiniglich vermittelst eines eisernen Bandes um den Hals daselbst befestiget wird, so wird er auch das Halseisen genannt.« (Adelung, Grammatisch-kritisches Wörterbuch)

Wär ... gegründet Gäbe es begründete (eindeutige) Anzeichen dafür

überall überhaupt

säumt' zögerte; wartete ... ab

zur ersten Einrichtung wohl bitter-ironisch: damit sie in der Fremde nicht ganz ohne Mobiliar dastehe

kommt Zeit, kommt Rat Redewendung (hier bitter-sarkastisch): Mit etwas Geduld findet sich für jede noch so üble Lage eine Lösung.

weigert verweigert

es kurzhin abzuschwören die Sache beiläufig (leichthin) zu bestreiten

Konskription Aushebung (frischer Rekruten), »Einziehung zum Heeresdienst« (DWDS) (von lat. ›conscriptio‹: ›Liste‹)

Eid zur Fahn Fahneneid (militärisches Aufnahmeritual)

S. 57 **Die jungen Landessöhne reißen aus.** Die jungen Männer des Landes versuchen sich dem nach Möglichkeit durch Flucht zu entziehen.

Gesetzt Angenommen

Kist' und Kasten formelhaft für ›Truhen und Schränke‹. (Im Österreichischen und Schweizerischen bezeichnet ›Kasten‹ auch heute noch einen Schrank.)

ein wenig sich gesperrt nicht gleich eingewilligt, Bedenken geäußert, etwas Widerstand geleistet

ohngefähr damals verbreitete Variante von ›ungefähr‹

Das Rabenaas »ein nur in den niedrigen Sprecharten übliches Schimpfwort, einer höchst strafbaren oder lasterhaften Person, welche gleichsam verdienet, den Raben zur Speise zu werden« (Adelung, Grammatisch-kritisches Wörterbuch)

austreten desertieren

im Hause untersuchen wohl: untersuchen, was im Hause vorgefallen ist

eine Zunge, die mir Zeugnis redet eine Person, die meine Darstellung bestätigt

von fern geahndet nur auch nur von fern geahnt hätte (siehe auch Vers 265)

dass diese / Die ihrige für mich nicht brauchen würde dass diese Person hier (nämlich Eve, ihre Tochter) sich weigern würde, meine Darstellung zu bestätigen

ihm die seine

Muhm (siehe Vers 261)

Wortwechselnd im Wortwechsel, im Gespräch

getroffen angetroffen

die Fabel die »erdichtete Erzählung«, das »Märchen« (Adelung, Grammatisch-kritisches Wörterbuch)

aufgestellt hier präsentiert hat

Vom Kopf zu Fuß Von Kopf bis Fuß: der Länge nach; vollständig

einzusehn festzustellen, zu schlussfolgern

S. 58 scharwenzt' scharwenztest; ›scharwenzen‹ ist eine ältere Variante von ›scharwenzeln‹: »sich in jemandes Nähe zu schaffen machen und dabei immer bereit sein, übertrieben [...] eilfertig seine Dienste anzubieten, um sich dadurch einzuschmeicheln« (Duden)

die saubre Jungfer Eve dort »unbefleckt, im moralischen Verstande; eine nur im Niederdeutschen übliche Benennung, wo eine saubere Jungfer eine reine Jungfer, sauberes Gold, reines, unvermischtes Gold ist. [...] Nach einer gewöhnlichen Ironie bezeichnet es zuweilen auch den Gegensatz, und wird alsdann ironisch überhaupt von Dingen gebraucht, welche die gehörige Beschaffenheit nicht haben. Ein sauberer Vogel, ein leichtfertiger, ausschweifender, lasterhafter Mensch. Das ist mein sauberer Sohn, mein ungeratener.« (Adelung, Grammatisch-kritisches Wörterbuch)

S. 62 Imbiss »ein nur in den gemeinen Mundarten Ober- und Niederdeutschlandes übliches Wort, teils eine jede Mahlzeit, teils aber auch in engerer Bedeutung ein Frühstück zu bezeichnen« (Adelung, Grammatisch-kritisches Wörterbuch)

S. 63 weiß, von Damast, aufgedeckt nimm eine gute weiße damastne Tischdecke. Damast ist »ein seidenes, wollenes oder leinenes Gewebe, mit einem glatten Boden, in welchem verschiedene etwas erhabene Figuren eingewirket worden« (Adelung, Grammatisch-kritisches Wörterbuch); eine »Gewebeart«, welche »im Mittelalter aus Damaskus«, der Hauptstadt des heutigen Syrien, »nach Europa« gelangt war (DWDS).

uns verrufnen hagestolzen Leuten uns oft geschmähten Junggesellen; einen Hagestolz nannte man »ein[en] alte[n] Junggesell[en], eine Person männlichen Geschlechtes, welche funfzig Jahre alt ist und noch nicht geheiratet hat, da sie doch könnte«. Die Bezeichnung ging nach verbreiteter Meinung darauf zurück, dass »Hagestolzen [...] auf ihren Hag, oder Hof, stolz sind« (Adelung, Grammatisch-kritisches Wörterbuch).

S. 64 Strauchwerk, für Seidenwürmer Sembdner kommentiert: »zur Seidenraupenzucht benötigtes trockenes Gesträuch, an dem die Raupen ihre Kokons befestigen« (ED Sembdner, S. 36; vgl. auch den Artikel »Seidenspinner« bei Wikipedia)

S. 65 Sodom und Gomorrha die beiden Städte im Alten Testament, die Gott wegen der beharrlichen Lasterhaftigkeit ihrer Einwohner durch einen Feuer- und Schwefelregen vernichtet (vgl. 1. Buch Mose 18 und 19)

Niersteiner ... Oppenheimer Qualitätsweine aus Rheinhessen

prüft' ihn ... an der Kelter vermutlich: hatte ... Gelegenheit, ihn bei einer direkt an der Weinpresse stattfindenden Weinprobe zu kosten

S. 66 die ganze, wohlerwogene / Gelegenheit sehr ungeschickt zum Springen das Ganze baulich durchaus mit Absicht so angelegt, dass ein schneller Sprung ins Freie nicht so leicht möglich ist

ein gewaffneter ein mit Hauern – »aus dem Unterkiefer seitlich der Schnauze« hervorstehenden Eckzähnen (Duden) – versehener

Illustration von Adolph Menzel (siehe Seite 86) zum Beginn des zehnten Auftritts

Pythagoreer-Regel »angeblich auf die Pythagoreische Schule« – den Philosophen und Mathematiker aus der Zeit der griechischen Antike Pythagoras (um 570 bis um 510 v. Chr.) und seine Schüler – »zurückgehende Zahlensymbolik, nach der ›eins‹ den Weltenschöpfer, ›zwei‹ die chaotische Materie und ›drei‹ den Kosmos bedeuten« (ED Sembdner, S. 36)

S. 67 gestrenger Variante zu ›strenger‹: »In engerer Bedeutung, pünktlich auf die möglichste Erfüllung der Pflichten dringend, und ihre Übertretung mit der pünktlichsten Beobachtung [der genausten Anwendung] der Gesetze bestrafend; im gemeinen [alltäglichen] Leben auch scharf, im Gegensatze des gelinde. Ein strenger Herr.« (Adelung, Grammatisch-kritisches Wörterbuch)

S. 68 Vetter »ein männlicher Verwandtschaftsname, mit welchem man sowohl den Vater- und Mutterbruder, als auch Geschwisterkinder männlichen Geschlechtes zu bezeichnen pfleget, so dass dieses Wort mit dem weiblichen Verwandtschaftsnahmen Muhme übereinkommt. [...] In weiterer und vermutlich eigentlicher Bedeutung, werden alle nahe Verwandte männlichen Geschlechtes, für welche man keine besondern Namen hat, auch in entferntern Graden Vettern genannt, welche Bedeutung nicht allein im gemeinen Leben sehr häufig ist, sondern auch in der Deutschen Bibel vorkommt. [...] Ein weitläufiger Vetter, ein naher Vetter.« (Adelung, Grammatisch-kritisches Wörterbuch)

Nelken Die Nelke ist eine »(in zahlreichen Arten vorkommende) Pflanze mit schmalen Blättern an knotigen Stängeln und würzig duftenden Blüten mit gefransten oder geschlitzten Blütenblättern (von weißer bis tiefroter Farbe)« (Duden).

Aurikeln Die Aurikel ist eine »zu den Primeln gehörende Pflanze mit glatten, fleischigen Blättern und leuchtend gelben Blüten; Schlüsselblume« (Duden).

S. 70 **Dreh du mir deine Pille ordentlich** wieder eine doppelsinnige Äußerung Adams zur Beeinflussung der Zeugin: Vordergründig bezieht sie sich auf das ›Nudeln‹ des erkrankten Perlhuhns (vgl. die Erläuterungen zu den Versen 560 und 843), im übertragenen und hier eigentlichen Sinn ist aber natürlich gemeint: ›Mach deine Sache ordentlich, erwähne nichts, was den Verdacht des Gerichtsrats wecken könnte, hier werde etwas unter den Teppich gekehrt.‹

sprech ich ... / Auf ein Gericht Karauschen bei euch ein. besuche ich euch, um mit euch einige Karauschen zu verspeisen. Die Karausche ist »ein Fisch in süßen Wassern, welcher nach dem [Naturforscher] Linné zu den Karpfen gehöret; [...]. Er wird auf das Höchste einer guten Spanne lang, und einer guten Hand dick und breit.« (Adelung, Grammatisch-kritisches Wörterbuch)

Luder ein negativ konnotiertes Wort, das nach Adelung verschiedene Bedeutungen hat: ›Gaukler‹; ›untätiges, liederliches Leben‹ (ein ›Luderleben‹, ein ›Lotterleben‹); aber vor allem ›verwesendes Fleisch‹; weshalb ›das Luder‹ als Schimpfwort mit ›das Aas‹ so gut wie bedeutungsgleich ist.

Illustration von Adolph Menzel (siehe Seite 86) zum Beginn des elften Auftritts

S. 71 Frau Margrethe Rull vielleicht ein Versehen des Autors, da sonst immer nur von ›Frau Marthe Rull‹ die Rede ist; vielleicht ist ›Marthe‹ aber auch als Kurzform von ›Margrethe‹ zu verstehen.

S. 72 Verkappung Verstellung, List, Betrug. – ›Verkappen‹: »mit einer Kappe verhüllen, verbergen.« (Adelung, Grammatisch-kritisches Wörterbuch)

halt zu Gnaden Höflichkeitsfloskel mit der Bedeutung: wenn Sie (mir den Einwand) erlauben

Kindbett »sofern eine Mutter darin von einem Kinde entbunden wird, oder entbunden worden, das Wochenbett; [...] In das Kinderbett kommen, von einem Kinde entbunden werden. Im Kindbette liegen, vor [K]urze[m] entbunden sein. [...] Gemeiniglich werden die ersten sechs Wochen nach der Entbindung zum Kindbette gerechnet, daher diese Zeit auch die sechs Wochen genannt wird.« (Adelung, Grammatisch-kritisches Wörterbuch)

Als ob die Spanier im Lande wären Anspielung auf die Drangsalierungen, denen insbesondere Frauen in Kriegszeiten durch Mitglieder feindlicher Armeen ausgesetzt waren und sind. Die Niederländer hatten im 16. Jahrhundert schlimme Erfahrungen mit spanischer Soldateska gemacht: »Nach dem Tod Karls [Kaiser Karls V., der 1558 starb] fiel das Gebiet als Spanische Niederlande an die spanischen Habsburger. Unter Karls Sohn Philipp II. kam es von 1566 an zu einer Serie von Aufständen. Diese hatten religiöse, politische und wirtschaftliche Ursachen. Philipp II. entsandte den Herzog von Alba in die Niederlande und versuchte, den Aufstand zu unterdrücken. Doch diese harte Politik bewirkte das Gegenteil: 1572 schlugen sich fast alle Städte der Provinz Holland auf die Seite von Wilhelm von Oranien, der den Widerstand gegen Alba anführte. In den nächsten Jahren schlossen sich auch die anderen niederländischen Provinzen diesem Aufstand an.« (Wikipedia-Artikel Niederlande; Zugriff: 26.7.2023)

S. 73 So koch dir Tee. Redensart aus der Mark Brandenburg, Kleists Heimatregion: Mach doch, was du willst!

Pech und Haar und Schwefel ›Pech‹ ist »ein festes [...] Fichten- oder Kieferharz, welches schwarzbraun von Farbe und fester als der Teer ist«, ›Schwefel‹ »ein brennbarer Körper, welcher [...] einen unangenehmen erstickenden Dampf von sich gibt [...] und gemeiniglich eine bleichgelbe Farbe hat« (Adelung, Grammatisch-kritisches Wörterbuch). ›Pech und Schwefel‹ steht für »eine untrennbare Einheit«, für eine »unseriöse, undurchsichtige Aura, die einen illegalen Hintergrund vermuten lässt«, sowie »metonymisch [in »verhüllend[er]« Rede] für »die Hölle; Verdammnis« (DWDS).

Gottseibeiuns »(veraltend, verhüllend) Teufel. Beispiele: der leibhaftige Gottseibeiuns; es ist der Gottseibeiuns selbst gewesen« (DWDS)

S. 75 in alle Welt überallhin

Schelm (siehe Vers 1205)
Verkappt des Teufels Art – ? Zur Tarnung die Gestalt des Teufels anzunehmen?
Waidmann Jäger (vgl. mittelhochdeutsch ›weideman‹: ›Jäger; Fischer‹)
als ich wie ich
Würdgen ehrenwerten Herrn
spart Eure Session spart Euch den Umstand einer gerichtlichen Untersuchung (Sitzung)
judiziert verurteilt (siehe die Erläuterung auf Seite 109 Mitte)
Der sitzt nicht schlechter Euch, als in der Hölle Den findet Ihr nirgendwo sonst als in der Hölle
präterpropter (lat., bildungssprachlich) etwa, ungefähr
ernsthaft ernst, ernster Natur zu sein
beißend scharf, ätzend, gehässig
Atheist Mensch, der die Existenz Gottes bestreitet oder zumindest bezweifelt
bündig wegbewiesen in knapper lückenloser Argumentation den Beweis seiner Nichtexistenz geführt
trage darauf an beantrage
ein Konklusum (lat.) einen Beschluss
Im Haag beim Sitz der (niederländischen) Regierung (Der oder Den Haag)
Synode beschlussfassende Versammlung hochrangiger Kirchenvertreter
Beelzebub »hebräischer Gott der bösen Geister; oberster Teufel« (DWDS)

S. 76 angeprellt »Figürlich, sich schnell und ungestüm nähern. Der Feind prallte plötzlich an.« (Adelung, Grammatisch-kritisches Wörterbuch)

S. 77 Ich will nicht ehrlich sein, / Wenn es nicht stinkt in der Registratur. Nennt mich einen Lügner, wenn mich mein Eindruck täuscht, dass aus der Registratur teuflische Dünste dringen (und zugleich, selbstentlarvend, im übertragenen Sinn: ... wenn in der Registratur nicht mancherlei faul ist)

Ich auch nicht. Ich stehe auch für nichts ein. (Ich bin weit davon entfernt, zu versprechen, dass meine Reaktion milde ausfallen wird.)

S. 79 Skrupel »Aus dem Latein. Scrupulus, ein Zweifel, eine Bedenklichkeit« (Adelung, Grammatisch-kritisches Wörterbuch)

Ein Bau, getürmter, strotzender von Talg Talg, also tierisches Fett von einiger Festigkeit, wurde verwendet, um Perücken zu kunstvoller Höhe aufzutürmen.

Domdechant »höherer katholischer Geistlicher, Vorsteher eines Kirchenbezirks« (Duden); »so wie Decan [Dekan], aus welchem Worte es auch entstanden ist. [...] Bei den Kathedral-Stiftern hat derselbe noch den Bischof über sich. Zum Unterschiede von andern Dechanten wird er auch Dom-Dechant genannt.« (Adelung, Grammatisch-kritisches Wörterbuch)

Den Honoratioren beizumischen Unter die angesehensten Bürger seines jeweiligen Aufenthaltsortes zu mischen

zieht Euch aus der Sache zieht Euch aus dieser Gerichtssache zurück (um den Schaden für das Ansehen des Gerichts zu begrenzen)

Es gilt / Mir Ehre oder Prostitution Hier geht es um meinen guten Ruf (darum, ob ich als Ehrenmann gelten kann oder mich als schändliche Person beschimpfen lassen muss)

S. 80 Bestie »[...] auch ein Schmähwort auf einen, unvernünftigen, grausamen und niedrigen Lastern ergebenen, Menschen« (Adelung, Grammatisch-kritisches Wörterbuch)

Heut streust du keinen Sand mir in die Augen. Die Äußerung ist sowohl buchstäblich – bezogen auf den Vorabend – als auch im übertragenen Sinne – bezogen auf die Gerichtsverhandlung – zu verstehen.

Habt Ihr nicht so viel Witz, Herr Richter –? Ich hoffe, Ihr verfügt noch über so viel Verstand, um die Verhandlung abzuschließen?

S. 81 Racker »[...] oft ein Schimpfwort auf eine im höchsten Grade verächtliche oder hassenswürdige Person [...] beide[r] Geschlech-

Illustration von Adolph Menzel (siehe Seite 86) zum Ende des elften Auftritts

ter[ ] [...]. Es stammet [...] wohl [...] von dem noch im Nieder-Deutschen sehr gangbaren racken, unflätige Arbeit verrichten«, her (Adelung, Grammatisch-kritisches Wörterbuch).

Schmeiß ihn Schlag ihn; ›schmeißen‹: »Schlagen, in den niedrigen Sprecharten. Jemanden hinter die Ohren schmeißen. Das Pferd schmeißt hinten aus. Sich mit jemande[m] schmeißen.« (Adelung, Grammatisch-kritisches Wörterbuch)

S. 82 vertrackter ein Wort, »welches im gemeinen Leben und der vertraulichen Sprechart sehr häufig ist, und so wie verzweifelt gebraucht wird, d. i. im hohen Grade verworren, seltsam arg. Das ist

Illustration von Adolph Menzel (siehe Seite 86) zum Beginn des zwölften Auftritts

doch vertrackt! verzweifelt seltsam. Er fängt vertrackte Sachen an. Ein vertrackter Mensch.« (Adelung, Grammatisch-kritisches Wörterbuch)

Schlingel »ein im höchsten Grade träger und ungesitteter Mensch; nur von Personen männlichen Geschlechtes. Ein fauler Schlingel. Ein grober Schlingel.« (Adelung, Grammatisch-kritisches Wörterbuch)

S. 83 Ei Gotts Blitz, alle Wetter (siehe Vers 197 und Vers 758)

goldnes ›golden‹: »Prächtig, in der dichterischen Schreibart« (Adelung, Grammatisch-kritisches Wörterbuch)

dein Lebtag umgangssprachlich: dein ganzes Leben lang

Illustration von Adolph Menzel (siehe Seite 86) zum zwölften Auftritt (Mitte)

Illustration von Adolph Menzel (siehe Seite 86) zum Ende des zwölften Auftritts

Geht nach Ostindien Soll nach Ostindien verschifft werden, also in die niederländischen Kolonien im Malaiischen Archipel

Bantam früherer Name (heute: Banten) einer Provinz im Westen der Insel Java; in der gleichnamigen Hafenstadt befand sich bis 1810 eine bedeutende niederländische Handelsstation.

stille heimliche / Instruktion, die Landmiliz betreffend geheime Anweisung zum Einsatz der Landmiliz. Eine Miliz (von lat. ›militia‹: ›Gesamtheit der Soldaten‹; vgl. auch ›miles‹: ›Soldat‹) besteht aus im Schnellverfahren militärisch ausgebildeten Personen und wird im Normalfall nur zum Schutz der eigenen Heimat eingesetzt.

Ordre seinerzeit im militärischen und verwaltungstechnischen Jargon übliche französische Form von ›Order‹: »(militärischer, dienstlicher) Befehl; Anweisung« (Duden); bis heute im Duden enthalten

S. 84 Das aufgepflügte Winterfeld Das umbrochene, durch den Pflug aufgerissene und somit für den Fußgänger ausgesprochen unweg-

Illustration von Adolph Menzel (siehe Seite 86) zum letzten Auftritt

same Feld, auf dem in der Dreifelderwirtschaft (zu der noch das Sommerfeld und das Brachfeld gehören) das Wintergetreide angepflanzt wird

S. 85 Zur Desertion ihn zwingen will ich nicht. Nicht ganz eindeutig: Desertion ist bekanntlich ein militärischer Ausdruck und bedeutet Fahnenflucht, unerlaubtes Sichabsetzen von der Truppe, worauf schwerste Strafen stehen. Hier könnte angedeutet sein, dass der Dorfrichter zwar seines Amtes enthoben, aber nicht durch Furcht vor sehr harter Bestrafung zu verzweifelten Handlungen getrieben werden soll. Der Wirkungsabsicht der Komödie beziehungsweise des Lustspiels gemäß soll der Übeltäter blamiert, aber nicht gänzlich ruiniert werden. Am Horizont soll die Aussicht auf Vergebung und auf Reintegration in die Gesellschaft stehen.

Am großen Markt / … Session. Am großen Marktplatz, und Gerichtstage finden immer dienstags und freitags statt.

Auf die Woche stell ich dort mich ein. In einer Woche werde ich dort erscheinen (um mir mein Recht zu erstreiten).

»La Cruche cassée« (›Der zerbrochene Krug‹). Kupferstich des belgischen Radierers David Joseph Desvachez (1822 – 1902) nach dem gleichnamigen Ölgemälde von Jean-Baptiste Greuze (1725 – 1805) aus dem Jahre 1771

»Und da ich mir den Auftritt jetzt beleuchte, / Was find ich jetzt, Herr Richter, was jetzt find ich?« (V. 752 f.) Illustration von Adolph Menzel zum siebenten Auftritt

Heinrich von Kleist

Die Marquise von O...

In M…, einer bedeutenden Stadt im oberen Italien, ließ die verwitwete Marquise von O…, eine Dame von vortrefflichem Ruf, und Mutter von mehreren wohlerzogenen Kindern, durch die Zeitungen bekannt machen: dass sie, ohne ihr Wissen, in andre Umstände gekommen sei, dass der Vater zu dem Kinde, das sie gebären würde, sich melden solle; und dass sie, aus Familienrücksichten, entschlossen wäre, ihn zu heiraten. Die Dame, die einen so sonderbaren, den Spott der Welt reizenden Schritt, beim Drang unabänderlicher Umstände, mit solcher Sicherheit tat, war die Tochter des Herrn von G…, Kommandanten der Zitadelle bei M… Sie hatte, vor ungefähr drei Jahren, ihren Gemahl, den Marquis von O…, dem sie auf das Innigste und Zärtlichste zugetan war, auf einer Reise verloren, die er, in Geschäften der Familie, nach Paris gemacht hatte. Auf Frau von G…s, ihrer würdigen Mutter, Wunsch, hatte sie, nach seinem Tode, den Landsitz verlassen, den sie bisher bei V… bewohnt hatte, und war, mit ihren beiden Kindern, in das Kommandantenhaus, zu ihrem Vater, zurückgekehrt. Hier hatte sie die nächsten Jahre mit Kunst, Lektüre, mit Erziehung, und ihrer Eltern Pflege beschäftigt, in der größten Eingezogenheit zugebracht: bis der … Krieg plötzlich die Gegend umher mit den Truppen fast aller Mächte und auch mit russischen erfüllte. Der Obrist von G…, welcher den Platz zu verteidigen Ordre hatte, forderte seine Gemahlin und seine Tochter auf, sich auf das Landgut, entweder der Letzteren, oder seines Sohnes, das bei V… lag, zurückzuziehen. Doch ehe sich die Abschätzung noch, hier der Bedrängnisse, denen man in der Festung, dort der Gräuel, denen man auf dem platten Lande ausgesetzt sein konnte, auf der Waage der weiblichen Überlegung entschieden hatte: war die Zitadelle von den russischen Truppen schon berennt, und aufgefordert, sich zu ergeben. Der Obrist erklärte gegen seine Familie, dass er sich nunmehr verhalten

Marquise von O… → Seite 205

mehreren wohlerzogenen Kindern → Seite 205

aus Familienrücksichten → Seite 205

Kommandanten → Seite 205

Zitadelle kleine Festung außerhalb der Stadtmauern

Kommandantenhaus Dienstwohnung des Kommandanten, wohl innerhalb der Festungsanlage

Eingezogenheit Zurückgezogenheit

fast aller Mächte → Seite 205

Obrist Oberst

Ordre Befehl

Abschätzung Abwägung

berennt angegriffen

gegen gegenüber

würde, als ob sie nicht vorhanden wäre; und antwortete mit Kugeln und Granaten. Der Feind, seinerseits, bombardierte die Zitadelle. Er steckte die Magazine in Brand, eroberte ein Außenwerk, und als der Kommandant, nach einer nochmaligen Aufforderung, mit der Übergabe zauderte, so ordnete er einen nächtlichen Überfall an, und eroberte die Festung mit Sturm.

Eben als die russischen Truppen, unter einem heftigen Haubitzenspiel, von außen eindrangen, fing der linke Flügel des Kommandantenhauses Feuer und nötigte die Frauen, ihn zu verlassen. Die Obristin, indem sie der Tochter, die mit den Kindern die Treppe hinabfloh, nacheilte, rief, dass man zusammenbleiben, und sich in die unteren Gewölbe flüchten möchte; doch eine Granate, die, eben in diesem Augenblicke, in dem Hause zerplatzte, vollendete die gänzliche Verwirrung in demselben. Die Marquise kam, mit ihren beiden Kindern, auf den Vorplatz des Schlosses, wo die Schüsse schon, im heftigsten Kampf, durch die Nacht blitzten, und sie, besinnungslos, wohin sie sich wenden solle, wieder in das brennende Gebäude zurückjagten. Hier, unglücklicherweise, begegnete ihr, da sie eben durch die Hintertür entschlüpfen wollte, ein Trupp feindlicher Scharfschützen, der, bei ihrem Anblick, plötzlich still ward, die Gewehre über die Schultern hing, und sie, unter abscheulichen Gebärden, mit sich fortführte. Vergebens rief die Marquise, von der entsetzlichen, sich untereinander selbst bekämpfenden, Rotte bald hier, bald dorthin gezerrt, ihre zitternden, durch die Pforte zurückfliehenden Frauen, zu Hülfe. Man schleppte sie in den hinteren Schlosshof, wo sie eben, unter den schändlichsten Misshandlungen, zu Boden sinken wollte, als, von dem Zetergeschrei der Dame herbeigerufen, ein russischer Offizier erschien, und die Hunde, die nach solchem Raub lüstern waren, mit wütenden Hieben zerstreute. Der Marquise schien

Magazine auch Arsenale (vgl. S. 8, Z. 1); Vorratshäuser für militärisches Gerät

Außenwerk kleinere Befestigungsanlage außerhalb der eigentlichen Festung

mit Sturm im Sturm

Haubitzenspiel Beschuss mit großen Geschützen

möchte möge, solle

besinnungslos ohne sich zu besinnen

da sie als sie

ward wurde

Rotte Bande übler Kerle

Frauen weiblichen Bedienten

Zetergeschrei Hilferuf

er ein Engel des Himmels zu sein. Er stieß noch dem letzten viehischen Mordknecht, der ihren schlanken Leib umfasst hielt, mit dem Griff des Degens ins Gesicht, dass er, mit aus dem Mund vorquellendem Blut, zurücktaumelte; bot dann der Dame, unter einer verbindlichen, französischen Anrede den Arm, und führte sie, die von allen solchen Auftritten sprachlos war, in den anderen, von der Flamme noch nicht ergriffenen, Flügel des Palastes, wo sie auch völlig bewusstlos niedersank. Hier – traf er, da bald darauf ihre erschrockenen Frauen erschienen, Anstalten, einen Arzt zu rufen; versicherte, indem er sich den Hut aufsetzte, dass sie sich bald erholen würde; und kehrte in den Kampf zurück.

Der Platz war in kurzer Zeit völlig erobert, und der Kommandant, der sich nur noch wehrte, weil man ihm keinen Pardon geben wollte, zog sich eben mit sinkenden Kräften nach dem Portal des Hauses zurück, als der russische Offizier, sehr erhitzt im Gesicht, aus demselben hervortrat, und ihm zurief, sich zu ergeben. Der Kommandant antwortete, dass er auf diese Aufforderung nur gewartet habe, reichte ihm seinen Degen dar, und bat sich die Erlaubnis aus, sich ins Schloss begeben, und nach seiner Familie umsehen zu dürfen. Der russische Offizier, der, nach der Rolle zu urteilen, die er spielte, einer der Anführer des Sturms zu sein schien, gab ihm, unter Begleitung einer Wache, diese Freiheit; setzte sich, mit einiger Eilfertigkeit, an die Spitze eines Detachements, entschied, wo er noch zweifelhaft sein mochte, den Kampf, und bemannte schleunigst die festen Punkte des Forts. Bald darauf kehrte er auf den Waffenplatz zurück, gab Befehl, der Flamme, welche wütend um sich zu greifen anfing, Einhalt zu tun, und leistete selbst hierbei Wunder der Anstrengung, als man seine Befehle nicht mit dem gehörigen Eifer befolgte. Bald kletterte er, den Schlauch in der Hand, mitten unter brennenden Giebeln umher, und regierte den

Mordknecht Mörder von niedrigem Stand mit niedrigen Motiven

verbindlichen gesellschaftlich gewandten

französischen → Seite 206

Auftritten aufregenden Ereignissen

traf … Anstalten veranlasste

Pardon im militärischen Sprachgebrauch: Schonung des Lebens dessen, der sich ergeben hat

Detachements (franz.) kleine Abteilung von Soldaten

des Forts der Festung

Waffenplatz Appellplatz; hier auch: Ort der Kampfhandlungen

Wasserstrahl; bald steckte er, die Naturen der Asiaten mit Schaudern erfüllend, in den Arsenälen, und wälzte Pulverfässer und gefüllte Bomben heraus. Der Kommandant, der inzwischen in das Haus getreten war, geriet auf die Nachricht von dem Unfall, der die Marquise betroffen hatte, in die äußerste Bestürzung. Die Marquise, die sich schon völlig, ohne Beihülfe des Arztes, wie der russische Offizier vorhergesagt hatte, aus ihrer Ohnmacht wieder erholt hatte, und bei der Freude, alle die Ihrigen gesund und wohl zu sehen, nur noch, um die übermäßige Sorge derselben zu beschwichtigen, das Bett hütete, versicherte ihn, dass sie keinen andern Wunsch habe, als aufstehen zu dürfen, um ihrem Retter ihre Dankbarkeit zu bezeugen. Sie wusste schon, dass er der Graf F…, Obristlieutenant vom t…n Jägerkorps, und Ritter eines Verdienst- und mehrerer anderen Orden war. Sie bat ihren Vater, ihn inständigst zu ersuchen, dass er die Zitadelle nicht verlasse, ohne sich einen Augenblick im Schloss gezeigt zu haben. Der Kommandant, der das Gefühl seiner Tochter ehrte, kehrte auch ungesäumt in das Fort zurück, und trug ihm, da er unter unaufhörlichen Kriegsanordnungen umherschweifte, und keine bessere Gelegenheit zu finden war, auf den Wällen, wo er eben die zerschossenen Rotten revidierte, den Wunsch seiner gerührten Tochter vor. Der Graf versicherte ihn, dass er nur auf den Augenblick warte, den er seinen Geschäften würde abmüßigen können, um ihr seine Ehrerbietigkeit zu bezeugen. Er wollte noch hören, wie sich die Frau Marquise befinde? als ihn die Rapporte mehrer Offiziere schon wieder in das Gewühl des Krieges zurückrissen. Als der Tag anbrach, erschien der Befehlshaber der russischen Truppen, und besichtigte das Fort. Er bezeugte dem Kommandanten seine Hochachtung, bedauerte, dass das Glück seinen Mut nicht besser unterstützt habe, und gab ihm, auf sein Ehrenwort, die Freiheit, sich hinzubegeben, wohin

Naturen der Asiaten → Seite 206

Arsenälen Waffenlagern

gefüllte mit Pulver gefüllte

ihn ihm

Obristlieutenant Oberstleutnant

Jägerkorps Truppenteil leichter bewaffneter Reiter

ungesäumt unverzüglich

die zerschossenen Rotten revidierte sich einen Gesamtüberblick über die im Gefecht dezimierten bzw. vorübergehend kampfunfähigen Truppenteile verschaffte

den er … würde abmüßigen in dem er sich von … würde freimachen

Rapporte Berichte

mehrer mehrerer

er wolle. Der Kommandant versicherte ihn seiner Dankbarkeit, und äußerte, wie viel er, an diesem Tage, den Russen überhaupt, und besonders dem jungen Grafen F…, Obristlieutenant vom t…n Jägerkorps, schuldig geworden sei. Der General fragte, was vorgefallen sei; und als man ihn von dem frevelhaften Anschlag auf die Tochter desselben unterrichtete, zeigte er sich auf das Äußerste entrüstet. Er rief den Grafen F… bei Namen vor. Nachdem er ihm zuvörderst wegen seines eignen edelmütigen Verhaltens eine kurze Lobrede gehalten hatte: wobei der Graf über das ganze Gesicht rot ward; schloss er, dass er die Schandkerle, die den Namen des Kaisers brandmarkten, niederschießen lassen wolle; und befahl ihm, zu sagen, wer sie seien? Der Graf F… antwortete, in einer verwirrten Rede, dass er nicht imstande sei, ihre Namen anzugeben, indem es ihm, bei dem schwachen Schimmer der Reverberen im Schlosshof, unmöglich gewesen wäre, ihre Gesichter zu erkennen. Der General, welcher gehört hatte, dass damals schon das Schloss in Flammen stand, wunderte sich darüber; er bemerkte, wie man wohl bekannte Leute in der Nacht an ihren Stimmen erkennen könnte; und gab ihm, da er mit einem verlegenen Gesicht die Achseln zuckte, auf, der Sache auf das Allereifrigste und Strengste nachzuspüren. In diesem Augenblick berichtete jemand, der sich aus dem hintern Kreise hervordrängte, dass einer von den, durch den Grafen F… verwundeten, Frevlern, da er in dem Korridor niedergesunken, von den Leuten des Kommandanten in ein Behältnis geschleppt worden, und darin noch befindlich sei. Der General ließ diesen hierauf durch eine Wache herbeiführen, ein kurzes Verhör über ihn halten; und die ganze Rotte, nachdem jener sie genannt hatte, fünf an der Zahl zusammen, erschießen. Dies abgemacht, gab der General, nach Zurücklassung einer kleinen Besatzung, Befehl zum allgemeinen Aufbruch der übrigen Truppen; die

zuvörderst zunächst

des Kaisers eigentlich: des Zaren; um 1800 war es aber nicht unüblich, vom ›russischen Kaiser‹ zu sprechen.

brandmarkten entehrten

Reverberen Lampen, deren Licht durch Reflektoren verstärkt wird (von franz. ›réverbère‹: ›Straßenlaterne‹)

gab ihm … auf beauftragte ihn, befahl ihm

Behältnis Gefängnisraum

ließ … erschießen Das zur Aufrechterhaltung der militärischen Disziplin im Kampf geltende Kriegsrecht erlaubte solch ein hartes und schnelles Vorgehen.

Dies abgemacht Nachdem dies getan war

Offiziere zerstreuten sich eiligst zu ihren Korps; der Graf trat, durch die Verwirrung der Auseinandereilenden, zum Kommandanten, und bedauerte, dass er sich der Frau Marquise, unter diesen Umständen, gehorsamst empfehlen müsse: und in weniger, als einer Stunde, war das ganze Fort von Russen wieder leer.

Die Familie dachte nun darauf, wie sie in der Zukunft eine Gelegenheit finden würde, dem Grafen irgendeine Äußerung ihrer Dankbarkeit zu geben; doch wie groß war ihr Schrecken, als sie erfuhr, dass derselbe noch am Tage seines Aufbruchs aus dem Fort, in einem Gefecht mit den feindlichen Truppen, seinen Tod gefunden habe. Der Kurier, der diese Nachricht nach M… brachte, hatte ihn mit eignen Augen, tödlich durch die Brust geschossen, nach P… tragen sehen, wo er, wie man sichere Nachricht hatte, in dem Augenblick, da ihn die Träger von den Schultern nehmen wollten, verblichen war. Der Kommandant, der sich selbst auf das Posthaus verfügte, und sich nach den näheren Umständen dieses Vorfalls erkundigte, erfuhr noch, dass er auf dem Schlachtfeld, in dem Moment, da ihn der Schuss traf, gerufen habe: »Julietta! Diese Kugel rächt dich!« und nachher seine Lippen auf immer geschlossen hätte. Die Marquise war untröstlich, dass sie die Gelegenheit hatte vorbeigehen lassen, sich zu seinen Füßen zu werfen. Sie machte sich die lebhaftesten Vorwürfe, dass sie ihn, bei seiner, vielleicht aus Bescheidenheit, wie sie meinte, herrührenden Weigerung, im Schlosse zu erscheinen, nicht selbst aufgesucht habe; bedauerte die Unglückliche, ihre Namensschwester, an die er noch im Tode gedacht hatte; bemühte sich vergebens, ihren Aufenthalt zu erforschen, um sie von diesem unglücklichen und rührenden Vorfall zu unterrichten; und mehrere Monden vergingen, ehe sie selbst ihn vergessen konnte.

Korps Abteilungen; (größeren) Truppenverbänden

Kurier berittener Eilbote

sichere zuverlässige

Posthaus Station des Postkutschennetzes

Aufenthalt Aufenthaltsort

Monden Monate

Die Familie musste nun das Kommandantenhaus räumen, um dem russischen Befehlshaber darin Platz zu machen. Man überlegte anfangs, ob man sich nicht auf die Güter des Kommandanten begeben sollte, wozu die Marquise einen großen Hang hatte; doch da der Obrist das Landleben nicht liebte, so bezog die Familie ein Haus in der Stadt, und richtete sich dasselbe zu einer immerwährenden Wohnung ein. Alles kehrte nun in die alte Ordnung der Dinge zurück. Die Marquise knüpfte den lange unterbrochenen Unterricht ihrer Kinder wieder an, und suchte, für die Feierstunden, ihre Staffelei und Bücher hervor: als sie sich, sonst die Göttin der Gesundheit selbst, von wiederholten Unpässlichkeiten befallen fühlte, die sie ganze Wochen lang, für die Gesellschaft untauglich machten. Sie litt an Übelkeiten, Schwindeln und Ohnmachten, und wusste nicht, was sie aus diesem sonderbaren Zustand machen solle. Eines Morgens, da die Familie beim Tee saß, und der Vater sich, auf einen Augenblick, aus dem Zimmer entfernt hatte, sagte die Marquise, aus einer langen Gedankenlosigkeit erwachend, zu ihrer Mutter: wenn mir eine Frau sagte, dass sie ein Gefühl hätte, ebenso, wie ich jetzt, da ich die Tasse ergriff, so würde ich bei mir denken, dass sie in gesegneten Leibesumständen wäre. Frau von G… sagte, sie verstände sie nicht. Die Marquise erklärte sich noch einmal, dass sie eben jetzt eine Sensation gehabt hätte, wie damals, als sie mit ihrer zweiten Tochter schwanger war. Frau von G… sagte, sie würde vielleicht den Phantasus gebären, und lachte. Morpheus wenigstens, versetzte die Marquise, oder einer der Träume aus seinem Gefolge, würde sein Vater sein; und scherzte gleichfalls. Doch der Obrist kam, das Gespräch ward abgebrochen, und der ganze Gegenstand, da die Marquise sich in einigen Tagen wieder erholte, vergessen.

Bald darauf ward der Familie, eben zu einer Zeit, da sich auch der Forstmeister von G…, des Kommandanten Sohn, in

Güter Landgüter, Landsitz(e)

immerwährenden ständigen

knüpfte … an nahm … auf

für die Feierstunden in ihren Mußestunden, in ihrer Freizeit

Gedankenlosigkeit Geistesabwesenheit

Sensation körperliche Empfindung

Phantasus … Morpheus Traumgötter der antiken Mythologie, Söhne des Schlafgottes Hypnos

Forstmeister Vorsteher der Forstverwaltung

dem Hause eingefunden hatte, der sonderbare Schrecken, durch einen Kammerdiener, der ins Zimmer trat, den Grafen F… anmelden zu hören. Der Graf F…! sagte der Vater und die Tochter zugleich; und das Erstaunen machte alle sprachlos. Der Kammerdiener versicherte, dass er recht gesehen und gehört habe, und dass der Graf schon im Vorzimmer stehe, und warte. Der Kommandant sprang sogleich selbst auf, ihm zu öffnen, worauf er, schön, wie ein junger Gott, ein wenig bleich im Gesicht, eintrat. Nachdem die Szene unbegreiflicher Verwunderung vorüber war, und der Graf, auf die Anschuldigung der Eltern, dass er ja tot sei, versichert hatte, dass er lebe; wandte er sich, mit vieler Rührung im Gesicht, zur Tochter, und seine erste Frage war gleich, wie sie sich befinde? Die Marquise versicherte, sehr wohl, und wollte nur wissen, wie *er* ins Leben erstanden sei? Doch *er*, auf seinem Gegenstand beharrend, erwiderte: dass sie ihm nicht die Wahrheit sage; auf ihrem Antlitz drücke sich eine seltsame Mattigkeit aus; ihn müsse alles trügen, oder sie sei unpässlich, und leide. Die Marquise, durch die Herzlichkeit, womit er dies vorbrachte, gut gestimmt, versetzte: nun ja; diese Mattigkeit, wenn er wolle, könne für die Spur einer Kränklichkeit gelten, an welcher sie vor einigen Wochen gelitten hätte; sie fürchte inzwischen nicht, dass diese weiter von Folgen sein würde. Worauf er, mit einer aufflammenden Freude, erwiderte: er auch nicht! und hinzusetzte, ob sie ihn heiraten wolle? Die Marquise wusste nicht, was sie von dieser Aufführung denken solle. Sie sah, über und über rot, ihre Mutter, und diese, mit Verlegenheit, den Sohn und den Vater an; während der Graf vor die Marquise trat, und indem er ihre Hand nahm, als ob er sie küssen wollte, wiederholte: ob sie ihn verstanden hätte? Der Kommandant sagte: ob er nicht Platz nehmen wolle; und setzte ihm, auf eine verbindliche, obschon etwas ernsthafte, Art einen Stuhl hin. Die Obristin

Kammerdiener Diener eines vornehmen Herrn, der sich um dessen persönliche Belange kümmert

schön, wie ein junger Gott Redensart

Anschuldigung hier: irritierte Feststellung

erstanden zurückgekehrt

Antlitz Gesicht, Miene

inzwischen indessen, aber

Aufführung Verhalten

verbindliche entgegenkommende, freundliche

obschon wenn auch

sprach: in der Tat, wir werden glauben, dass Sie ein Geist sind, bis Sie uns werden eröffnet haben, wie Sie aus dem Grabe, in welches man Sie zu P… gelegt hatte, erstanden sind. Der Graf setzte sich, indem er die Hand der Dame fahren ließ, nieder, und sagte, dass er, durch die Umstände gezwungen, sich sehr kurz fassen müsse; dass er, tödlich durch die Brust geschossen, nach P… gebracht worden wäre; dass er mehrere Monate daselbst an seinem Leben verzweifelt hätte; dass währenddessen die Frau Marquise sein einziger Gedanke gewesen wäre; dass er die Lust und den Schmerz nicht beschreiben könnte, die sich in dieser Vorstellung umarmt hätten; dass er endlich, nach seiner Wiederherstellung, wieder zur Armee gegangen wäre; dass er daselbst die lebhafteste Unruhe empfunden hätte; dass er mehrere Male die Feder ergriffen, um in einem Briefe, an den Herrn Obristen und die Frau Marquise, seinem Herzen Luft zu machen; dass er plötzlich mit Depeschen nach Neapel geschickt worden wäre; dass er nicht wisse, ob er nicht von dort weiter nach Konstantinopel werde abgeordert werden; dass er vielleicht gar nach St. Petersburg werde gehen müssen; dass ihm inzwischen unmöglich wäre, länger zu leben, ohne über eine notwendige Forderung seiner Seele ins Reine zu sein; dass er dem Drang bei seiner Durchreise durch M…, einige Schritte zu diesem Zweck zu tun, nicht habe widerstehen können; kurz, dass er den Wunsch hege, mit der Hand der Frau Marquise beglückt zu werden, und dass er auf das Ehrfurchtsvollste, Inständigste und Dringendste bitte, sich ihm hierüber gütig zu erklären. – Der Kommandant, nach einer langen Pause, erwiderte: dass ihm dieser Antrag zwar, wenn er, wie er nicht zweifle, ernsthaft gemeint sei, sehr schmeichelhaft wäre. Bei dem Tode ihres Gemahls, des Marquis von O…, hätte sich seine Tochter aber entschlossen, in keine zweite Vermählung einzugehen. Da ihr jedoch kürzlich von ihm eine

fahren ließ losließ

tödlich vermeintlich tödlich; lebensbedohlich

an seinem Leben verzweifelt hätte nicht mehr geglaubt habe, mit dem Leben davonzukommen

endlich zuletzt

Depeschen eilig zu überbringenden dienstlichen Schreiben

abgeordert abkommandiert

ins Reine zu sein ins Reine gekommen zu sein

sich … gütig zu erklären ihm mitzuteilen, ob sein Heiratsantrag angenommen werde

Verbindlichkeit Dankesverpflichtung

erleide erfahre

zu beruhigen zufriedenzugeben

zu großen Voraussetzungen berechtige zurecht ein starkes Entgegenkommen erwarten lasse

unerlasslich unerlässlich

Geschäftsreise Dienstreise

bestimmte definitive

inzwischen indessen, jedoch

so große Verbindlichkeit auferlegt worden sei: so wäre es nicht unmöglich, dass ihr Entschluss dadurch, seinen Wünschen gemäß, eine Abänderung erleide; er bitte sich inzwischen die Erlaubnis für sie aus, darüber im Stillen während einiger Zeit nachdenken zu dürfen. Der Graf versicherte, dass diese gütige Erklärung zwar alle seine Hoffnungen befriedige; dass sie ihn, unter anderen Umständen, auch völlig beglücken würde; dass er die ganze Unschicklichkeit fühle, sich mit derselben nicht zu beruhigen: dass dringende Verhältnisse jedoch, über welche er sich näher auszulassen nicht imstande sei, ihm eine bestimmtere Erklärung äußerst wünschenswert machten; dass die Pferde, die ihn nach Neapel tragen sollten, vor seinem Wagen stünden; und dass er inständigst bitte, wenn irgendetwas in diesem Hause günstig für ihn spreche, – wobei er die Marquise ansah – ihn nicht, ohne eine gütige Äußerung darüber, abreisen zu lassen. Der Obrist, durch diese Aufführung ein wenig betreten, antwortete, dass die Dankbarkeit, die die Marquise für ihn empfände, ihn zwar zu großen Voraussetzungen berechtige: doch nicht zu so großen; sie werde bei einem Schritte, bei welchem es das Glück ihres Lebens gelte, nicht ohne die gehörige Klugheit verfahren. Es wäre unerlasslich, dass seiner Tochter, bevor sie sich erkläre, das Glück seiner näheren Bekanntschaft würde. Er lade ihn ein, nach Vollendung seiner Geschäftsreise, nach M... zurückzukehren, und auf einige Zeit der Gast seines Hauses zu sein. Wenn alsdann die Frau Marquise hoffen könne, durch ihn glücklich zu werden, so werde auch er, eher aber nicht, mit Freuden vernehmen, dass sie ihm eine bestimmte Antwort gegeben habe. Der Graf äußerte, indem ihm eine Röte ins Gesicht stieg, dass er seinen ungeduldigen Wünschen, während seiner ganzen Reise, dies Schicksal vorausgesagt habe; dass er sich inzwischen dadurch in die äußerste Bekümmernis gestürzt sehe; dass ihm, bei der ungünstigen Rolle, die er eben jetzt zu spielen gezwungen sei, eine nähere Bekanntschaft nicht anders als vorteilhaft sein könne; dass er für seinen Ruf, wenn anders diese zweideutigste aller Eigenschaften in Erwägung gezogen werden solle, einstehen zu dürfen glaube; dass die einzige nichtswürdige Handlung, die er in seinem Leben begangen hätte, der Welt unbekannt, und er schon im Begriff sei, sie wiedergutzumachen; dass er, mit einem Wort, ein ehrlicher Mann sei, und die Versicherung anzunehmen bitte, dass diese Versicherung wahrhaftig sei. – Der Kommandant erwiderte, indem er ein wenig, obschon ohne Ironie, lächelte, dass er alle diese Äußerungen unterschreibe. Noch hätte er keines jungen Mannes Bekanntschaft gemacht, der, in so kurzer Zeit, so viele vortreffliche Eigenschaften des Charakters entwickelt hätte. Er glaube fast, dass eine kurze Bedenkzeit die Unschlüssigkeit, die noch obwalte, heben würde; bevor er jedoch Rücksprache genommen hätte, mit seiner sowohl, als des Herrn Grafen Familie, könne keine andere Erklärung, als die gegebene, erfolgen. Hierauf äußerte der Graf, dass er ohne Eltern und frei sei. Sein Onkel sei der General K…, für dessen Einwilligung er stehe. Er setzte hinzu, dass er Herr eines ansehnlichen Vermögens wäre, und sich würde entschließen können, Italien zu seinem Vaterlande zu machen. – Der Kommandant machte ihm eine verbindliche Verbeugung, erklärte seinen Willen noch einmal; und bat ihn, bis nach vollendeter Reise, von dieser Sache abzubrechen. Der Graf, nach einer kurzen Pause, in welcher er alle Merkmale der größten Unruhe gegeben hatte, sagte, indem er sich zur Mutter wandte, dass er sein Äußerstes getan hätte, um dieser Geschäftsreise auszuweichen; dass die Schritte, die er deshalb beim General en Chef, und dem General K…, seinem Onkel, gewagt hätte, die entscheidendsten gewesen wären, die sich hätten tun lassen; dass man aber geglaubt hätte, ihn

einstehen garantieren

unterschreibe für zweifellos wahr halte

entwickelt bewiesen

obwalte bestehe

heben beseitigen

frei weder verheiratet noch verlobt

stehe einstehe, sich verbürge

von dieser Sache abzubrechen die Angelegenheit ruhen zu lassen

General en Chef (franz.) Oberkommandierenden

dadurch aus einer Schwermut aufzurütteln, die ihm von seiner Krankheit noch zurückgeblieben wäre; und dass er sich jetzt völlig dadurch ins Elend gestürzt sehe. – Die Familie wusste nicht, was sie zu dieser Äußerung sagen sollte. Der Graf fuhr fort, indem er sich die Stirn rieb, dass wenn irgend Hoffnung wäre, dem Ziele seiner Wünsche dadurch näher zu kommen, er seine Reise auf einen Tag, auch wohl noch etwas darüber, aussetzen würde, um es zu versuchen. – Hierbei sah er, nach der Reihe, den Kommandanten, die Marquise und die Mutter an. Der Kommandant blickte missvergnügt vor sich nieder, und antwortete ihm nicht. Die Obristin sagte: gehn Sie, gehn Sie, Herr Graf; reisen Sie nach Neapel; schenken Sie uns, wenn Sie wiederkehren, auf einige Zeit das Glück Ihrer Gegenwart; so wird sich das Übrige finden. – Der Graf saß einen Augenblick, und schien zu suchen, was er zu tun habe. Drauf, indem er sich erhob, und seinen Stuhl wegsetzte: da er die Hoffnungen, sprach er, mit denen er in dies Haus getreten sei, als übereilt erkennen müsse, und die Familie, wie er nicht missbillige, auf eine nähere Bekanntschaft bestehe: so werde er seine Depeschen, zu einer anderweitigen Expedition, nach Z…, in das Hauptquartier, zurückschicken, und das gütige Anerbieten, der Gast dieses Hauses zu sein, auf einige Wochen annehmen. Worauf er noch, den Stuhl in der Hand, an der Wand stehend, einen Augenblick verharrte, und den Kommandanten ansah. Der Kommandant versetzte, dass es ihm äußerst leidtun würde, wenn die Leidenschaft, die er zu seiner Tochter gefasst zu haben scheine, ihm Unannehmlichkeiten von der ernsthaftesten Art zuzöge: dass er indessen wissen müsse, was er zu tun und zu lassen habe, die Depeschen abschicken, und die für ihn bestimmten Zimmer beziehen möchte. Man sah ihn bei diesen Worten sich entfärben, der Mutter ehrerbietig die Hand küssen, sich gegen die Übrigen verneigen und sich entfernen.

irgend überhaupt

aussetzen aufschieben

suchen überlegen

Expedition Beförderung

nach Z… → Seite 206

möchte möge

Als er das Zimmer verlassen hatte, wusste die Familie nicht, was sie aus dieser Erscheinung machen solle. Die Mutter sagte, es wäre wohl nicht möglich, dass er Depeschen, mit denen er nach Neapel ginge, nach Z… zurückschicken wolle, bloß, weil es ihm nicht gelungen wäre, auf seiner Durchreise durch M…, in einer fünf Minuten langen Unterredung, von einer ihm ganz unbekannten Dame ein Jawort zu erhalten. Der Forstmeister äußerte, dass eine so leichtsinnige Tat ja mit nichts Geringerem, als Festungsarrest, bestraft werden würde! Und Kassation obenein, setzte der Kommandant hinzu. Es habe aber damit keine Gefahr, fuhr er fort. Es sei ein bloßer Schreckschuss beim Sturm; er werde sich wohl noch, ehe er die Depeschen abgeschickt, wieder besinnen. Die Mutter, als sie von dieser Gefahr unterrichtet ward, äußerte die lebhafteste Besorgnis, dass er sie abschicken werde. Sein heftiger, auf einen Punkt hintreibender Wille, meinte sie, scheine ihr grade einer solchen Tat fähig. Sie bat den Forstmeister auf das Dringendste, ihm sogleich nachzugehen, und ihn von einer so unglückdrohenden Handlung abzuhalten. Der Forstmeister erwiderte, dass ein solcher Schritt gerade das Gegenteil bewirken, und ihn nur in der Hoffnung, durch seine Kriegslist zu siegen, bestärken würde. Die Marquise war derselben Meinung, obschon sie versicherte, dass ohne ihn die Absendung der Depeschen unfehlbar erfolgen würde, indem er lieber werde unglücklich werden, als sich eine Blöße geben wollen. Alle kamen darin überein, dass sein Betragen sehr sonderbar sei, und dass er Damenherzen durch Anlauf, wie Festungen, zu erobern gewohnt scheine. In diesem Augenblick bemerkte der Kommandant den angespannten Wagen des Grafen vor seiner Tür. Er rief die Familie ans Fenster, und fragte einen eben eintretenden Bedienten, erstaunt, ob der Graf noch im Hause sei? Der Bediente antwortete, dass er unten, in der Domestikenstube, in Gesellschaft eines Adjutanten, Briefe

Festungsarrest Festungshaft

Kassation (franz.) unehrenhafte Entlassung aus dem Militärdienst

obenein obendrein, überdies

ihn den »Schritt« (vgl. Z. 20)

durch Anlauf im Sturm

den angespannten Wagen die zur Abfahrt bereite Kutsche

in der Domestikenstube im Aufenthaltsraum der Hausbediensteten

Adjutant Offizier, der zur Unterstützung eines Kommandeurs abgestellt ist

Pakete hier: eingepackte Bündel von Schriftstücken

nicht schicklichen ungeeigneten

abgemacht abgeschlossen, beendet

Portefeuille (franz.) verschließbare Tasche für die Aufbewahrung wichtiger Papiere

indem er den Adjutanten in den Sitz hob während er dem Adjutanten beim Einsteigen behilflich war

gefälligst freundlicherweise

rief (Z. 26) befahl

trocknen ausdruckslosen

dem Gouverneur des Platzes dem Kommandeur der am Ort stationierten Besatzungstruppen

der Abendtafel dem Abendessen

schreibe und Pakete versiegle. Der Kommandant, der seine Bestürzung unterdrückte, eilte mit dem Forstmeister hinunter, und fragte den Grafen, da er ihn auf dazu nicht schicklichen Tischen seine Geschäfte betreiben sah, ob er nicht in seine Zimmer treten wolle? Und ob er sonst irgendetwas befehle? Der Graf erwiderte, indem er mit Eilfertigkeit fortschrieb, dass er untertänigst danke, und dass sein Geschäft abgemacht sei; fragte noch, indem er den Brief zusiegelte, nach der Uhr; und wünschte dem Adjutanten, nachdem er ihm das ganze Portefeuille übergeben hatte, eine glückliche Reise. Der Kommandant, der seinen Augen nicht traute, sagte, indem der Adjutant zum Hause hinausging: Herr Graf, wenn Sie nicht sehr wichtige Gründe haben – Entscheidende! fiel ihm der Graf ins Wort; begleitete den Adjutanten zum Wagen, und öffnete ihm die Tür. In diesem Fall würde ich wenigstens, fuhr der Kommandant fort, die Depeschen – Es ist nicht möglich, antwortete der Graf, indem er den Adjutanten in den Sitz hob. Die Depeschen gelten nichts in Neapel ohne mich. Ich habe auch daran gedacht. Fahr zu! – Und die Briefe Ihres Herrn Onkels? rief der Adjutant, sich aus der Tür hervorbeugend. Treffen mich, erwiderte der Graf, in M… Fahr zu, sagte der Adjutant, und rollte mit dem Wagen dahin.

Hierauf fragte der Graf F…, indem er sich zum Kommandanten wandte, ob er ihm gefälligst sein Zimmer anweisen lassen wolle? Er würde gleich selbst die Ehre haben, antwortete der verwirrte Obrist; rief seinen und des Grafen Leuten, das Gepäck desselben aufzunehmen: und führte ihn in die für fremden Besuch bestimmten Gemächer des Hauses, wo er sich ihm mit einem trocknen Gesicht empfahl. Der Graf kleidete sich um; verließ das Haus, um sich bei dem Gouverneur des Platzes zu melden, und für den ganzen weiteren Rest des Tages im Hause unsichtbar, kehrte er erst kurz vor der Abendtafel dahin zurück.

Inzwischen war die Familie in der lebhaftesten Unruhe. Der Forstmeister erzählte, wie bestimmt, auf einige Vorstellungen des Kommandanten, des Grafen Antworten ausgefallen wären; meinte, dass sein Verhalten einem völlig überlegten Schritt ähnlich sehe; und fragte, in aller Welt, nach den Ursachen einer so auf Kurierpferden gehenden Bewerbung. Der Kommandant sagte, dass er von der Sache nichts verstehe, und forderte die Familie auf, davon weiter nicht in seiner Gegenwart zu sprechen. Die Mutter sah alle Augenblicke aus dem Fenster, ob er nicht kommen, seine leichtsinnige Tat bereuen, und wiedergutmachen werde. Endlich, da es finster ward, setzte sie sich zur Marquise nieder, welche, mit vieler Emsigkeit, an einem Tisch arbeitete, und das Gespräch zu vermeiden schien. Sie fragte sie halblaut, während der Vater auf und nieder ging, ob sie begreife, was aus dieser Sache werden solle? Die Marquise antwortete, mit einem schüchtern nach dem Kommandanten gewandten Blick: wenn der Vater bewirkt hätte, dass er nach Neapel gereist wäre, so wäre alles gut. Nach Neapel! rief der Kommandant, der dies gehört hatte. Sollt' ich den Priester holen lassen? Oder hätt ich ihn schließen lassen und arretieren, und mit Bewachung nach Neapel schicken sollen? – Nein, antwortete die Marquise, aber lebhafte und eindringliche Vorstellungen tun ihre Wirkung; und sah, ein wenig unwillig, wieder auf ihre Arbeit nieder. – Endlich gegen die Nacht erschien der Graf. Man erwartete nur, nach den ersten Höflichkeitsbezeugungen, dass dieser Gegenstand zur Sprache kommen würde, um ihn mit vereinter Kraft zu bestürmen, den Schritt, den er gewagt hatte, wenn es noch möglich sei, wieder zurückzunehmen. Doch vergebens, während der ganzen Abendtafel, erharrte man diesen Augenblick. Geflissentlich alles, was darauf führen konnte, vermeidend, unterhielt er den Kommandanten vom Kriege, und den Forstmeister von der Jagd. Als er des

Vorstellungen Einwände, Ermahnungen

in aller Welt, nach den Ursachen was in aller Welt die Ursachen … seien

auf Kurierpferden gehenden überaus eiligen, überstürzten

arbeitete mit einer Handarbeit beschäftigt war

den Priester holen lassen … um dem Grafen ins Gewissen zu reden

schließen in Ketten legen

arretieren (franz.) verhaften

gegen die Nacht bei Anbruch der Nacht

erharrte wartete man auf

Gefechts bei P..., in welchem er verwundet worden war, erwähnte, verwickelte ihn die Mutter bei der Geschichte seiner Krankheit, fragte ihn, wie es ihm an diesem kleinen Orte ergangen sei, und ob er die gehörigen Bequemlichkeiten gefunden hätte. Hierauf erzählte er mehrere, durch seine Leidenschaft zur Marquise interessanten, Züge: wie sie beständig, während seiner Krankheit, an seinem Bette gesessen hätte; wie er die Vorstellung von ihr, in der Hitze des Wundfiebers, immer mit der Vorstellung eines Schwans verwechselt hätte, den er, als Knabe, auf seines Onkels Gütern gesehen; dass ihm besonders eine Erinnerung rührend gewesen wäre, da er diesen Schwan einst mit Kot beworfen, worauf dieser still untergetaucht, und rein aus der Flut wieder emporgekommen sei; dass sie immer auf feurigen Fluten umhergeschwommen wäre, und er Thinka gerufen hätte, welches der Name jenes Schwans gewesen, dass er aber nicht imstande gewesen wäre, sie an sich zu locken, indem sie ihre Freude gehabt hätte, bloß am Rudern und In-die-Brust-sich-werfen; versicherte plötzlich, blutrot im Gesicht, dass er sie außerordentlich liebe: sah wieder auf seinen Teller nieder, und schwieg. Man musste endlich von der Tafel aufstehen; und da der Graf, nach einem kurzen Gespräch mit der Mutter, sich sogleich gegen die Gesellschaft verneigte, und wieder in sein Zimmer zurückzog: so standen die Mitglieder derselben wieder, und wussten nicht, was sie denken sollten. Der Kommandant meinte: man müsse der Sache ihren Lauf lassen. Er rechne wahrscheinlich auf seine Verwandten bei diesem Schritte. Infame Kassation stünde sonst darauf. Frau von G... fragte ihre Tochter, was sie denn von ihm halte? Und ob sie sich wohl zu irgendeiner Äußerung, die ein Unglück vermiede, würde verstehen können? Die Marquise antwortete: Liebste Mutter! Das ist nicht möglich. Es tut mir leid, dass meine Dankbarkeit auf eine so harte Probe gestellt

des Gefechts das Gefecht

verwickelte ihn ... bei der verwickelte ihn ... in ein Gespräch über die

gehörigen notwendigen und schicklichen

eines Schwans → Seite 206

Kot Schmutz

sie → Seite 206

Thinka → Seite 206

Infame Schändliche, unehrenhafte

verstehen durchringen, bereitfinden

wird. Doch es war mein Entschluss, mich nicht wieder zu vermählen; ich mag mein Glück nicht, und nicht so unüberlegt, auf ein zweites Spiel setzen. Der Forstmeister bemerkte, dass wenn dies ihr fester Wille wäre, auch diese Erklärung ihm Nutzen schaffen könne, und dass es fast notwendig scheine, ihm irgendeine bestimmte zu geben. Die Obristin versetzte, dass da dieser junge Mann, den so viele außerordentliche Eigenschaften empföhlen, seinen Aufenthalt in Italien nehmen zu wollen, erklärt habe, sein Antrag, nach ihrer Meinung, einige Rücksicht, und der Entschluss der Marquise Prüfung verdiene. Der Forstmeister, indem er sich bei ihr niederließ, fragte, wie er ihr denn, was seine Person anbetreffe, gefalle? Die Marquise antwortete, mit einiger Verlegenheit: er gefällt und missfällt mir; und berief sich auf das Gefühl der anderen. Die Obristin sagte: wenn er von Neapel zurückkehrt, und die Erkundigungen, die wir inzwischen über ihn einziehen könnten, dem Gesamteindruck, den du von ihm empfangen hast, nicht widersprächen: wie würdest du dich, falls er alsdann seinen Antrag wiederholte, erklären? In diesem Fall, versetzte die Marquise, würd' ich – da in der Tat seine Wünsche so lebhaft scheinen, diese Wünsche – sie stockte, und ihre Augen glänzten, indem sie dies sagte – um der Verbindlichkeit willen, die ich ihm schuldig bin, erfüllen. Die Mutter, die eine zweite Vermählung ihrer Tochter immer gewünscht hatte, hatte Mühe, ihre Freude über diese Erklärung zu verbergen, und sann, was sich wohl daraus machen lasse. Der Forstmeister sagte, indem er unruhig vom Sitz wieder aufstand, dass wenn die Marquise irgend an die Möglichkeit denke, ihn einst mit ihrer Hand zu erfreuen, jetzt gleich notwendig ein Schritt dazu geschehen müsse, um den Folgen seiner rasenden Tat vorzubeugen. Die Mutter war derselben Meinung, und behauptete, dass zuletzt das Wagstück nicht allzu groß wäre, indem bei so vielen vortreffli-

auf ein zweites Spiel abermals aufs Spiel

sann überlegte

zuletzt letztlich, letzten Endes

Wagstück Risiko

chen Eigenschaften, die er in jener Nacht, da das Fort von den Russen erstürmt ward, entwickelte, kaum zu fürchten sei, dass sein übriger Lebenswandel ihnen nicht entsprechen sollte. Die Marquise sah, mit dem Ausdruck der lebhaftesten Unruhe, vor sich nieder. Man könnte ihm ja, fuhr die Mutter fort, indem sie ihre Hand ergriff, etwa eine Erklärung, dass du, bis zu seiner Rückkehr von Neapel, in keine andere Verbindung eingehen wollest, zukommen lassen. Die Marquise sagte: d i e s e Erklärung, liebste Mutter, kann ich ihm geben; ich fürchte nur, dass sie ihn nicht beruhigen, und uns verwickeln wird. Das sei meine Sorge! erwiderte die Mutter, mit lebhafter Freude; und sah sich nach dem Kommandanten um. Lorenzo! fragte sie, was meinst du? und machte Anstalten, sich vom Sitz zu erheben. Der Kommandant, der alles gehört hatte, stand am Fenster, sah auf die Straße hinaus, und sagte nichts. Der Forstmeister versicherte, dass er, mit dieser unschädlichen Erklärung, den Grafen aus dem Hause zu schaffen, sich anheischig mache. Nun so macht! macht! macht! rief der Vater, indem er sich umkehrte: ich muss mich diesem Russen schon zum zweiten Mal ergeben! – Hierauf sprang die Mutter auf, küsste ihn und die Tochter, und fragte, indem der Vater über ihre Geschäftigkeit lächelte, wie man dem Grafen jetzt diese Erklärung augenblicklich hinterbringen solle? Man beschloss, auf den Vorschlag des Forstmeisters, ihn bitten zu lassen, sich, falls er noch nicht entkleidet sei, gefälligst auf einen Augenblick zur Familie zu verfügen. Er werde gleich die Ehre haben zu erscheinen! ließ der Graf antworten, und kaum war der Kammerdiener mit dieser Meldung zurück, als er schon selbst, mit Schritten, die die Freude beflügelte, ins Zimmer trat, und zu den Füßen der Marquise, in der allerlebhaftesten Rührung niedersank. Der Kommandant wollte etwas sagen: doch er, indem er aufstand, versetzte, er wisse genug! küsste ihm und der Mutter die

in keine andere Verbindung eingehen keinen anderen Antrag annehmen

verwickeln ihm gegenüber zu weiteren Zugeständnissen verpflichten

Lorenzo → Seite 207

unschädlichen risikolosen

sich anheischig mache sich zutraue; garantieren zu können glaube

hinterbringen überbringen

Hand, umarmte den Bruder, und bat nur um die Gefälligkeit, ihm sogleich zu einem Reisewagen zu verhelfen. Die Marquise, obschon von diesem Auftritt bewegt, sagte doch: ich fürchte nicht, Herr Graf, dass Ihre rasche Hoffnung Sie zu weit – Nichts! Nichts! versetzte der Graf; es ist nichts geschehen, wenn die Erkundigungen, die Sie über mich einziehen mögen, dem Gefühl widersprechen, das mich zu Ihnen in dies Zimmer zurückberief. Hierauf umarmte der Kommandant ihn auf das Herzlichste, der Forstmeister bot ihm sogleich seinen eigenen Reisewagen an, ein Jäger flog auf die Post, Kurierpferde auf Prämien zu bestellen, und Freude war bei dieser Abreise, wie noch niemals bei einem Empfang. Er hoffe, sagte der Graf, die Depeschen in B… einzuholen, von wo er jetzt einen näheren Weg nach Neapel, als über M… einschlagen würde; in Neapel würde er sein Möglichstes tun, die fernere Geschäftsreise nach Konstantinopel abzulehnen; und da er, auf den äußersten Fall, entschlossen wäre, sich krank anzugeben, so versicherte er, dass wenn nicht unvermeidliche Hindernisse ihn abhielten, er in Zeit von vier bis sechs Wochen unfehlbar wieder in M… sein würde. Hierauf meldete sein Jäger, dass der Wagen angespannt, und alles zur Abreise bereit sei. Der Graf nahm seinen Hut, trat vor die Marquise, und ergriff ihre Hand. Nun denn, sprach er, Julietta, so bin ich einigermaßen beruhigt; und legte seine Hand in die ihrige; obschon es mein sehnlichster Wunsch war, mich noch vor meiner Abreise mit Ihnen zu vermählen. Vermählen! riefen alle Mitglieder der Familie aus. Vermählen, wiederholte der Graf, küsste der Marquise die Hand, und versicherte, da diese fragte, ob er von Sinnen sei: es würde ein Tag kommen, wo sie ihn verstehen würde! Die Familie wollte auf ihn böse werden; doch er nahm gleich auf das Wärmste von allen Abschied, bat sie, über diese Äußerung nicht weiter nachzudenken, und reiste ab.

es ist nichts geschehen Sie können alle Ihre Zusagen als ungültig betrachten

Jäger → Seite 207

flog eilte

auf Prämien gegen eine Extravergütung

auf den im

anzugeben zu melden, als … auszugeben

in Zeit innerhalb

von Sinnen sei den Verstand verloren habe

Mehrere Wochen, in welchen die Familie, mit sehr verschiedenen Empfindungen, auf den Ausgang dieser sonderbaren Sache gespannt war, verstrichen. Der Kommandant empfing vom General K…, dem Onkel des Grafen, eine höfliche Zuschrift; der Graf selbst schrieb aus Neapel; die Erkundigungen, die man über ihn einzog, sprachen ziemlich zu seinem Vorteil; kurz, man hielt die Verlobung schon für so gut, wie abgemacht: als sich die Kränklichkeiten der Marquise, mit größerer Lebhaftigkeit, als jemals, wieder einstellten. Sie bemerkte eine unbegreifliche Veränderung ihrer Gestalt. Sie entdeckte sich mit völliger Freimütigkeit ihrer Mutter, und sagte, sie wisse nicht, was sie von ihrem Zustand denken solle. Die Mutter, welche so sonderbare Zufälle für die Gesundheit ihrer Tochter äußerst besorgt machten, verlangte, dass sie einen Arzt zu Rate ziehe. Die Marquise, die durch ihre Natur zu siegen hoffte, sträubte sich dagegen; sie brachte mehrere Tage noch, ohne dem Rat der Mutter zu folgen, unter den empfindlichsten Leiden zu: bis Gefühle, immer wiederkehrend und von so wunderbarer Art, sie in die lebhafteste Unruhe stürzten. Sie ließ einen Arzt rufen, der das Vertrauen ihres Vaters besaß, nötigte ihn, da gerade die Mutter abwesend war, auf den Diwan nieder, und eröffnete ihm, nach einer kurzen Einleitung, scherzend, was sie von sich glaube. Der Arzt warf einen forschenden Blick auf sie; schwieg noch, nachdem er eine genaue Untersuchung vollendet hatte, eine Zeitlang: und antwortete dann mit einer sehr ernsthaften Miene, dass die Frau Marquise ganz richtig urteile. Nachdem er sich auf die Frage der Dame, wie er dies verstehe, ganz deutlich erklärt, und mit einem Lächeln, das er nicht unterdrücken konnte, gesagt hatte, dass sie ganz gesund sei, und keinen Arzt brauche, zog die Marquise, und sah ihn sehr streng von der Seite an, die Klingel, und bat ihn, sich zu entfernen. Sie äußerte halblaut, als ob er der Rede nicht wert

Zuschrift förmliches Schreiben

entdeckte sich vertraute sich … an

Zufälle Vorkommnisse, Anfälle, Symptome

durch ihre Natur zu siegen hoffte auf ihre Selbstheilungskräfte baute

empfindlichsten unangenehmsten

wunderbarer sonderbarer

Diwan niedrige gepolsterte Liege ohne Rückenlehne

zog … die Klingel zog … an der Klingelschnur, um einen Bedienten herbeizurufen

wäre, vor sich nieder murmelnd: dass sie nicht Lust hätte, mit ihm über Gegenstände dieser Art zu scherzen. Der Doktor erwiderte empfindlich: er müsse wünschen, dass sie immer zum Scherz so wenig aufgelegt gewesen wäre, wie jetzt; nahm Stock und Hut, und machte Anstalten, sich sogleich zu empfehlen. Die Marquise versicherte, dass sie von diesen Beleidigungen ihren Vater unterrichten würde. Der Arzt antwortete, dass er seine Aussage vor Gericht beschwören könne: öffnete die Tür, verneigte sich, und wollte das Zimmer verlassen. Die Marquise fragte, da er noch einen Handschuh, den er hatte fallen lassen, von der Erde aufnahm: und die Möglichkeit davon, Herr Doktor? Der Doktor erwiderte, dass er ihr die letzten Gründe der Dinge nicht werde zu erklären brauchen; verneigte sich ihr noch einmal, und ging ab.

Die Marquise stand, wie vom Donner gerührt. Sie raffte sich auf, und wollte zu ihrem Vater eilen; doch der sonderbare Ernst des Mannes, von dem sie sich beleidigt sah, lähmte alle ihre Glieder. Sie warf sich in der größten Bewegung auf den Diwan nieder. Sie durchlief, gegen sich selbst misstrauisch, alle Momente des verflossenen Jahres, und hielt sich für verrückt, wenn sie an den letzten dachte. Endlich erschien die Mutter; und auf die bestürzte Frage, warum sie so unruhig sei? erzählte ihr die Tochter, was ihr der Arzt soeben eröffnet hatte. Frau von G... nannte ihn einen Unverschämten und Nichtswürdigen, und bestärkte die Tochter in dem Entschluss, diese Beleidigung dem Vater zu entdecken. Die Marquise versicherte, dass es sein völliger Ernst gewesen sei, und dass er entschlossen scheine, dem Vater ins Gesicht seine rasende Behauptung zu wiederholen. Frau von G... fragte, nicht wenig erschrocken, ob sie denn an die Möglichkeit eines solchen Zustandes glaube? Eher, antwortete die Marquise, dass die Gräber befruchtet werden, und sich dem Schoße der Leichen eine Geburt entwickeln wird! Nun, du liebes wun-

als ob er der Rede nicht wert wäre als ob er unwürdig sei, von ihr angesprochen zu werden

empfindlich gekränkt, verletzt

und die Möglichkeit davon ...? und wie soll es dazu (zu der diagnostizierten Schwangerschaft) gekommen sein?

ihr noch einmal nochmals vor ihr

ging ab → Seite 207

wie vom Donner gerührt erstarrt vor Schreck

Bewegung Erregung

durchlief ging ... in Gedanken durch

verflossenen vergangenen

zu entdecken mitzuteilen

rasende wahnsinnige, ungeheuerliche

dass die Gräber ... entwickeln wird! → Seite 207

wunderliches seltsames, unbegreifliches

Weib um 1800 noch nicht abfällig gemeint

denn dann

Konsulta beratendes Gremium

gilt … gleichviel ist … einerlei

konvulsivischen krampfartig zuckenden

derliches Weib, sagte die Obristin, indem sie sie fest an sich drückte: was beunruhigt dich denn? Wenn dein Bewusstsein dich rein spricht: wie kann dich ein Urteil, und wäre es das einer ganzen Konsulta von Ärzten, nur kümmern? Ob das seinige aus Irrtum, ob es aus Bosheit entsprang: gilt es dir nicht völlig gleichviel? Doch schicklich ist es, dass wir es dem Vater entdecken. – O Gott! sagte die Marquise, mit einer konvulsivischen Bewegung: wie kann ich mich beruhigen. Hab ich nicht mein eignes, innerliches, mir nur allzu wohlbekanntes Gefühl gegen mich? Würd ich nicht, wenn ich in einer andern meine Empfindung wüsste, von ihr selbst urteilen, dass es damit seine Richtigkeit habe? Es ist entsetzlich, versetzte die Obristin. Bosheit! Irrtum! fuhr die Marquise fort. Was kann dieser Mann, der uns bis auf den heutigen Tag schätzenswürdig erschien, für Gründe haben, mich auf eine so mutwillige und niederträchtige Art zu kränken? Mich, die ihn nie beleidigt hatte? Die ihn mit Vertrauen, und dem Vorgefühl zukünftiger Dankbarkeit, empfing? Bei der er, wie seine ersten Worte zeugten, mit dem reinen und unverfälschten Willen erschien, zu helfen, nicht Schmerzen, grimmigere, als ich empfand, erst zu erregen? Und wenn ich in der Notwendigkeit der Wahl, fuhr sie fort, während die Mutter sie unverwandt ansah, an einen Irrtum glauben wollte: ist es wohl möglich, dass ein Arzt, auch nur von mittelmäßiger Geschicklichkeit, in solchem Falle irre? – Die Obristin sagte ein wenig spitz: und gleichwohl muss es doch notwendig eins oder das andere gewesen sein. Ja! versetzte die Marquise, meine teuerste Mutter, indem sie ihr, mit dem Ausdruck der gekränkten Würde, hochrot im Gesicht glühend, die Hand küsste: das muss es! Obschon die Umstände so außerordentlich sind, dass es mir erlaubt ist, daran zu zweifeln. Ich schwöre, weil es doch einer Versicherung bedarf, dass mein Bewusstsein, gleich dem meiner Kinder ist;

nicht reiner, Verehrungswürdigste, kann das Ihrige sein. Gleichwohl bitte ich Sie, mir eine Hebamme rufen zu lassen, damit ich mich von dem, was ist, überzeuge, und gleichviel alsdann, was es sei, beruhige. Eine Hebamme! rief Frau von G... mit Entwürdigung. Ein reines Bewusstsein, und eine Hebamme! Und die Sprache ging ihr aus. Eine Hebamme, meine teuerste Mutter, wiederholte die Marquise, indem sie sich auf Knien vor ihr niederließ; und das augenblicklich, wenn ich nicht wahnsinnig werden soll. O sehr gern, versetzte die Obristin; nur bitte ich, das Wochenlager nicht in meinem Hause zu halten. Und damit stand sie auf, und wollte das Zimmer verlassen. Die Marquise, ihr mit ausgebreiteten Armen folgend, fiel ganz auf das Gesicht nieder, und umfasste ihre Knie. Wenn irgendein unsträfliches Leben, rief sie, mit der Beredsamkeit des Schmerzes, ein Leben, nach Ihrem Muster geführt, mir ein Recht auf Ihre Achtung gibt, wenn irgendein mütterliches Gefühl auch nur, so lange meine Schuld nicht sonnenklar entschieden ist, in Ihrem Busen für mich spricht: so verlassen Sie mich in diesen entsetzlichen Augenblicken nicht. – Was ist es, das dich beunruhigt? fragte die Mutter. Ist es weiter nichts, als der Ausspruch des Arztes? Weiter nichts, als dein innerliches Gefühl? Nichts weiter, meine Mutter, versetzte die Marquise, und legte ihre Hand auf die Brust. Nichts, Julietta? fuhr die Mutter fort. Besinne dich. Ein Fehltritt, so unsäglich er mich schmerzen würde, er ließe sich, und ich müsste ihn zuletzt verzeihn; doch wenn du, um einem mütterlichen Verweis auszuweichen, ein Märchen von der Umwälzung der Weltordnung ersinnen, und gotteslästerliche Schwüre häufen könntest, um es meinem, dir nur allzu gern gläubigen, Herzen aufzubürden: so wäre das schändlich: ich würde dir niemals wieder gut werden. – Möge das Reich der Erlösung einst so offen vor mir liegen, wie meine Seele vor Ihnen, rief die Marquise. Ich verschwieg

gleichviel alsdann, was was auch immer

mit Entwürdigung mit Empörung, in ihrer Würde verletzt

Wochenlager Wochenbett; Erholungszeit nach der Entbindung

unsträfliches untadeliges

Busen Brust, als Sitz der Empfindungen

dir niemals wieder gut werden mich niemals wieder mit dir versöhnen können

Ihnen nichts, meine Mutter. – Diese Äußerung, voll Pathos getan, erschütterte die Mutter. O Himmel! rief sie: mein liebenswürdiges Kind! Wie rührst du mich! Und hob sie auf, und küsste sie, und drückte sie an ihre Brust. Was denn, in aller Welt, fürchtest du? Komm, du bist sehr krank. Sie wollte sie in ein Bett führen. Doch die Marquise, welcher die Tränen häufig flossen, versicherte, dass sie sehr gesund wäre, und dass ihr gar nichts fehle, außer jenem sonderbaren und unbegreiflichen Zustand. – Zustand! rief die Mutter wieder; welch ein Zustand? Wenn dein Gedächtnis über die Vergangenheit so sicher ist, welch ein Wahnsinn der Furcht ergriff dich? Kann ein innerliches Gefühl denn, das doch nur dunkel sich regt, nicht trügen? Nein! Nein! sagte die Marquise, es trügt mich nicht! Und wenn Sie die Hebamme rufen lassen wollen, so werden Sie hören, dass das Entsetzliche, mich Vernichtende, wahr ist. – Komm, meine liebste Tochter, sagte Frau von G..., die für ihren Verstand zu fürchten anfing. Komm, folge mir, und lege dich zu Bett. Was meintest du, dass dir der Arzt gesagt hat? Wie dein Gesicht glüht! Wie du an allen Gliedern so zitterst! Was war es schon, das dir der Arzt gesagt hat? Und damit zog sie die Marquise, ungläubig nunmehr an den ganzen Auftritt, den sie ihr erzählt hatte, mit sich fort. – Die Marquise sagte: Liebe! Vortreffliche! indem sie mit weinenden Augen lächelte. Ich bin meiner Sinne mächtig. Der Arzt hat mir gesagt, dass ich in gesegneten Leibesumständen bin. Lassen Sie die Hebamme rufen: und sobald sie sagt, dass es nicht wahr ist, bin ich wieder ruhig. Gut, gut! erwiderte die Obristin, die ihre Angst unterdrückte. Sie soll gleich kommen; sie soll gleich, wenn du dich von ihr willst auslachen lassen, erscheinen, und dir sagen, dass du eine Träumerin, und nicht recht klug bist. Und damit zog sie die Klingel, und schickte augenblicklich einen ihrer Leute, der die Hebamme rufe.

liebenswürdiges wörtlich gemeint: der Liebe würdiges

häufig heftig, stark

ungläubig nunmehr inzwischen ohne rechten Glauben

nicht recht klug nicht ganz bei Verstand

die Klingel an der Klingelschnur

Leute Bedienten

Die Marquise lag noch, mit unruhig sich hebender Brust, in den Armen ihrer Mutter, als diese Frau erschien, und die Obristin ihr, an welcher seltsamen Vorstellung ihre Tochter krank liege, eröffnete. Die Frau Marquise schwöre, dass sie sich tugendhaft verhalten habe, und gleichwohl halte sie, von einer unbegreiflichen Empfindung getäuscht, für nötig, dass eine sachverständige Frau ihren Zustand untersuche. Die Hebamme, während sie sich von demselben unterrichtete, sprach von jungem Blut und der Arglist der Welt; äußerte, als sie ihr Geschäft vollendet hatte, dergleichen Fälle wären ihr schon vorgekommen; die jungen Witwen, die in ihre Lage kämen, meinten alle auf wüsten Inseln gelebt zu haben; beruhigte inzwischen die Frau Marquise, und versicherte sie, dass sich der muntere Korsar, der zur Nachtzeit gelandet, schon finden würde. Bei diesen Worten fiel die Marquise in Ohnmacht. Die Obristin, die ihr mütterliches Gefühl nicht überwältigen konnte, brachte sie zwar, mit Hülfe der Hebamme, wieder ins Leben zurück. Doch die Entrüstung siegte, da sie erwacht war. Julietta! rief die Mutter mit dem lebhaftesten Schmerz. Willst du dich mir entdecken, willst du den Vater mir nennen? Und schien noch zur Versöhnung geneigt. Doch als die Marquise sagte, dass sie wahnsinnig werden würde, sprach die Mutter, indem sie sich vom Diwan erhob: geh! geh! du bist nichtswürdig! Verflucht sei die Stunde, da ich dich gebar! und verließ das Zimmer.

Die Marquise, der das Tageslicht von Neuem schwinden wollte, zog die Geburtshelferin vor sich nieder, und legte ihr Haupt heftig zitternd an ihre Brust. Sie fragte, mit gebrochener Stimme, wie denn die Natur auf ihren Wegen walte? Und ob die Möglichkeit einer unwissentlichen Empfängnis sei? – Die Hebamme lächelte, machte ihr das Tuch los, und sagte, das würde ja doch der Frau Marquise Fall nicht sein. Nein, nein, antwortete die Marquise, sie habe wissentlich empfan-

krank liege erkrankt sei

jungem Blut redensartlich für: junge Leute

ihr Geschäft ihre Untersuchung

wüsten unbewohnten

Korsar Seeräuber

überwältigen unterdrücken

entdecken anvertrauen

vor sich zu sich

walte wirke, tätig sei

unwissentlichen unbewussten

sei vorhanden sei

Tuch Brusttuch

gen, sie wolle nur im Allgemeinen wissen, ob diese Erscheinung im Reiche der Natur sei? Die Hebamme versetzte, dass dies, außer der Heiligen Jungfrau, noch keinem Weibe auf Erden zugestoßen wäre. Die Marquise zitterte immer heftiger. Sie glaubte, dass sie augenblicklich niederkommen würde, und bat die Geburtshelferin, indem sie sich mit krampfhafter Beängstigung an sie schloss, sie nicht zu verlassen. Die Hebamme beruhigte sie. Sie versicherte, dass das Wochenbett noch beträchtlich entfernt wäre, gab ihr auch die Mittel an, wie man, in solchen Fällen, dem Leumund der Welt ausweichen könne, und meinte, es würde noch alles gut werden. Doch da diese Trostgründe der unglücklichen Dame völlig wie Messerstiche durch die Brust fuhren, so sammelte sie sich, sagte, sie befände sich besser, und bat ihre Gesellschafterin sich zu entfernen.

Kaum war die Hebamme aus dem Zimmer, als ihr ein Schreiben von der Mutter gebracht ward, in welchem diese sich so ausließ: »Herr von G... wünsche, unter den obwaltenden Umständen, dass sie sein Haus verlasse. Er sende ihr hierbei die über ihr Vermögen lautenden Papiere, und hoffe dass ihm Gott den Jammer ersparen werde, sie wieder zu sehen.« – Der Brief war inzwischen von Tränen benetzt; und in einem Winkel stand ein verwischtes Wort: diktiert. – Der Marquise stürzte der Schmerz aus den Augen. Sie ging, heftig über den Irrtum ihrer Eltern weinend, und über die Ungerechtigkeit, zu welcher diese vortrefflichen Menschen verführt wurden, nach den Gemächern ihrer Mutter. Es hieß, sie sei bei ihrem Vater; sie wankte nach den Gemächern ihres Vaters. Sie sank, als sie die Türe verschlossen fand, mit jammernder Stimme, alle Heiligen zu Zeugen ihrer Unschuld anrufend, vor derselben nieder. Sie mochte wohl schon einige Minuten hier gelegen haben, als der Forstmeister daraus hervortrat, und zu ihr mit flammendem Ge-

im Reiche der Natur sei? in der Natur möglich sei?

außer der Heiligen Jungfrau → Seite 207

an sie schloss an sie drängte, ihre Nähe und ihren Zuspruch suchte

dem Leumund der Welt dem öffentlichen Gerede über sittliche Verfehlungen

sammelte beruhigte

ausließ vernehmen ließ, äußerte

inzwischen jedoch

Der Marquise stürzte der Schmerz aus den Augen. Die Marquise brach, von Kummer überwältigt, in Tränen aus.

sicht sagte: sie höre dass der Kommandant sie nicht sehen wolle. Die Marquise rief: mein liebster Bruder! unter vielem Schluchzen; drängte sich ins Zimmer, und rief: mein teuerster Vater! und streckte die Arme nach ihm aus. Der Kommandant wandte ihr, bei ihrem Anblick, den Rücken zu, und eilte in sein Schlafgemach. Er rief, als sie ihn dahin verfolgte, hinweg! und wollte die Türe zuwerfen; doch da sie, unter Jammern und Flehen, dass er sie schließe, verhinderte, so gab er plötzlich nach und eilte, während die Marquise zu ihm hineintrat, nach der hintern Wand. Sie warf sich ihm, der ihr den Rücken zugekehrt hatte, eben zu Füßen, und umfasste zitternd seine Knie, als ein Pistol, das er ergriffen hatte, in dem Augenblick, da er es von der Wand herabriss, losging, und der Schuss schmetternd in die Decke fuhr. Herr meines Lebens! rief die Marquise, erhob sich leichenblass von ihren Knien, und eilte aus seinen Gemächern wieder hinweg. Man soll sogleich anspannen, sagte sie, indem sie in die Ihrigen trat; setzte sich, matt bis in den Tod, auf einen Sessel nieder, zog ihre Kinder eilfertig an, und ließ die Sachen einpacken. Sie hatte eben ihr Kleinstes zwischen den Knien, und schlug ihm noch ein Tuch um, um nunmehr, da alles zur Abreise bereit war, in den Wagen zu steigen: als der Forstmeister eintrat, und auf Befehl des Kommandanten die Zurücklassung und Überlieferung der Kinder von ihr forderte. Dieser Kinder? fragte sie; und stand auf. Sag deinem unmenschlichen Vater, dass er kommen, und mich niederschießen, nicht aber mir meine Kinder entreißen könne! Und hob, mit dem ganzen Stolz der Unschuld gerüstet, ihre Kinder auf, trug sie ohne dass der Bruder gewagt hätte, sie anzuhalten, in den Wagen, und fuhr ab.

Durch diese schöne Anstrengung mit sich selbst bekannt gemacht, hob sie sich plötzlich, wie an ihrer eigenen Hand, aus der ganzen Tiefe, in welche das Schicksal sie herabge-

ein Pistol eine Pistole

Herr meines Lebens! Gerechter Gott!

matt bis in den Tod vgl. Neues Testament, Mt. 26,38

Sessel gepolsterten Stuhl

stürzt hatte, empor. Der Aufruhr, der ihre Brust zerriss, legte sich, als sie im Freien war, sie küsste häufig die Kinder, diese ihre liebe Beute, und mit großer Selbstzufriedenheit gedachte sie, welch einen Sieg sie, durch die Kraft ihres schuldfreien Bewusstseins, über ihren Bruder davongetragen hatte. Ihr Verstand, stark genug, in ihrer sonderbaren Lage nicht zu reißen, gab sich ganz unter der großen, heiligen und unerklärlichen Einrichtung der Welt gefangen. Sie sah die Unmöglichkeit ein, ihre Familie von ihrer Unschuld zu überzeugen, begriff, dass sie sich darüber trösten müsse, falls sie nicht untergehen wolle, und wenige Tage nur waren nach ihrer Ankunft in V... verflossen, als der Schmerz ganz und gar dem heldenmütigen Vorsatz Platz machte, sich mit Stolz gegen die Anfälle der Welt zu rüsten. Sie beschloss, sich ganz in ihr Innerstes zurückzuziehen, sich, mit ausschließendem Eifer, der Erziehung ihrer beiden Kinder zu widmen, und des Geschenks, das ihr Gott mit dem dritten gemacht hatte, mit voller mütterlichen Liebe zu pflegen. Sie machte Anstalten, in wenig Wochen, sobald sie ihre Niederkunft überstanden haben würde, ihren schönen, aber durch die lange Abwesenheit ein wenig verfallenen Landsitz wiederherzustellen; saß in der Gartenlaube, und dachte, während sie kleine Mützen, und Strümpfe für kleine Beine strickte, wie sie die Zimmer bequem verteilen würde; auch, welches sie mit Büchern füllen, und in welchem die Staffelei am schicklichsten stehen würde. Und so war der Zeitpunkt, da der Graf F... von Neapel wiederkehren sollte, noch nicht abgelaufen, als sie schon völlig mit dem Schicksal, in ewig klösterlicher Eingezogenheit zu leben, vertraut war. Der Türsteher erhielt Befehl, keinen Menschen im Hause vorzulassen. Nur der Gedanke war ihr unerträglich, dass dem jungen Wesen, das sie in der größten Unschuld und Reinheit empfangen hatte, und dessen Ursprung, eben weil er geheimnisvoller war, auch göttlicher zu

gab sich ... gefangen akzeptierte ihr Schicksal als Folge eines unbegreiflichen göttlichen Ratschlusses

Anfälle feindlichen Angriffe

ausschließendem alles andere beiseite lassendem

des Geschenks das Geschenk

bequem am zweckmäßigsten

abgelaufen verstrichen

Eingezogenheit Zurückgezogenheit

Türsteher Portier (so auch im ersten Druck von 1808)

sein schien, als der anderer Menschen, ein Schandfleck in der bürgerlichen Gesellschaft ankleben sollte. Ein sonderbares Mittel war ihr eingefallen, den Vater zu entdecken: ein Mittel, bei dem sie, als sie es zuerst dachte, das Strickzeug selbst vor Schrecken aus der Hand fallen ließ. Durch ganze Nächte, in unruhiger Schlaflosigkeit durchwacht, ward es gedreht und gewendet um sich an seine ihr innerstes Gefühl verletzende, Natur zu gewöhnen. Immer noch sträubte sie sich, mit dem Menschen, der sie so hintergangen hatte, in irgendein Verhältnis zu treten: indem sie sehr richtig schloss, dass derselbe doch, ohne alle Rettung, zum Auswurf seiner Gattung gehören müsse, und, auf welchem Platz der Welt man ihn auch denken wolle, nur aus dem zertretensten und unflätigsten Schlamm derselben, hervorgegangen sein könne. Doch da das Gefühl ihrer Selbstständigkeit immer lebhafter in ihr ward, und sie bedachte, dass der Stein seinen Wert behält, er mag auch eingefasst sein, wie man wolle, so griff sie eines Morgens, da sich das junge Leben wieder in ihr regte, ein Herz, und ließ jene sonderbare Aufforderung in die Intelligenzblätter von M… rücken, die man am Eingang dieser Erzählung gelesen hat.

Der Graf F…, den unvermeidliche Geschäfte in Neapel aufhielten, hatte inzwischen zum zweiten Mal an die Marquise geschrieben, und sie aufgefordert, es möchten fremde Umstände eintreten, welche da wollten, ihrer, ihm gegebenen, stillschweigenden Erklärung getreu zu bleiben. Sobald es ihm geglückt war, seine fernere Geschäftsreise nach Konstantinopel abzulehnen, und es seine übrigen Verhältnisse gestatteten, ging er augenblicklich von Neapel ab, und kam auch richtig, nur wenige Tage nach der von ihm bestimmten Frist, in M… an. Der Kommandant empfing ihn mit einem verlegenen Gesicht, sagte, dass ein notwendiges Geschäft ihn aus dem Hause nötige, und forderte den Forstmeister auf, ihn

in der bürgerlichen Gesellschaft in den durch rigide Moralvorstellungen bestimmten öffentlichen Anschauungen

zu entdecken auffindbar zu machen

zum Auswurf seiner Gattung gehören müsse eines der verderbtesten Exemplare des Menschengeschlechts sein müsse

unflätigsten widerlichsten

griff … ein Herz fasste … sich … ein Herz

Intelligenzblätter lokale Nachrichten- und Anzeigenblätter im 18. und 19. Jh. (von engl. ›intelligence‹: ›Nachricht, Auskunft‹)

Verhältnisse Verpflichtungen

ging … ab reiste … ab

inzwischen zu unterhalten. Der Forstmeister zog ihn auf sein Zimmer, und fragte ihn, nach einer kurzen Begrüßung, ob er schon wisse, was sich während seiner Abwesenheit in dem Hause des Kommandanten zugetragen habe. Der Graf antwortete, mit einer flüchtigen Blässe: nein. Hierauf unterrichtete ihn der Forstmeister von der Schande, die die Marquise über die Familie gebracht hatte, und gab ihm die Geschichtserzählung dessen, was unsre Leser soeben erfahren haben. Der Graf schlug sich mit der Hand vor die Stirn. Warum legte man mir so viele Hindernisse in den Weg! rief er in der Vergessenheit seiner. Wenn die Vermählung erfolgt wäre: so wäre alle Schmach und jedes Unglück uns erspart! Der Forstmeister fragte, indem er ihn anglotzte, ob er rasend genug wäre, zu wünschen, mit dieser Nichtswürdigen vermählt zu sein? Der Graf erwiderte, dass sie mehr wert wäre, als die ganze Welt, die sie verachtete; dass ihre Erklärung über ihre Unschuld vollkommnen Glauben bei ihm fände; und dass er noch heute nach V... gehen, und seinen Antrag bei ihr wiederholen würde. Er ergriff auch sogleich seinen Hut, empfahl sich dem Forstmeister, der ihn für seiner Sinne völlig beraubt hielt, und ging ab.

die Geschichtserzählung den seinem Kenntnisstand entsprechenden Tatsachenbericht

in der Vergessenheit seiner ohne sich bewusst zu sein, dass er einen Zuhörer hatte

Er bestieg ein Pferd und sprengte nach V... hinaus. Als er am Tore abgestiegen war, und in den Vorplatz treten wollte, sagte ihm der Türsteher, dass die Frau Marquise keinen Menschen spräche. Der Graf fragte, ob diese, für Fremde getroffene, Maßregel auch einem Freund des Hauses gälte; worauf jener antwortete, dass er von keiner Ausnahme wisse, und bald darauf, auf eine zweideutige Art hinzusetzte: ob er vielleicht der Graf F... wäre? Der Graf erwiderte, nach einem forschenden Blick, nein; und äußerte, zu seinem Bedienten gewandt, doch so, dass jener es hören konnte, er werde, unter solchen Umständen, in einem Gasthofe absteigen, und sich bei der Frau Marquise schriftlich anmelden. Sobald er inzwischen dem Türsteher aus den Augen war, bog er um eine Ecke, und umschlich die Mauer eines weitläufigen Gartens, der sich hinter dem Hause ausbreitete. Er trat durch eine Pforte, die er offen fand, in den Garten, durchstrich die Gänge desselben, und wollte eben die hintere Rampe hinaufsteigen, als er, in einer Laube, die zur Seite lag, die Marquise, in ihrer lieblichen und geheimnisvollen Gestalt, an einem kleinen Tischchen emsig arbeiten sah. Er näherte sich ihr so, dass sie ihn nicht früher erblicken konnte, als bis er am Eingang der Laube, drei kleine Schritte von ihren Füßen, stand. Der Graf F…! sagte die Marquise, als sie die Augen aufschlug, und die Röte der Überraschung überflog ihr Gesicht. Der Graf lächelte, blieb noch eine Zeitlang, ohne sich im Eingang zu rühren, stehen; setzte sich dann, mit so bescheidener Zudringlichkeit, als sie nicht zu erschrecken nötig war, neben ihr nieder, und schlug, ehe sie noch, in ihrer sonderbaren Lage, einen Entschluss gefasst hatte, seinen Arm sanft um ihren lieben Leib. Von wo, Herr Graf, ist es möglich, fragte die Marquise – und sah schüchtern vor sich auf die Erde nieder. Der Graf sagte: von M…, und drückte sie ganz leise an sich; durch eine hintere Pforte, die ich offen fand. Ich glaubte auf Ihre Verzeihung rechnen zu dürfen, und trat ein. Hat man Ihnen denn in M… nicht gesagt –? – fragte sie, und rührte noch kein Glied in seinen Armen. Alles, geliebte Frau, versetzte der Graf; doch von Ihrer Unschuld völlig überzeugt – Wie! rief die Marquise, indem sie aufstand, und sich loswickelte; und Sie kommen gleichwohl? – Der Welt zum Trotz, fuhr er fort, indem er sie festhielt, und Ihrer Familie zum Trotz, und dieser lieblichen Erscheinung sogar zum Trotz; wobei er einen glühenden Kuss auf ihre Brust drückte. – Hinweg! rief die Marquise – So überzeugt, sagte er, Julietta, als ob ich allwissend wäre, als ob meine Seele in deiner Brust wohnte – Die Marquise rief: Lassen Sie mich! Ich komme, schloss er – und ließ

inzwischen indessen, jedoch (vgl. Seite 162)

Mauer eines weitläufigen Gartens → Seite 207

Rampe leicht ansteigende Fläche vor der Außentreppe zum Vorfahren der Kutschen

bescheidener taktvoll gemäßigter

schlug legte

sich loswickelte sich aus der Umarmung löste

gleichwohl dennoch

sie nicht – meinen Antrag zu wiederholen, und das Los der Seligen, wenn Sie mich erhören wollen, von Ihrer Hand zu empfangen. Lassen Sie mich augenblicklich! rief die Marquise; ich befehl's Ihnen! riss sich gewaltsam aus seinen Armen, und entfloh. Geliebte! Vortreffliche! flüsterte er, indem er wieder aufstand, und ihr folgte. – Sie hören! rief die Marquise, und wandte sich, und wich ihm aus. Ein einziges, heimliches, geflüstertes –! sagte der Graf, und griff hastig nach ihrem glatten, ihm entschlüpfenden Arm. – Ich will nichts wissen, versetzte die Marquise, stieß ihn heftig vor die Brust zurück, eilte auf die Rampe, und verschwand.

Er war schon halb auf die Rampe gekommen, um sich, es koste, was es wolle, bei ihr Gehör zu verschaffen, als die Tür vor ihm zuflog, und der Riegel heftig, mit verstörter Beeiferung, vor seinen Schritten zurasselte. Unschlüssig, einen Augenblick, was unter solchen Umständen zu tun sei, stand er, und überlegte, ob er durch ein, zur Seite offen stehendes Fenster einsteigen, und seinen Zweck, bis er ihn erreicht, verfolgen solle; doch so schwer es ihm auch in jedem Sinne war, umzukehren, diesmal schien es die Notwendigkeit zu erfordern, und grimmig erbittert über sich, dass er sie aus seinen Armen gelassen hatte, schlich er die Rampe hinab, und verließ den Garten, um seine Pferde aufzusuchen. Er fühlte, dass der Versuch, sich an ihrem Busen zu erklären, für immer fehlgeschlagen sei, und ritt schrittweis, indem er einen Brief überlegte, den er jetzt zu schreiben verdammt war, nach M… zurück. Abends, da er sich, in der übelsten Laune von der Welt, bei einer öffentlichen Tafel eingefunden hatte, traf er den Forstmeister an, der ihn auch sogleich befragte, ob er seinen Antrag in V… glücklich angebracht habe? Der Graf antwortete kurz: nein! und war sehr gestimmt, ihn mit einer bitteren Wendung abzufertigen; doch um der Höflichkeit ein Genüge zu tun, setzte er nach einer Weile hinzu: er habe sich

geflüstertes … Wort

nichts wissen nichts davon wissen

Beeiferung Vehemenz, ungestümer Gewalt

Schritten Füßen

schlich er ging er langsam und betrübt

in der übelsten Laune von der Welt in denkbar schlechter Stimmung

öffentlichen Tafel Mahlzeit in einem Gasthaus (›Table d'hôte‹)

um der Höflichkeit ein Genüge zu tun um die guten Umgangsformen zu wahren

entschlossen, sich schriftlich an sie zu wenden, und werde damit in Kurzem ins Reine sein. Der Forstmeister sagte: er sehe mit Bedauern, dass seine Leidenschaft für die Marquise ihn seiner Sinne beraube. Er müsse ihm inzwischen versichern, dass sie bereits auf dem Wege sei, eine andere Wahl zu treffen; klingelte nach den neuesten Zeitungen, und gab ihm das Blatt, in welchem die Aufforderung derselben an den Vater ihres Kindes eingerückt war. Der Graf durchlief, indem ihm das Blut ins Gesicht schoss, die Schrift. Ein Wechsel von Gefühlen durchkreuzte ihn. Der Forstmeister fragte, ob er nicht glaube, dass die Person, die die Frau Marquise suche, sich finden werde? – Unzweifelhaft! versetzte der Graf, indessen er mit ganzer Seele über dem Papier lag, und den Sinn desselben gierig verschlang. Darauf nachdem er einen Augenblick, während er das Blatt zusammenlegte, an das Fenster getreten war, sagte er: nun ist es gut! nun weiß ich, was ich zu tun habe! kehrte sich sodann um; und fragte den Forstmeister noch, auf eine verbindliche Art, ob man ihn bald wiedersehen werde; empfahl sich ihm, und ging, völlig ausgesöhnt mit seinem Schicksal, fort. –

Inzwischen waren in dem Hause des Kommandanten die lebhaftesten Auftritte vorgefallen. Die Obristin war über die zerstörende Heftigkeit ihres Gatten und über die Schwäche, mit welcher sie sich, bei der tyrannischen Verstoßung der Tochter, von ihm hatte unterjochen lassen, äußerst erbittert. Sie war, als der Schuss in des Kommandanten Schlafgemach fiel, und die Tochter aus demselben hervorstürzte, in eine Ohnmacht gesunken, aus der sie sich zwar bald wieder erholte; doch der Kommandant hatte, in dem Augenblick ihres Erwachens, weiter nichts gesagt, als, es täte ihm leid, dass sie diesen Schrecken umsonst gehabt, und das abgeschossene Pistol auf einen Tisch geworfen. Nachher, da von der Abforderung der Kinder die Rede war, wagte sie schüchtern, zu er-

ins Reine sein ins Reine kommen, im Reinen sein, fertig werden

inzwischen indessen, jedoch (vgl. Seite 162)

eingerückt eingefügt, abgedruckt

durchlief überflog (las schnell)

verbindliche höfliche, seine guten Umgangsformen unter Beweis stellende (vgl. auch Seite 160 unten)

Nachher Später

klären, dass man zu einem solchen Schritt kein Recht habe; sie bat mit einer, durch die gehabte Anwandlung, schwachen und rührenden Stimme, heftige Auftritte im Hause zu vermeiden; doch der Kommandant erwiderte weiter nichts, als, indem er sich zum Forstmeister wandte, vor Wut schäumend: geh! und schaff sie mir! Als der zweite Brief des Grafen F... ankam, hatte der Kommandant befohlen, dass er nach V... zur Marquise herausgeschickt werden solle, welche ihn, wie man nachher durch den Boten erfuhr, beiseitegelegt, und gesagt hatte, es wäre gut. Die Obristin, der in der ganzen Begebenheit so vieles, und besonders die Geneigtheit der Marquise, eine neue, ihr ganz gleichgültige Vermählung einzugehen, dunkel war, suchte vergebens, diesen Umstand zur Sprache zu bringen. Der Kommandant bat immer, auf eine Art, die einem Befehle gleichsah, zu schweigen; versicherte, indem er einst, bei einer solchen Gelegenheit, ein Porträt herabnahm, das noch von ihr an der Wand hing, dass er sein Gedächtnis ihrer ganz zu vertilgen wünsche; und meinte, er hätte keine Tochter mehr. Drauf erschien der sonderbare Aufruf der Marquise in den Zeitungen. Die Obristin, die auf das Lebhafteste darüber betroffen war, ging mit dem Zeitungsblatt, das sie von dem Kommandanten erhalten hatte, in sein Zimmer, wo sie ihn an einem Tisch arbeitend fand, und fragte ihn, was er in aller Welt davon halte? Der Kommandant sagte, indem er fortschrieb: o! sie ist unschuldig. Wie! rief Frau von G..., mit dem alleräußersten Erstaunen: unschuldig? Sie hat es im Schlaf getan, sagte der Kommandant, ohne aufzusehen. Im Schlafe! versetzte Frau von G... Und ein so ungeheurer Vorfall wäre – ? Die Närrin! rief der Kommandant, schob die Papiere übereinander, und ging weg.

Am nächsten Zeitungstage las die Obristin, da beide beim Frühstück saßen, in einem Intelligenzblatt, das eben ganz feucht von der Presse kam, folgende Antwort:

die gehabte Anwandlung die eben erlittene Ohnmacht

schaff sie mir! bring sie mir her! (nämlich die Kinder)

dunkel unverständlich

gleichsah gleichkam

einst einmal

sein Gedächtnis ihrer ganz zu vertilgen seine Erinnerung an sie ganz auszulöschen

feucht ... von frischer Druckerschwärze

»Wenn die Frau Marquise von O... sich, am 3ten... 11 Uhr morgens, im Hause des Herrn von G..., ihres Vaters, einfinden will: so wird sich derjenige, den sie sucht, ihr daselbst zu Füßen werfen.« –

Der Obristin verging, ehe sie noch auf die Hälfte dieses unerhörten Artikels gekommen war, die Sprache; sie überflog das Ende, und reichte das Blatt dem Kommandanten dar. Der Obrist durchlas das Blatt dreimal, als ob er seinen eignen Augen nicht traute. Nun sage mir, um des Himmels willen, Lorenzo, rief die Obristin, was hältst du davon? O die Schändliche! versetzte der Kommandant, und stand auf; o die verschmitzte Heuchlerin! Zehnmal die Schamlosigkeit einer Hündin, mit zehnfacher List des Fuchses gepaart, reichen noch an die ihrige nicht! Solch eine Miene! Zwei solche Augen! Ein Cherub hat sie nicht treuer! – und jammerte und konnte sich nicht beruhigen. Aber was in aller Welt, fragte die Obristin, wenn es eine List ist, kann sie damit bezwecken? – Was sie damit bezweckt? Ihre nichtswürdige Betrügerei, mit Gewalt will sie sie durchsetzen, erwiderte der Obrist. Auswendig gelernt ist sie schon, die Fabel, die sie uns beide, sie und er, am 3ten 11 Uhr morgens hier aufbürden wollen. Mein liebes Töchterchen, soll ich sagen, das wusste ich nicht, wer konnte das denken, vergib mir, nimm meinen Segen, und sei wieder gut. Aber die Kugel dem, der am 3ten morgens über meine Schwelle tritt! Es müsste denn schicklicher sein, ihn mir durch Bedienten aus dem Hause zu schaffen. – Frau von G... sagte, nach einer nochmaligen Überlesung des Zeitungsblattes, dass wenn sie, von zwei unbegreiflichen Dingen, einem, Glauben, beimessen solle, sie lieber an ein unerhörtes Spiel des Schicksals, als an diese Niederträchtigkeit ihrer sonst so vortrefflichen Tochter glauben wolle. Doch ehe sie noch vollendet hatte, rief der Kommandant schon: tu mir den Ge-

unerhörten so noch nie da gewesenen

verschmitzte raffinierte

Schamlosigkeit einer Hündin → Seite 207

Cherub Engel

Fabel Lügengeschichte

aufbürden aufbinden, weismachen

Es müsste denn schicklicher sein Wenn es nicht womöglich angemessener wäre

fallen und schweig! und verließ das Zimmer. Es ist mir verhasst, wenn ich nur davon höre.

Wenige Tage nachher erhielt der Kommandant, in Beziehung auf diesen Zeitungsartikel, einen Brief von der Marquise, in welchem sie ihn, da ihr die Gnade versagt wäre, in seinem Hause erscheinen zu dürfen, auf eine ehrfurchtsvolle und rührende Art bat, denjenigen, der sich am 3ten morgens bei ihm zeigen würde, gefälligst zu ihr nach V... hinauszuschicken. Die Obristin war gerade gegenwärtig, als der Kommandant diesen Brief empfing; und da sie auf seinem Gesicht deutlich bemerkte, dass er in seiner Empfindung irre geworden war: denn welch ein Motiv jetzt, falls es eine Betrügerei war, sollte er ihr unterlegen, da sie auf seine Verzeihung gar keine Ansprüche zu machen schien? so rückte sie, dadurch dreist gemacht, mit einem Plan hervor, den sie schon lange, in ihrer von Zweifeln bewegten Brust, mit sich herumgetragen hatte. Sie sagte, während der Obrist noch, mit einer nichtssagenden Miene, in das Papier hineinsah: sie habe einen Einfall. Ob er ihr erlauben wolle, auf einen oder zwei Tage, nach V... hinauszufahren? Sie werde die Marquise, falls sie wirklich denjenigen, der ihr durch die Zeitungen, als ein Unbekannter, geantwortet, schon kenne, in eine Lage zu versetzen wissen, in welcher sich ihre Seele verraten müsste, und wenn sie die abgefeimteste Verräterin wäre. Der Kommandant erwiderte, indem er, mit einer plötzlich heftigen Bewegung, den Brief zerriss: sie wisse, dass er mit ihr nichts zu schaffen haben wolle, und er verbiete ihr, in irgendeine Gemeinschaft mit ihr zu treten. Er siegelte die zerrissenen Stücke ein, schrieb eine Adresse an die Marquise, und gab sie dem Boten, als Antwort, zurück. Die Obristin, durch diesen hartnäckigen Eigensinn, der alle Möglichkeit der Aufklärung vernichtete, heimlich erbittert, beschloss ihren Plan jetzt, gegen seinen Willen, auszuführen. Sie nahm einen von

gefälligst freundlicherweise, gefälligerweise

Empfindung Auffassung

irre zweifelnd, unsicher

unterlegen unterstellen

dreist mutig, selbstsicher

abgefeimteste durchtriebenste

Verräterin Betrügerin

siegelte ... ein tat ... in einen Umschlag und versiegelte diesen

den Jägern des Kommandanten, und fuhr am nächstfolgenden Morgen, da ihr Gemahl noch im Bette lag, mit demselben nach V... hinaus. Als sie am Tore des Landsitzes angekommen war, sagte ihr der Türsteher, dass niemand bei der Frau Marquise vorgelassen würde. Frau von G... antwortete, dass sie von dieser Maßregel unterrichtet wäre, dass er aber gleichwohl nur gehen, und die Obristin von G... bei ihr anmelden mögte. Worauf dieser versetzte, dass dies zu nichts helfen würde, indem die Frau Marquise keinen Menschen auf der Welt spräche. Frau von G... antwortete, dass sie von ihr gesprochen werden würde, indem sie ihre Mutter wäre, und dass er nur nicht länger säumen, und sein Geschäft verrichten möchte. Kaum aber war noch der Türsteher zu diesem, wie er meinte, gleichwohl vergeblichen Versuche ins Haus gegangen, als man schon die Marquise daraus hervortreten, nach dem Tore eilen, und sich auf Knien vor dem Wagen der Obristin niederstürzen sah. Frau von G... stieg, von ihrem Jäger unterstützt, aus, und hob die Marquise, nicht ohne einige Bewegung, vom Boden auf. Die Marquise drückte sich, von Gefühlen überwältigt, tief auf ihre Hand hinab, und führte sie, indem ihr die Tränen häufig flossen, ehrfurchtsvoll in die Zimmer ihres Hauses. Meine teuerste Mutter! rief sie, nachdem sie ihr den Diwan angewiesen hatte, und noch vor ihr stehen blieb, und sich die Augen trocknete: welch ein glücklicher Zufall ist es, dem ich Ihre, mir unschätzbare Erscheinung verdanke? Frau von G... sagte, indem sie ihre Tochter vertraulich fasste, sie müsse ihr nur sagen, dass sie komme, sie wegen der Härte, mit welcher sie aus dem väterlichen Hause verstoßen worden sei, um Verzeihung zu bitten. Verzeihung! fiel ihr die Marquise ins Wort, und wollte ihre Hände küssen. Doch diese, indem sie den Handkuss vermied, fuhr fort: denn nicht nur, dass die, in den letzten öffentlichen Blättern eingerückte, Antwort auf die bewusste Bekanntma-

einen von den Jägern hier ein Diener des Hauses in Jägertracht

Maßregel Anweisung

mögte möchte (möge)

sein Geschäft verrichten möchte den Auftrag ausrichten möge

drückte beugte

häufig reichlich

ihr den Diwan angewiesen hatte sie aufgefordert hatte, auf dem Diwan Platz zu nehmen

vermied abwehrte

öffentlichen Blättern Zeitungen

chung, mir sowohl als dem Vater, die Überzeugung von deiner Unschuld gegeben hat; so muss ich dir auch eröffnen, dass er sich selbst schon, zu unserm großen und freudigen Erstaunen, gestern im Hause gezeigt hat. Wer hat sich –? fragte die Marquise, und setzte sich bei ihrer Mutter nieder; – welcher er selbst hat sich gezeigt – ? und Erwartung spannte jede ihrer Mienen. Er, erwiderte Frau von G…, der Verfasser jener Antwort, er persönlich selbst, an welchen dein Aufruf gerichtet war. – Nun denn, sagte die Marquise, mit unruhig arbeitender Brust: wer ist es? Und noch einmal: wer ist es? – Das, erwiderte Frau von G…, möchte ich dich erraten lassen. Denn denke, dass sich gestern, da wir beim Tee sitzen, und eben das sonderbare Zeitungsblatt lesen, ein Mensch, von unsrer genauesten Bekanntschaft, mit Gebärden der Verzweiflung ins Zimmer stürzt, und deinem Vater, und bald darauf auch mir, zu Füßen fällt. Wir, unwissend, was wir davon denken sollen, fordern ihn auf, zu reden. Darauf spricht er: sein Gewissen lasse ihm keine Ruhe; er sei der Schändliche, der die Frau Marquise betrogen, er müsse wissen, wie man sein Verbrechen beurteile, und wenn Rache über ihn verhängt werden solle, so komme er, sich ihr selbst darzubieten. Aber wer? wer? wer? versetzte die Marquise. Wie gesagt, fuhr Frau von G… fort, ein junger, sonst wohlerzogener Mensch, dem wir eine solche Nichtswürdigkeit niemals zugetraut hätten. Doch erschrecken wirst du nicht, meine Tochter, wenn du erfährst, dass er von niedrigem Stande, und von allen Forderungen, die man sonst an deinen Gemahl machen dürfte, entblößt ist. Gleichviel, meine vortreffliche Mutter, sagte die Marquise, er kann nicht ganz unwürdig sein, da er sich Ihnen früher als mir, zu Füßen geworfen hat. Aber, wer? wer? Sagen Sie mir nur: wer? Nun denn, versetzte die Mutter, es ist Leopardo, der Jäger, den sich der Vater jüngst aus Tirol verschrieb, und den ich, wenn du ihn wahrnahmst,

mit unruhig arbeitender Brust vor Erregung heftig atmend

von unsrer genauesten Bekanntschaft den wir genau kennen

unwissend im Unklaren

betrogen hintergangen

darzubieten zu stellen, auszuliefern

von allen Forderungen … entblößt ist aufgrund seiner untergeordneten sozialen Stellung kein ›denkbarer‹ Ehemann ist (jedenfalls nicht nach den gewöhnlichen Vorstellungen)

sich … verschrieb auf brieflichem Wege in seinen Dienst nahm

schon mitgebracht habe, um ihn dir als Bräutigam vorzustellen. Leopardo, der Jäger! rief die Marquise, und drückte ihre Hand, mit dem Ausdruck der Verzweiflung, vor die Stirn. Was erschreckt dich? fragte die Obristin. Hast du Gründe, daran zu zweifeln? – Wie? Wo? Wann? fragte die Marquise verwirrt. Das, antwortete jene, will er nur dir anvertrauen. Scham und Liebe, meinte er, machten es ihm unmöglich, sich einer andern hierüber zu erklären, als dir. Doch wenn du willst, so öffnen wir das Vorzimmer, wo er, mit klopfendem Herzen, auf den Ausgang wartet; und du magst sehen, ob du ihm sein Geheimnis, indessen ich abtrete, entlockst. – Gott, mein Vater! rief die Marquise; ich war einst in der Mittagshitze eingeschlummert, und sah ihn von meinem Diwan gehen, als ich erwachte! – Und damit legte sie ihre kleinen Hände vor ihr in Scham erglühendes Gesicht. Bei diesen Worten sank die Mutter auf Knien vor ihr nieder. O meine Tochter! rief sie; o du Vortreffliche! und schlug die Arme um sie. Und o ich Nichtswürdige! und verbarg das Antlitz in ihren Schoß. Die Marquise fragte bestürzt: was ist Ihnen, meine Mutter? Denn begreife, fuhr diese fort, o du Reinere als Engel sind, dass von allem, was ich dir sagte, nichts wahr ist; dass meine verderbte Seele an solche Unschuld nicht, als von der du umstrahlt bist, glauben konnte, und dass ich dieser schändlichen List erst bedurfte, um mich davon zu überzeugen. Meine teuerste Mutter, rief die Marquise, und neigte sich voll froher Rührung zu ihr herab, und wollte sie aufheben. Jene versetzte darauf: nein, eher nicht von deinen Füßen weich ich, bis du mir sagst, ob du mir die Niedrigkeit meines Verhaltens, du Herrliche, Überirdische, verzeihen kannst. Ich Ihnen verzeihen, meine Mutter! Stehen Sie auf, rief die Marquise, ich beschwöre Sie – Du hörst, sagte Frau von G…, ich will wissen, ob du mich noch lieben, und so aufrichtig verehren kannst, als sonst? Meine angebetete Mutter! rief die Mar-

den Ausgang das Ergebnis der Beratung

von meinem Diwan gehen sich von meinem Ruhebett entfernen

ihren Der von Kleist gewählte Akkusativ betont die (Richtung der) Bewegung.

verderbte verkommene, unsittliche

sie aufheben ihr aus ihrer knienden Stellung aufhelfen

beschwöre Sie bitte Sie inständig

quise, und legte sich gleichfalls auf Knien vor ihr nieder; Ehrfurcht und Liebe sind nie aus meinem Herzen gewichen. Wer konnte mir, unter so unerhörten Umständen, Vertrauen schenken? Wie glücklich bin ich, dass Sie von meiner Unsträflichkeit überzeugt sind! Nun denn, versetzte Frau von G…, indem sie, von ihrer Tochter unterstützt, aufstand: so will ich dich auf Händen tragen, mein liebstes Kind. Du sollst bei mir dein Wochenlager halten; und wären die Verhältnisse so, dass ich einen jungen Fürsten von dir erwartete, mit größerer Zärtlichkeit nicht und Würdigkeit könnt' ich dein pflegen. Die Tage meines Lebens nicht mehr von deiner Seite weich ich. Ich biete der ganzen Welt Trotz; ich will keine andre Ehre mehr, als deine Schande: wenn du mir nur wieder gut wirst, und der Härte nicht, mit welcher ich dich verstieß, mehr gedenkst. Die Marquise suchte sie mit Liebkosungen und Beschwörungen ohne Ende zu trösten; doch der Abend kam heran, und Mitternacht schlug, ehe es ihr gelang. Am folgenden Tage, da sich der Affekt der alten Dame, der ihr während der Nacht eine Fieberhitze zugezogen hatte, ein wenig gelegt hatte, fuhren Mutter und Tochter und Enkel, wie im Triumph, wieder nach M… zurück. Sie waren äußerst vergnügt auf der Reise, scherzten über Leopardo, den Jäger, der vorn auf dem Bock saß; und die Mutter sagte zur Marquise, sie bemerke, dass sie rot würde, sooft sie seinen breiten Rücken ansähe. Die Marquise antwortete, mit einer Regung, die halb ein Seufzer, halb ein Lächeln war: wer weiß, wer zuletzt noch am 3ten 11 Uhr morgens bei uns erscheint! – Drauf, je mehr man sich M… näherte, je ernsthafter stimmten sich wieder die Gemüter, in der Vorahndung entscheidender Auftritte, die ihnen noch bevorstanden. Frau von G…, die sich von ihren Plänen nichts merken ließ, führte ihre Tochter, da sie vor dem Hause ausgestiegen waren, wieder in ihre alten Zimmer ein; sagte, sie möchte es sich

Unsträflichkeit Unschuld

dein deiner; dich

Affekt Erregungszustand

eine Fieberhitze ein hitziges Fieber, einen Fieberanfall

Bock Kutschersitz

Vorahndung Vorahnung

nur bequem machen, sie würde gleich wieder bei ihr sein, und schlüpfte ab. Nach einer Stunde kam sie mit einem ganz erhitzten Gesicht wieder. Nein, solch ein Thomas! sprach sie mit heimlich vergnügter Seele; solch ein ungläubiger Thomas! Hab ich nicht eine Seigerstunde gebraucht, ihn zu überzeugen. Aber nun sitzt er, und weint. Wer? fragte die Marquise. Er, antwortete die Mutter. Wer sonst, als wer die größte Ursache dazu hat. Der Vater doch nicht? rief die Marquise. Wie ein Kind, erwiderte die Mutter; dass ich, wenn ich mir nicht selbst hätte die Tränen aus den Augen wischen müssen, gelacht hätte, so wie ich nur aus der Türe heraus war. Und das wegen meiner? fragte die Marquise, und stand auf; und ich sollte hier –? Nicht von der Stelle! sagte Frau von G… Warum diktierte er mir den Brief! Hier sucht er *dich* auf, wenn er *mich*, so lange ich lebe, wiederfinden will. Meine teuerste Mutter, flehte die Marquise – Unerbittlich! fiel ihr die Obristin ins Wort. Warum griff er nach der Pistole. – Aber ich beschwöre Sie – Du *sollst* nicht, versetzte Frau von G…, indem sie die Tochter wieder auf ihren Sessel niederdrückte. Und wenn er nicht heut vor Abend noch kommt, zieh ich morgen mit dir weiter. Die Marquise nannte dies Verfahren hart und ungerecht. Doch die Mutter erwiderte: Beruhige dich – denn eben hörte sie jemand von Weitem heranschluchzen: er kömmt schon! Wo? fragte die Marquise, und horchte. Ist wer hier draußen vor der Tür; dies heftige –? Allerdings, versetzte Frau von G… Er will, dass wir ihm die Türe öffnen. Lassen Sie mich! rief die Marquise, und riss sich vom Stuhl empor. Doch: wenn du mir gut bist, Julietta, versetzte die Obristin, so bleib; und in dem Augenblick trat auch der Kommandant schon, das Tuch vor das Gesicht haltend, ein. Die Mutter stellte sich breit vor ihre Tochter, und kehrte ihm den Rücken zu. Mein teuerster Vater! rief die Marquise, und streckte ihre Arme nach ihm aus.

Thomas
→ Seite 207

Seigerstunde geschlagene Stunde (von ›Seiger‹: ›Uhr‹)

heranschluchzen schluchzend näher kommen

Tuch Taschentuch

Nicht von der Stelle, sagte Frau von G..., du hörst! Der Kommandant stand in der Stube und weinte. Er soll dir abbitten, fuhr Frau von G... fort. Warum ist er so heftig! Und warum ist er so hartnäckig! Ich liebe ihn, aber dich auch; ich ehre ihn, aber dich auch. Und muss ich eine Wahl treffen, so bist du vortrefflicher, als er, und ich bleibe bei dir. Der Kommandant beugte sich ganz krumm, und heulte, dass die Wände erschallten. Aber mein Gott! rief die Marquise, gab der Mutter plötzlich nach, und nahm ihr Tuch, ihre eigenen Tränen fließen zu lassen. Frau von G... sagte: – er kann nur nicht sprechen! und wich ein wenig zur Seite aus. Hierauf erhob sich die Marquise, umarmte den Kommandanten, und bat ihn, sich zu beruhigen. Sie weinte selbst heftig. Sie fragte ihn, ob er sich nicht setzen wolle? sie wollte ihn auf einen Sessel niederziehen; sie schob ihm einen Sessel hin, damit er sich daraufsetze: doch er antwortete nicht; er war nicht von der Stelle zu bringen; er setzte sich auch nicht, und stand bloß, das Gesicht tief zur Erde gebeugt, und weinte. Die Marquise sagte, indem sie ihn aufrecht hielt, halb zur Mutter gewandt: er werde krank werden; die Mutter selbst schien, da er sich ganz konvulsivisch gebärdete, ihre Standhaftigkeit verlieren zu wollen. Doch da der Kommandant sich endlich, auf die wiederholten Anforderungen der Tochter, niedergesetzt hatte, und diese ihm, mit unendlichen Liebkosungen, zu Füßen gesunken war: so nahm sie wieder das Wort, sagte, es geschehe ihm ganz recht, er werde nun wohl zur Vernunft kommen, entfernte sich aus dem Zimmer, und ließ sie allein.

Sobald sie draußen war, wischte sie sich selbst die Tränen ab, dachte, ob ihm die heftige Erschütterung, in welche sie ihn versetzt hatte, nicht doch gefährlich sein könnte, und ob es wohl ratsam sei, einen Arzt rufen zu lassen? Sie kochte ihm für den Abend alles, was sie nur Stärkendes und Beruhi-

dir abbitten dich um Verzeihung bitten

konvulsivisch (siehe Seite 174, Zeile 8)

Anforderungen Aufforderungen

gendes aufzutreiben wusste, in der Küche zusammen, bereitete und wärmte ihm das Bett, um ihn sogleich hineinzulegen, sobald er nur, an der Hand der Tochter, erscheinen würde, und schlich, da er immer noch nicht kam, und schon die Abendtafel gedeckt war, dem Zimmer der Marquise zu, um doch zu hören, was sich zutrage? Sie vernahm, da sie mit sanft an die Tür gelegtem Ohr horchte, ein leises, eben verhallendes Gelispel, das, wie es ihr schien, von der Marquise kam; und, wie sie durchs Schlüsselloch bemerkte, saß sie auch auf des Kommandanten Schoß, was er sonst in seinem Leben nicht zugegeben hatte. Drauf endlich öffnete sie die Tür, und sah nun – und das Herz quoll ihr vor Freuden empor: die Tochter still, mit zurückgebeugtem Nacken, die Augen fest geschlossen, in des Vaters Armen liegen; indessen dieser, auf dem Lehnstuhl sitzend, lange, heiße und lechzende Küsse, das große Auge voll glänzender Tränen, auf ihren Mund drückte: gerade wie ein Verliebter! Die Tochter sprach nicht, er sprach nicht; mit über sie gebeugtem Antlitz saß er, wie über das Mädchen seiner ersten Liebe, und legte ihr den Mund zurecht, und küsste sie. Die Mutter fühlte sich, wie eine Selige; ungesehen, wie sie hinter seinem Stuhle stand, säumte sie, die Lust der himmelfrohen Versöhnung, die ihrem Hause wieder geworden war, zu stören. Sie nahte sich dem Vater endlich, und sah ihn, da er eben wieder mit Fingern und Lippen in unsäglicher Lust über den Mund seiner Tochter beschäftigt war, sich um den Stuhl herumbeugend, von der Seite an. Der Kommandant schlug, bei ihrem Anblick, das Gesicht schon wieder ganz kraus nieder, und wollte etwas sagen; doch sie rief: o was für ein Gesicht ist das! küsste es jetzt auch ihrerseits in Ordnung, und machte der Rührung durch Scherzen ein Ende. Sie lud und führte beide, die wie Brautleute gingen, zur Abendtafel, an welcher der Kommandant zwar sehr heiter war, aber noch von Zeit zu Zeit schluchzte,

Gelispel Flüstern

durchs Schlüsselloch → Seite 208

zugegeben erlaubt, geduldet

lechzende verlangende

säumte sie hütete sie sich

geworden zuteil geworden

über den mit dem

kraus gekrümmt, verlegen

wenig aß und sprach, auf den Teller niedersah, und mit der Hand seiner Tochter spielte.

Nun galt es, beim Anbruch des nächsten Tages, die Frage: wer nur, in aller Welt, morgen um 11 Uhr sich zeigen würde; denn morgen war der gefürchtete Dritte. Vater und Mutter, und auch der Bruder, der sich mit seiner Versöhnung eingefunden hatte, stimmten unbedingt, falls die Person nur von einiger Erträglichkeit sein würde, für Vermählung; alles, was nur immer möglich war, sollte geschehen, um die Lage der Marquise glücklich zu machen. Sollten die Verhältnisse derselben jedoch so beschaffen sein, dass sie selbst dann, wenn man ihnen durch Begünstigungen zu Hülfe käme, zu weit hinter den Verhältnissen der Marquise zurückblieben, so widersetzten sich die Eltern der Heirat; sie beschlossen, die Marquise nach wie vor bei sich zu behalten, und das Kind zu adoptieren. Die Marquise hingegen schien willens, in jedem Falle, wenn die Person nur nicht ruchlos wäre, ihr gegebenes Wort in Erfüllung zu bringen, und dem Kinde, es koste was es wolle, einen Vater zu verschaffen. Am Abend fragte die Mutter, wie es denn mit dem Empfang der Person gehalten werden solle? Der Kommandant meinte, dass es am schicklichsten sein würde, wenn man die Marquise um 11 Uhr allein ließe. Die Marquise hingegen bestand darauf, dass beide Eltern, und auch der Bruder, gegenwärtig sein möchten, indem sie keine Art des Geheimnisses mit dieser Person zu teilen haben wolle. Auch meinte sie, dass dieser Wunsch sogar in der Antwort derselben, dadurch, dass sie das Haus des Kommandanten zur Zusammenkunft vorgeschlagen, ausgedrückt scheine; ein Umstand, um dessentwillen ihr gerade diese Antwort, wie sie frei gestehen müsse, sehr gefallen habe. Die Mutter bemerkte die Unschicklichkeit der Rollen, die der Vater und der Bruder dabei zu spielen haben würden, bat die Tochter, die Entfernung der Männer zuzulassen, woge-

galt es stellte sich unausweichlich

mit seiner Versöhnung ebenfalls versöhnt

Begünstigungen finanzielle Zuwendungen

das Kind zu adoptieren Durch diesen Schritt wäre das Kind vom Makel der unehelichen Geburt befreit.

ruchlos gottlos, lasterhaft

gegenwärtig sein möchten, indem sie zugegen sein sollten, da sie

gen sie in ihren Wunsch willigen, und bei dem Empfang der Person gegenwärtig sein wolle. Nach einer kurzen Besinnung der Tochter ward dieser letzte Vorschlag endlich angenommen. Drauf nun erschien, nach einer, unter den gespanntesten Erwartungen zugebrachten, Nacht der Morgen des gefürchteten Dritten. Als die Glocke eilf Uhr schlug, saßen beide Frauen, festlich, wie zur Verlobung angekleidet, im Besuchzimmer; das Herz klopfte ihnen, dass man es gehört haben würde, wenn das Geräusch des Tages geschwiegen hätte. Der eilfte Glockenschlag summte noch, als Leopardo, der Jäger, eintrat, den der Vater aus Tirol verschrieben hatte. Die Weiber erblassten bei diesem Anblick. Der Graf F..., sprach er, ist vorgefahren, und lässt sich anmelden. Der Graf F...! riefen beide zugleich, von einer Art der Bestürzung in die andre geworfen. Die Marquise rief: Verschließt die Türen! Wir sind für ihn nicht zu Hause; stand auf, das Zimmer gleich selbst zu verriegeln, und wollte eben den Jäger, der ihr im Wege stand, hinausdrängen, als der Graf schon, in genau demselben Kriegsrock, mit Orden und Waffen, wie er sie bei der Eroberung des Forts getragen hatte, zu ihr eintrat. Die Marquise glaubte vor Verwirrung in die Erde zu sinken; sie griff nach einem Tuch, das sie auf dem Stuhl hatte liegen lassen, und wollte eben in ein Seitenzimmer entfliehn; doch Frau von G..., indem sie die Hand derselben ergriff, rief: Julietta –! und wie erstickt von Gedanken, ging ihr die Sprache aus. Sie heftete die Augen fest auf den Grafen und wiederholte: ich bitte dich, Julietta! indem sie sie nach sich zog: wen erwarten wir denn –? Die Marquise rief, indem sie sich plötzlich wandte: nun? doch ihn nicht –? und schlug mit einem Blick funkelnd, wie ein Wetterstrahl, auf ihn ein, indessen Blässe des Todes ihr Antlitz überflog. Der Graf hatte ein Knie vor ihr gesenkt; die rechte Hand lag auf seinem Herzen, das Haupt sanft auf seine Brust gebeugt, lag er, und blickte hoch-

eilf elf

demselben Kriegsrock derselben Uniformjacke

nach sich zu sich heran

Wetterstrahl Blitz

glühend vor sich nieder, und schwieg. Wen sonst, rief die Obristin mit beklemmter Stimme, wen sonst, wir Sinnberaubten, als ihn – ? Die Marquise stand starr über ihm, und sagte: ich werde wahnsinnig werden, meine Mutter! Du Törin, erwiderte die Mutter, zog sie zu sich, und flüsterte ihr etwas in das Ohr. Die Marquise wandte sich, und stürzte, beide Hände vor das Gesicht, auf den Sofa nieder. Die Mutter rief: Unglückliche! Was fehlt dir? Was ist geschehn, worauf du nicht vorbereitet warst? – Der Graf wich nicht von der Seite der Obristin; er fasste, immer noch auf seinen Knien liegend, den äußersten Saum ihres Kleides, und küsste ihn. Liebe! Gnädige! Verehrungswürdigste! flüsterte er: eine Träne rollte ihm die Wangen herab. Die Obristin sagte: stehn Sie auf, Herr Graf, stehn Sie auf! Trösten Sie jene; so sind wir alle versöhnt, so ist alles vergeben und vergessen. Der Graf erhob sich weinend. Er ließ sich von Neuem vor der Marquise nieder, er fasste leise ihre Hand, als ob sie von Gold wäre, und der Duft der seinigen sie trüben könnte. Doch diese – : gehn Sie! gehn Sie! gehn Sie! rief sie, indem sie aufstand; auf einen Lasterhaften war ich gefasst, aber auf keinen – – – Teufel! öffnete, indem sie ihm dabei, gleich einem Pestvergifteten, auswich, die Tür des Zimmers, und sagte: ruft den Obristen! Julietta! rief die Obristin mit Erstaunen. Die Marquise blickte, mit tötender Wildheit, bald auf den Grafen, bald auf die Mutter ein; ihre Brust flog, ihr Antlitz loderte: eine Furie blickt nicht schrecklicher. Der Obrist und der Forstmeister kamen. Diesem Mann, Vater, sprach sie, als jene noch unter dem Eingang waren, kann ich mich nicht vermählen! griff in ein Gefäß mit Weihwasser, das an der hinteren Tür befestigt war, besprengte, in einem großen Wurf, Vater und Mutter und Bruder damit, und verschwand.

Der Kommandant, von dieser seltsamen Erscheinung betroffen, fragte, was vorgefallen sei; und erblasste, da er, in

beklemmter gepresster, erregter

Sinnberaubten Begriffsstutzigen (›von allen guten Geistern Verlassenen‹)

den Sofa Sprachgebrauch des 18. Jahrhunderts

der Duft die (zarte) Ausdünstung

Pestvergifteten Pestkranken

bald … bald mal … dann wieder

Furie → Seite 208

unter dem Eingang waren auf der Türschwelle standen

Weihwasser → Seite 208

diesem entscheidenden Augenblick, den Grafen F… im Zimmer erblickte. Die Mutter nahm den Grafen bei der Hand und sagte: frage nicht; dieser junge Mann bereut von Herzen alles, was geschehen ist; gib deinen Segen, gib, gib: so wird sich alles noch glücklich endigen. Der Graf stand wie vernichtet. Der Kommandant legte seine Hand auf ihn; seine Augenwimpern zuckten, seine Lippen waren weiß, wie Kreide. Möge der Fluch des Himmels von diesen Scheiteln weichen! rief er: wann gedenken Sie zu heiraten? – Morgen, antwortete die Mutter für ihn, denn er konnte kein Wort hervorbringen, morgen oder heute, wie du willst; dem Herrn Grafen, der so viel schöne Beeiferung gezeigt hat, sein Vergehen wiedergutzumachen, wird immer die nächste Stunde die liebste sein. – So habe ich das Vergnügen, Sie morgen um 11 Uhr in der Augustinerkirche zu finden! sagte der Kommandant; verneigte sich gegen ihn, rief Frau und Sohn ab, um sich in das Zimmer der Marquise zu verfügen, und ließ ihn stehen.

Scheiteln Häuptern

Augustinerkirche Klosterkirche der Augustinermönche

Man bemühte sich vergebens, von der Marquise den Grund ihres sonderbaren Betragens zu erfahren; sie lag im heftigsten Fieber, wollte durchaus von Vermählung nichts wissen, und bat, sie allein zu lassen. Auf die Frage: warum sie denn ihren Entschluss plötzlich geändert habe? und was ihr den Grafen gehässiger mache, als einen andern? sah sie den Vater mit großen Augen zerstreut an, und antwortete nichts. Die Obristin sprach: ob sie vergessen habe, dass sie Mutter sei? worauf sie erwiderte, dass sie, in diesem Falle, mehr an sich, als ihr Kind, denken müsse, und nochmals, indem sie alle Engel und Heiligen zu Zeugen anrief, versicherte, dass sie nicht heiraten würde. Der Vater, der sie offenbar in einem überreizten Gemütszustande sah, erklärte, dass sie ihr Wort halten müsse; verließ sie, und ordnete alles, nach gehöriger schriftlicher Rücksprache mit dem Grafen, zur Vermählung

gehässiger verhasster

an. Er legte demselben einen Heiratskontrakt vor, in welchem dieser auf alle Rechte eines Gemahls Verzicht tat, dagegen sich zu allen Pflichten, die man von ihm fordern würde, verstehen sollte. Der Graf sandte das Blatt, ganz von Tränen durchfeuchtet, mit seiner Unterschrift zurück. Als der Kommandant am andern Morgen der Marquise dieses Papier überreichte, hatten sich ihre Geister ein wenig beruhigt. Sie durchlas es, noch im Bette sitzend, mehrere Male, legte es sinnend zusammen, öffnete es, und durchlas es wieder; und erklärte hierauf, dass sie sich um 11 Uhr in der Augustinerkirche einfinden würde. Sie stand auf, zog sich, ohne ein Wort zu sprechen, an, stieg, als die Glocke schlug, mit allen Ihrigen in den Wagen, und fuhr dahin ab.

Erst an dem Portal der Kirche war es dem Grafen erlaubt, sich an die Familie anzuschließen. Die Marquise sah, während der Feierlichkeit, starr auf das Altarbild; nicht ein flüchtiger Blick ward dem Manne zuteil, mit welchem sie die Ringe wechselte. Der Graf bot ihr, als die Trauung vorüber war, den Arm; doch sobald sie wieder aus der Kirche heraus waren, verneigte sich die Gräfin vor ihm: der Kommandant fragte, ob er die Ehre haben würde, ihn zuweilen in den Gemächern seiner Tochter zu sehen, worauf der Graf etwas stammelte, das niemand verstand, den Hut vor der Gesellschaft abnahm, und verschwand. Er bezog eine Wohnung in M…, in welcher er mehrere Monate zubrachte, ohne auch nur den Fuß in des Kommandanten Haus zu setzen, bei welchem die Gräfin zurückgeblieben war. Nur seinem zarten, würdigen und völlig musterhaften Betragen überall, wo er mit der Familie in irgendeine Berührung kam, hatte er es zu verdanken, dass er, nach der nunmehr erfolgten Entbindung der Gräfin von einem jungen Sohne, zur Taufe desselben eingeladen ward. Die Gräfin, die, mit Teppichen bedeckt, auf dem Wochenbette saß, sah ihn nur auf einen Augenblick, da er unter die Tür

Heiratskontrakt Heiratsvertrag

verstehen verpflichten

Geister Lebensgeister

sinnend nachdenklich

die Gräfin Durch die Heirat übernimmt die Marquise den Titel ihres Mannes.

Teppichen Umhängen, bestickten Zierdecken

trat, und sie von Weitem ehrfurchtsvoll grüßte. Er warf unter den Geschenken, womit die Gäste den Neugebornen bewillkommten, zwei Papiere auf die Wiege desselben, deren eines, wie sich nach seiner Entfernung auswies, eine Schenkung von 20000 Rubel an den Knaben, und das andere ein Testament war, in dem er die Mutter, falls er stürbe, zur Erbin seines ganzen Vermögens einsetzte. Von diesem Tage an ward er, auf Veranstaltung der Frau von G..., öfter eingeladen; das Haus stand seinem Eintritt offen, es verging bald kein Abend, da er sich nicht darin gezeigt hätte. Er fing, da sein Gefühl ihm sagte, dass ihm von allen Seiten, um der gebrechlichen Einrichtung der Welt willen, verziehen sei, seine Bewerbung um die Gräfin, seine Gemahlin, von Neuem an, erhielt, nach Verlauf eines Jahres, ein zweites Jawort von ihr, und auch eine zweite Hochzeit ward gefeiert, froher, als die erste, nach deren Abschluss die ganze Familie nach V... hinauszog. Eine ganze Reihe von jungen Russen folgte jetzt noch dem ersten; und da der Graf, in einer glücklichen Stunde, seine Frau einst fragte, warum sie, an jenem fürchterlichen Dritten, da sie auf jeden Lasterhaften gefasst schien, vor ihm, gleich einem Teufel, geflohen wäre, antwortete sie, indem sie ihm um den Hals fiel: er würde ihr damals nicht wie ein Teufel erschienen sein, wenn er ihr nicht, bei seiner ersten Erscheinung, wie ein Engel vorgekommen wäre.

bewillkommten willkommen hießen

nach seiner Entfernung nachdem er gegangen war

auswies erwies

Rubel russische Silbermünze

auf Veranstaltung auf Initiative, auf Betreiben

Zur Textgestalt

Über die Entstehung von Kleists Erzählung »Die Marquise von O...« gibt es keine gesicherten Angaben. Möglicherweise ist sie während seines Aufenthalts in Königsberg in den Jahren 1805 und 1806 entstanden. Gewiss ist lediglich, dass sie Ende 1807 fertig vorgelegen haben muss, denn im Februar 1808 erschien sie im zweiten Heft der von Kleist und Adam Müller in Dresden herausgegebenen Kunstzeitschrift »Phöbus« (S. 3–32). Kleist war hier als Verfasser nur im Inhaltsverzeichnis (S. 48) genannt: »von Heinrich von Kleist (nach einer wahren Begebenheit, deren Schauplatz vom Norden nach dem Süden verlegt worden).«

Zweieinhalb Jahre später kam es dann zur ersten Buchausgabe der Erzählung. Sie erschien, zusammen mit »Michael Kohlhaas« und dem »Erdbeben in Chili«, im September 1810 in Berlin im Verlag von Georg Andreas Reimer. Der Titel des Bands lautete schlicht: »Erzählungen. Von Heinrich von Kleist.« Im August 1811 folgte dann, ein Vierteljahr vor Kleists Freitod, noch ein zweiter Band »Erzählungen«.

Die Buchfassung der »Marquise von O...« ist gegenüber der Zeitschriftenfassung leicht verändert. Sie wird allgemein als die von Kleist als verbindlich betrachtete Endfassung angesehen. Entsprechend folgt die vorliegende Ausgabe dem Text der Buchfassung.

Die oben zitierte Beglaubigungsgeste aus dem Inhaltsverzeichnis des »Phöbus«-Hefts (»nach einer wahren Begebenheit [...]«) fehlt in der Buchfassung. Manche späteren Herausgeber von Kleists Werken haben sie dennoch der Erzählung vorangestellt. Hier wird auf diese Vorbemerkung verzichtet.

Die Rechtschreibung ist an den heutigen Stand angepasst. Zeichensetzung und Lautstand blieben jedoch unangetastet, wie es mittlerweile bei Neuausgaben älterer Werke üblich ist. So sind Formen wie »Arsenälen«, »Beihülfe«, »Besuchzimmer«, »eilf« oder »mögte« (neben »möchte«) unverändert aus dem Originaltext übernommen. Lediglich die uneinheitlich gehandhabte Schreibung »Commendant« beziehungsweise »Kommandant« ist zu »Kommandant« vereinheitlicht worden, auch wenn Kleist in aller Regel »Commendant« schreibt (vgl. hierzu die Erläuterung auf Seite 205).

Die zahlreichen Auslassungspunkte, die der ›diskreten Verschlüsselung‹ von Namen und Orten dienen (vgl. dazu die erste Erläuterung auf Seite 205), bestehen in der Erzählung nicht immer aus den allgemein üblichen drei Punkten. Die Namen O... und G... sowie das Landgut V... werden fast immer mit vier Punkten abgekürzt, die übrigen Namen und Orte mit drei Punkten. Da aber auch diese immerhin auffällige Tendenz nicht konsequent durchgehalten ist, werden die Auslassungen – wie in den meisten neueren Ausgaben – in der vorliegenden Ausgabe durchweg mit den gewohnten drei Punkten gekennzeichnet.

Besondere Betonungen einzelner Wörter hat Kleist durch gesperrte Schrift angezeigt. Diese Hervorhebungen sind in die vorliegende Ausgabe übernommen worden (vgl. etwa S. 160, Z. 15, S. 169, Z. 4 und 6, S. 184, Z. 9, oder S. 193, Z. 15 und 18). Wie bewusste Betonungen sehen im Erstdruck auch manche Großschreibungen auf, vor allem die häufig vorkommenden Formen »Alle«, »Allen« oder »Alles« (vgl. etwa S. 160, Z. 18, S. 198, Z. 15, oder S. 199, Z. 4, 5 und 32), aber auch Großschreibungen wie »Einer der Anführer« (vgl. S. 155, Z. 23), »Einem« (vgl. S. 187, Z. 29) und »Eins oder das Andere« (vgl. S. 174, Z. 27). Die Großschreibung folgt in diesen Beispielen jedoch einfach den Rechtschreibkonventionen der damaligen Zeit und wurde daher im vorliegenden Band – anders als in manchen anderen neueren Ausgaben der Erzählung – in Kleinschreibung umgewandelt.

Erläuterungen

S. 153 Marquise von O... ›Marquise‹ ist ein französischer Adelstitel. Die männliche Form lautet ›Marquis‹. Warum Kleist in einer Erzählung, die in Italien spielt, nicht die italienische Form ›Marchesa‹ gewählt hat – wie in der kurzen Erzählung »Das Bettelweib von Locarno«, in der ein ›Marchese‹ eine der beiden Hauptfiguren ist –, ist unklar. – Dass die Namen von Personen und Orten nicht preisgegeben, sondern nur deren Anfangsbuchstaben genannt werden, entspricht einer verbreiteten Konvention in der Erzählliteratur der Zeit; auf diese Weise sollte der Eindruck erweckt werden, es handle sich um wahre Begebenheiten und der Erzähler verzichte nur aus Diskretion darauf, die vollständigen Namen zu nennen.

mehreren wohlerzogenen Kindern Wenig später wird diese Angabe präzisiert, wenn von »ihren beiden Kindern« (S. 153, Z. 18) die Rede ist (vgl. auch S. 154 Z. 16f., und S. 180, Z. 16).

aus Familienrücksichten aus Rücksicht auf die Familie; uneheliche Schwangerschaften wurden von Kirche und Staat hart sanktioniert und gefährdeten nicht nur die gesellschaftliche Position der schwangeren Frau, sondern auch die ihrer Angehörigen.

Kommandanten Kleist schreibt fast immer ›Commendant‹ (von ital. ›commendatore‹, ›Befehlshaber‹). An drei Stellen steht in der ersten Buchausgabe der Erzählung allerdings auch ›Kommandant‹. Die Schreibung ist in der vorliegenden Ausgabe vereinheitlicht worden. Wie in vielen neueren Ausgaben der Erzählung steht nun durchweg ›Kommandant‹, auch wenn dies einen geringfügigen Eingriff in den Lautstand des Textes bedeutet.

fast aller Mächte Zu Beginn des Zweiten Koalitionskrieges der Alten Mächte gegen die Französische Republik gelang es den verbündeten Armeen von Österreich und Russland unter dem Oberbefehl General Suwarows 1799, die Franzosen vorübergehend aus Norditalien zu vertreiben, wo sich diese zuvor 1796/97 – mit dem jungen Napoleon als Oberbefehlshaber ihrer Italien-Armee – festgesetzt hatten. An der Seite Frankreichs kämpften in diesem Konflikt auch italienische und polnische Truppen. – Diese Kriegsgeschehnisse bilden den Hintergrund von Kleists knapp zehn Jahre später entstandener Erzählung.

S. 155 französischen Französisch war im 18. Jahrhundert in der Adelsschicht ganz Europas auch im Alltag die dominierende Verkehrssprache. Das Französische drang damals, zumindest in einzelnen Phrasen, auch in die Sprache des gebildeten Bürgertums ein.

S. 156 Naturen der Asiaten Die im Osten des russischen Reichs lebenden Völkerschaften wurden von Westeuropäern gleichzeitig mit Herablassung wie auch mit Angst betrachtet. Sie galten ihnen als ›unzivilisierte Wilde‹. Hier werden die russischen Soldaten pauschal mit diesen etwas unheimlichen Fremden identifiziert, welche die heroischen Anstrengungen ihres Offiziers zur Rettung von Gebäuden und Menschen ihrerseits mit Unverständnis und Schaudern verfolgen. Auf diese Weise wird die ›westeuropäische Gesittung‹ des Offiziers, der kurz zuvor die Marquise aus den Händen der russischen Scharfschützen gerettet hat, unterstrichen.

S. 164 nach Z … Zu denken ist vielleicht an Zürich, wo sich im Zweiten Koalitionskrieg das Hauptquartier des russischen Generals Korsakow befand.

S. 168 eines Schwans Traditionell gilt der Schwan als Sinnbild von Reinheit, Unschuld, Schönheit und Adel. In Darstellungen christlicher Kunst steht er entsprechend auch oft für die Jungfrau Maria.
sie Der Wechsel vom männlichen (*der* Schwan) zum weiblichen Pronomen signalisiert, dass der Graf beim Sprechen eigentlich an die Marquise denkt.

Thinka Abkürzung von Kathinka/Katinka, der Koseform von Jekaterina, der russischen Form von Katharina. Die Bedeutung dieses Namens wird unter Verweis auf das griechische Adjektiv ›katharós‹ (›rein‹) oft als ›die Reine‹ angegeben.

S. 170 Lorenzo möglicherweise eine ironisch gemeinte Namensgebung: Lorenzo bedeutet im Volksmund ›der Lorbeerbekränzte‹.

S. 171 Jäger entweder ein Soldat aus einem dem Grafen unterstehenden Jägerkorps (also einer Truppe leicht bewaffneter Reiter in Jägertracht) oder ein Bediensteter des Grafen – denn auch als Dieneruniform war die Jägertracht beliebt und verbreitet.

S. 173 ging ab In dieser Formulierung, die man aus den Nebentexten (Regieanweisungen) von Dramen kennt, zeigt sich, wie sehr Kleist auch in seinen Erzählungen szenisch denkt (vgl. auch S. 182, Z. 21).
dass die Gräber … entwickeln wird! Anlehnung an die Sprache des Alten Testaments, vgl. Jer. 20,17

S. 178 außer der Heiligen Jungfrau Dieser Vergleich findet sich noch nicht in der ersten, im »Phöbus« gedruckten Fassung von 1808, sondern erst in der Buchausgabe von 1810. Er bereitet die späteren Gedankenspiele der Marquise in Bezug auf ihr ungeborenes Kind vor, »dessen Ursprung, eben weil er geheimnisvoller war, auch göttlicher zu sein schien, als der anderer Menschen« (S. 180, Z. 32, bis S. 181, Z. 1). Auch diese zweite Passage fehlt noch in der Zeitschriftenfassung von 1808.

S. 183 Mauer eines weitläufigen Gartens Der ›verschlossene Garten‹ (›hortus conclusus‹) ist in Bild und Text seit dem frühen Mittelalter im christlich geprägten Kulturraum ein weit verbreitetes Symbol für die Reinheit der Jungfrau Maria.

S. 187 Schamlosigkeit einer Hündin Seit alters her ist ›Hündin‹ nicht nur ein schlimmes Schimpfwort für eine Frau, sondern enthält auch den unausgesprochenen Vorwurf einer ungezügelten Sexualität.

S. 193 Thomas Der Name steht sprichwörtlich für eine Haltung ungläubigen Zweifels (vgl. auch Z. 4f.), der erst durch handfeste Beweise zu beseitigen ist: Im Johannes-Evangelium (20,24–29) wird berichtet, wie der Jünger Thomas, als er Jesus nach dessen Tod am Kreuz begegnet, erst an dessen Auferstehung glaubt, nachdem Jesus ihn aufgefordert hat, ihn anzufassen.

S. 195 durchs Schlüsselloch Die Versöhnungsszene zwischen Vater und Tochter ist nach einem literarischen Vorbild gestaltet, einer Situation in Jean-Jacques Rousseaus (1712–1778) 1761 veröffentlichtem Roman »Julie ou la Nouvelle Héloïse« (63. Brief des ersten Teils). Die für heutige Leser befremdliche, beinahe inzestuös wirkende Gefühlsintensität der Szene ist vor dem Hintergrund der überschwänglichen Gefühlskultur der Empfindsamkeit zu sehen, hat aber auch in zeitgenössischen Besprechungen der Erzählung Befremden und Kritik hervorgerufen.

S. 198 Furie ›Furien‹ ist die römische Bezeichnung für die drei Rachegöttinnen (die ›Erinnyen‹) der griechischen Mythologie. Sie gelten in speziellen Kontexten auch als Verteidigerinnen mutterrechtlicher Prinzipien. Der Hinweis auf den angsteinflößenden Blick der Marquise (»eine Furie blickt nicht schrecklicher«) lässt zudem an die berühmte Medusa der griechischen Mythologie denken, eine weibliche Schreckgestalt, deren Anblick jeden Mann zu Stein erstarren lässt.

Weihwasser Gefäße mit Weihwasser gehörten zur üblichen Einrichtung katholischer Haushalte. Indem die Marquise ihre Angehörigen mit Weihwasser besprengt, um sie zu schützen, bringt sie zum Ausdruck, dass sie den Grafen für den (oder: einen) Teufel hält.

Heinrich von Kleist

Über das Marionettentheater

Als ich den Winter 1801 in M… zubrachte, traf ich daselbst eines Abends, in einem öffentlichen Garten, den Hrn. C. an, der seit Kurzem, in dieser Stadt, als erster Tänzer der Oper, angestellt war, und bei dem Publico außerordentliches Glück machte.

Erläuterungen zu dieser Seite → Seiten 227 und 228

Ich sagte ihm, dass ich erstaunt gewesen wäre, ihn schon mehrere Mal in einem Marionettentheater zu finden, das auf dem Markte zusammengezimmert worden war, und den Pöbel, durch kleine dramatische Burlesken, mit Gesang und Tanz durchwebt, belustigte.

Er versicherte mir, dass ihm die Pantomimik dieser Puppen viel Vergnügen machte, und ließ nicht undeutlich merken, dass ein Tänzer, der sich ausbilden wolle, mancherlei von ihnen lernen könne.

Da diese Äußerung mir, durch die Art, wie er sie vorbrachte, mehr, als ein bloßer Einfall schien, so ließ ich mich bei ihm nieder, um ihn über die Gründe, auf die er eine so sonderbare Behauptung stützen könne, näher zu vernehmen.

Er fragte mich, ob ich nicht, in der Tat, einige Bewegungen der Puppen, besonders der kleineren, im Tanz sehr graziös gefunden hatte.

Diesen Umstand konnt' ich nicht leugnen. Eine Gruppe von vier Bauern, die nach einem raschen Takt die Ronde tanzte, hätte von Tenier nicht hübscher gemalt werden können.

Ich erkundigte mich nach dem Mechanismus dieser Figuren, und wie es möglich wäre, die einzelnen Glieder derselben und ihre Punkte, ohne Myriaden von Fäden an den Fingern zu haben, so zu regieren, als es der Rhythmus der Bewegungen, oder der Tanz, erfordere?

Er antwortete, dass ich mir nicht vorstellen müsse, als ob jedes Glied einzeln, während der verschiedenen Momente des Tanzes, von dem Maschinisten gestellt und gezogen würde.

Jede Bewegung, sagte er, hätte einen Schwerpunkt; es wäre genug, diesen, in dem Innern der Figur, zu regieren; die Glieder, welche nichts als Pendel wären, folgten, ohne irgendein Zutun, auf eine mechanische Weise von selbst.

Jede Bewegung … hätte einen Schwerpunkt → Seite 228
Pendel → Seite 228

Er setzte hinzu, dass diese Bewegung sehr einfach wäre; dass jedes Mal, wenn der Schwerpunkt in einer *graden Linie* bewegt wird, die Glieder schon *Kurven* beschrieben; und dass oft, auf eine bloß zufällige Weise erschüttert, das Ganze schon in eine Art von rhythmische Bewegung käme, die dem Tanz ähnlich wäre.

beschrieben vollführten
über das Vergnügen auf das Vergnügen

Diese Bemerkung schien mir zuerst einiges Licht über das Vergnügen zu werfen, das er in dem Theater der Marionetten zu finden vorgegeben hatte. Inzwischen ahndete ich bei Weitem die Folgerungen noch nicht, die er späterhin daraus ziehen würde.

vorgegeben erklärt, behauptet
Inzwischen Vorläufig aber
ahndete ahnte
späterhin später

Ich fragte ihn, ob er glaubte, dass der Maschinist, der diese Puppen regierte, selbst ein Tänzer sein, oder wenigstens einen Begriff vom Schönen im Tanz haben müsse?

wenigstens zum Mindesten

Er erwiderte, dass wenn ein Geschäft, von seiner mechanischen Seite, leicht sei, daraus noch nicht folge, dass es ganz ohne Empfindung betrieben werden könne.

ein Geschäft eine Tätigkeit

Die Linie, die der Schwerpunkt zu beschreiben hat, wäre zwar sehr einfach, und, wie er glaube, in den meisten Fällen, gerad. In Fällen, wo sie krumm sei, scheine das Gesetz ihrer Krümmung wenigstens von der ersten oder höchstens zweiten Ordnung; und auch in diesem letzten Fall nur elliptisch, welche Form der Bewegung den Spitzen des menschlichen Körpers (wegen der Gelenke) überhaupt die natürliche sei, und also dem Maschinisten keine große Kunst koste, zu verzeichnen.

von der ersten oder höchstens zweiten Ordnung → Seite 228
Spitzen → Seite 228
also dem Maschinisten keine große Kunst koste, zu verzeichnen → Seite 228

Dagegen wäre diese Linie wieder, von einer andern Seite, etwas sehr Geheimnisvolles. Denn sie wäre nichts anders, als der *Weg der Seele des Tänzers*; und er zweifle, dass sie an-

anders anderes

ders gefunden werden könne, als dadurch, dass sich der Maschinist in den Schwerpunkt der Marionette versetzt, d. h. mit andern Worten, *tanzt*.

Erläuterungen zu dieser Seite → Seiten 229 und 230

Ich erwiderte, dass man mir das Geschäft desselben als etwas ziemlich Geistloses vorgestellt hätte: etwa was das Drehen einer Kurbel sei, die eine Leier spielt.

Keineswegs, antwortete er. Vielmehr verhalten sich die Bewegungen seiner Finger zur Bewegung der daran befestigten Puppen ziemlich künstlich, etwa wie Zahlen zu ihren Logarithmen oder die Asymptote zur Hyperbel.

Inzwischen glaube er, dass auch dieser letzte Bruch von Geist, von dem er gesprochen, aus den Marionetten entfernt werden, dass ihr Tanz gänzlich ins Reich mechanischer Kräfte hinübergespielt, und vermittelst einer Kurbel, so wie ich es mir gedacht, hervorgebracht werden könne.

Ich äußerte meine Verwunderung zu sehen, welcher Aufmerksamkeit er diese, für den Haufen erfundene, Spielart einer schönen Kunst würdige. Nicht bloß, dass er sie einer höheren Entwickelung für fähig halte: er scheine sich sogar selbst damit zu beschäftigen.

Er lächelte, und sagte, er getraue sich zu behaupten, dass wenn ihm ein Mechanikus, nach den Forderungen, die er an ihn zu machen dächte, eine Marionette bauen wollte, er vermittelst derselben einen Tanz darstellen würde, den weder er, noch irgendein anderer geschickter Tänzer seiner Zeit, Vestris selbst nicht ausgenommen, zu erreichen im Stande wäre.

Haben Sie, fragte er, da ich den Blick schweigend zur Erde schlug: haben Sie von jenen mechanischen Beinen gehört, welche englische Künstler für Unglückliche verfertigen, die ihre Schenkel verloren haben?

Ich sagte, nein: dergleichen wäre mir nie vor Augen gekommen.

Es tut mir leid, erwiderte er; denn wenn ich Ihnen sage, dass diese Unglücklichen damit tanzen, so fürchte ich fast, Sie werden es mir nicht glauben. – Was sag ich, tanzen? Der Kreis ihrer Bewegungen ist zwar beschränkt; doch diejenigen, die ihnen zu Gebote stehen, vollziehen sich mit einer Ruhe, Leichtigkeit und Anmut, die jedes denkende Gemüt in Erstaunen setzen.

Ich äußerte, scherzend, dass er ja, auf diese Weise, seinen Mann gefunden habe. Denn derjenige Künstler, der einen so merkwürdigen Schenkel zu bauen im Stande sei, würde ihm unzweifelhaft auch eine ganze Marionette, seinen Forderungen gemäß, zusammensetzen können.

Wie, fragte ich, da er seinerseits ein wenig betreten zur Erde sah: wie sind denn diese Forderungen, die Sie an die Kunstfertigkeit desselben zu machen gedenken, bestellt?

Nichts, antwortete er, was sich nicht auch schon hier fände; Ebenmaß, Beweglichkeit, Leichtigkeit – nur alles in einem höheren Grade; und besonders eine naturgemäßere Anordnung der Schwerpunkte.

Und der Vorteil, den diese Puppe vor lebendigen Tänzern voraushaben würde?

Der Vorteil? Zuvörderst ein negativer, mein vortrefflicher Freund, nämlich dieser, dass sie sich niemals *zierte*. – Denn Ziererei erscheint, wie Sie wissen, wenn sich die Seele (vis motrix) in irgendeinem andern Punkte befindet, als in dem Schwerpunkt der Bewegung. Da der Maschinist nun schlechthin, vermittelst des Drahtes oder Fadens, keinen andern Punkt in seiner Gewalt hat, als diesen: so sind alle übrigen Glieder, was sie sein sollen, tot, reine Pendel, und folgen dem bloßen Gesetz der Schwere; eine vortreffliche Eigenschaft, die man vergebens bei dem größesten Teil unsrer Tänzer sucht.

Sehen Sie nur die P… an, fuhr er fort, wenn sie die Daphne spielt, und sich, verfolgt vom Apoll, nach ihm umsieht; die

Es tut mir leid Das ist bedauerlich

ihnen zu Gebote stehen → Seite 230

merkwürdigen erstaunlichen, leistungsfähigen

betreten → Seite 230

sind … bestellt sehen … aus

machen stellen

Zuvörderst Zuallererst

sich niemals zierte sich niemals unnatürlich, gespreizt benähme

erscheint tritt auf, macht sich bemerkbar

vis motrix (lat.) bewegende Kraft

schlechthin schlichtweg, einfach

in seiner Gewalt unter Kontrolle

Schwere Schwerkraft

Daphne … verfolgt vom Apoll → Seite 230

Seele sitzt ihr in den Wirbeln des Kreuzes; sie beugt sich, als ob sie brechen wollte, wie eine Najade aus der Schule Bernins. Sehen Sie den jungen F... an, wenn er, als Paris, unter den drei Göttinnen steht, und der Venus den Apfel überreicht: die Seele sitzt ihm gar (es ist ein Schrecken, es zu sehen) im Ellenbogen.

Erläuterungen zu dieser Seite → Seiten 232 bis 235

Solche Missgriffe, setzte er abbrechend hinzu, sind unvermeidlich, seitdem wir von dem Baum der Erkenntnis gegessen haben. Doch das Paradies ist verriegelt und der Cherub hinter uns; wir müssen die Reise um die Welt machen, und sehen, ob es vielleicht von hinten irgendwo wieder offen ist.

Ich lachte. – Allerdings, dachte ich, kann der Geist nicht irren, da, wo keiner vorhanden ist. Doch ich bemerkte, dass er noch mehr auf dem Herzen hatte, und bat ihn, fortzufahren.

Zudem, sprach er, haben diese Puppen den Vorteil, dass sie *antigrav* sind. Von der Trägheit der Materie, dieser dem Tanze entgegenstrebendsten aller Eigenschaften, wissen sie nichts: weil die Kraft, die sie in die Lüfte erhebt, größer ist, als jene, die sie an der Erde fesselt. Was würde unsre gute G... darum geben, wenn sie sechzig Pfund leichter wäre, oder ein Gewicht von dieser Größe ihr bei ihren entrechats und pirouetten, zu Hülfe käme? Die Puppen brauchen den Boden nur, wie die Elfen, um ihn zu *streifen*, und den Schwung der Glieder, durch die augenblickliche Hemmung neu zu beleben; wir brauchen ihn, um darauf zu *ruhen*, und uns von der Anstrengung des Tanzes zu erholen: ein Moment, der offenbar selber kein Tanz ist, und mit dem sich weiter nichts anfangen lässt, als ihn möglichst verschwinden zu machen.

Ich sagte, dass, so geschickt er auch die Sache seiner Paradoxe führe, er mich doch nimmermehr glauben machen würde, dass in einem mechanischen Gliedermann mehr Anmut enthalten sein könne, als in dem Bau des menschlichen Körpers.

Erläuterungen zu dieser Seite → Seiten 235 und 236

Er versetzte, dass es dem Menschen schlechthin unmöglich wäre, den Gliedermann darin auch nur zu erreichen. Nur ein Gott könne sich, auf diesem Felde, mit der Materie messen; und hier sei der Punkt, wo die beiden Enden der ringförmigen Welt ineinandergriffen.

Ich erstaunte immer mehr, und wusste nicht, was ich zu so sonderbaren Behauptungen sagen sollte.

Es scheine, versetzte er, indem er eine Prise Tabak nahm, dass ich das dritte Kapitel vom ersten Buch Moses nicht mit Aufmerksamkeit gelesen; und wer diese erste Periode aller menschlichen Bildung nicht kennt, mit dem könne man nicht füglich über die folgenden, um wie viel weniger über die letzte, sprechen.

Ich sagte, dass ich gar wohl wüsste, welche Unordnungen, in der natürlichen Grazie des Menschen, das Bewusstsein anrichtet. Ein junger Mann von meiner Bekanntschaft hätte, durch eine bloße Bemerkung, gleichsam vor meinen Augen, seine Unschuld verloren, und das Paradies derselben, trotz aller ersinnlichen Bemühungen, nachher niemals wiedergefunden. – Doch, welche Folgerungen, setzte ich hinzu, können Sie daraus ziehen?

Er fragte mich, welch einen Vorfall ich meine?

Ich badete mich, erzählte ich, vor etwa drei Jahren, mit einem jungen Mann, über dessen Bildung damals eine wunderbare Anmut verbreitet war. Er mogte ohngefähr in seinem sechszehnten Jahre stehn, und nur ganz von fern ließen sich, von der Gunst der Frauen herbeigerufen, die ersten Spuren von Eitelkeit erblicken. Es traf sich, dass wir grade kurz zuvor in Paris den Jüngling gesehen hatten, der sich einen Splitter aus dem Fuße zieht; der Abguss der Statue ist bekannt und befindet sich in den meisten deutschen Sammlungen. Ein Blick, den er in dem Augenblick, da er den Fuß auf den Schemel setzte, um ihn abzutrocknen, in einen großen

Spiegel warf, erinnerte ihn daran; er lächelte und sagte mir, welch eine Entdeckung er gemacht habe. In der Tat hatte ich, in eben diesem Augenblick, dieselbe gemacht; doch sei es, um die Sicherheit der Grazie, die ihm beiwohnte, zu prüfen, sei es, um seiner Eitelkeit ein wenig heilsam zu begegnen: ich lachte und erwiderte – er sähe wohl Geister! Er errötete, und hob den Fuß zum zweiten Mal, um es mir zu zeigen; doch der Versuch, wie sich leicht hätte voraussehn lassen, missglückte. Er hob verwirrt den Fuß zum dritten und vierten, er hob ihn wohl noch zehn Mal: umsonst! er war außer Stand, dieselbe Bewegung wieder hervorzubringen – was sag ich? die Bewegungen, die er machte, hatten ein so komisches Element, dass ich Mühe hatte, das Gelächter zurückzuhalten: –

Von diesem Tage, gleichsam von diesem Augenblick an, ging eine unbegreifliche Veränderung mit dem jungen Menschen vor. Er fing an, tagelang vor dem Spiegel zu stehen; und immer ein Reiz nach dem anderen verließ ihn. Eine unsichtbare und unbegreifliche Gewalt schien sich, wie ein eisernes Netz, um das freie Spiel seiner Gebärden zu legen, und als ein Jahr verflossen war, war keine Spur mehr von der Lieblichkeit in ihm zu entdecken, die die Augen der Menschen sonst, die ihn umringten, ergötzt hatte. Noch jetzt lebt jemand, der ein Zeuge jenes sonderbaren und unglücklichen Vorfalls war, und ihn, Wort für Wort, wie ich ihn erzählt, bestätigen könnte. –

Bei dieser Gelegenheit, sagte Herr C… freundlich, muss ich Ihnen eine andere Geschichte erzählen, von der Sie leicht begreifen werden, wie sie hierhergehört.

Ich befand mich, auf meiner Reise nach Russland, auf einem Landgut des Hrn. v. G…, eines liefländischen Edelmanns, dessen Söhne sich eben damals stark im Fechten übten. Besonders der Ältere, der eben von der Universität zu-

ihm beiwohnte er besaß, ihn auszeichnete

ein wenig heilsam zu begegnen einen kleinen Dämpfer zu versetzen

hatten ein so komisches Element gerieten ihm plötzlich so unbeholfen

mit dem in dem

immer ein Reiz nach dem anderen verließ ihn er verlor dabei immer mehr an Anmut

das freie Spiel die (ehemalige) natürliche Grazie

sonst … ergötzt früher (bisher) … beglückt

Landgut Großgrundbesitz mit Herrenhaus (Schloss) und landwirtschaftlichem Betrieb

eines liefländischen Edelmanns → Seite 236

stark mit Einsatz und Ausdauer

Erläuterungen zu dieser Seite → Seite 237

rückgekommen war, machte den Virtuosen, und bot mir, da ich eines Morgens auf seinem Zimmer war, ein Rapier an. Wir fochten; doch es traf sich, dass ich ihm überlegen war; Leidenschaft kam dazu, ihn zu verwirren; fast jeder Stoß, den ich führte, traf, und sein Rapier flog zuletzt in den Winkel. Halb scherzend, halb empfindlich, sagte er, indem er das Rapier aufhob, dass er seinen Meister gefunden habe: doch alles auf der Welt finde den seinen, und fortan wolle er mich zu dem meinigen führen. Die Brüder lachten laut auf, und riefen: Fort! fort! In den Holzstall herab! und damit nahmen sie mich bei der Hand und führten mich zu einem Bären, den Hr. v. G., ihr Vater, auf dem Hofe auferziehen ließ.

Der Bär stand, als ich erstaunt vor ihn trat, auf den Hinterfüßen, mit dem Rücken an einem Pfahl gelehnt, an welchem er angeschlossen war, die rechte Tatze schlagfertig erhoben, und sah mir ins Auge: das war seine Fechterpositur. Ich wusste nicht, ob ich träumte, da ich mich einem solchen Gegner gegenübersah; doch stoßen Sie! stoßen Sie! sagte Hr. v. G…, und versuchen Sie, ob Sie ihm eins beibringen können! Ich fiel, da ich mich ein wenig von meinem Erstaunen erholt hatte, mit dem Rapier auf ihn aus; der Bär machte eine ganz kurze Bewegung mit der Tatze und parierte den Stoß. Ich versuchte ihn durch Finten zu verführen; der Bär rührte sich nicht. Ich fiel wieder, mit einer augenblicklichen Gewandtheit, auf ihn aus, eines Menschen Brust würde ich ohnfehlbar getroffen haben: der Bär machte eine ganz kurze Bewegung mit der Tatze und parierte den Stoß. Jetzt war ich fast in dem Fall des jungen Hr. von G…. Der Ernst des Bären kam hinzu, mir die Fassung zu rauben, Stöße und Finten wechselten sich, mir triefte der Schweiß: umsonst! Nicht bloß, dass der Bär, wie der erste Fechter der Welt, alle meine Stöße parierte; auf Finten (was ihm kein Fechter der Welt nachmacht) ging er gar nicht einmal ein: Aug' in Auge, als ob er meine Seele darin lesen könnte, stand er, die Tatze schlagfertig erhoben, und wenn meine Stöße nicht ernsthaft gemeint waren, so rührte er sich nicht.

Glauben Sie diese Geschichte?

Vollkommen! rief ich, mit freudigem Beifall; jedwedem Fremden, so wahrscheinlich ist sie: um wie viel mehr Ihnen!

Nun, mein vortrefflicher Freund, sagte Herr C…, so sind Sie im Besitz von allem, was nötig ist, um mich zu begreifen. Wir sehen, dass in dem Maße, als, in der organischen Welt, die Reflexion dunkler und schwächer wird, die Grazie darin immer strahlender und herrschender hervortritt. – Doch so, wie sich der Durchschnitt zweier Linien, auf der einen Seite eines Punkts, nach dem Durchgang durch das Unendliche, plötzlich wieder auf der andern Seite einfindet, oder das Bild des Hohlspiegels, nachdem es sich in das Unendliche entfernt hat, plötzlich wieder dicht vor uns tritt: so findet sich auch, wenn die Erkenntnis gleichsam durch ein Unendliches gegangen ist, die Grazie wieder ein; so, dass sie, zu gleicher Zeit, in demjenigen menschlichen Körperbau am reinsten erscheint, der entweder gar keins, oder ein unendliches Bewusstsein hat, d. h. in dem Gliedermann, oder in dem Gott.

Mithin, sagte ich ein wenig zerstreut, müssten wir wieder von dem Baum der Erkenntnis essen, um in den Stand der Unschuld zurückzufallen?

Allerdings, antwortete er; das ist das letzte Kapitel von der Geschichte der Welt.

um wie viel mehr Ihnen! und Ihnen daher natürlich erst recht!

als in welchem

Durchschnitt Schnittpunkt

Hohlspiegels → Seite 237

Mithin Somit, dementsprechend

das ist das letzte Kapitel von der Geschichte der Welt Gemeint ist wohl: Damit würde die Geschichte der Welt (eigentlich: der Menschheit) ihren Zielpunkt, ihre Erfüllung erreichen.

»Der Dornauszieher« – eine der zahlreichen Ausführungen dieser Plastik, die zu den bekanntesten Motiven der Bildhauerkunst der griechisch-römischen Antike zählt

Zur Textgestalt

Den Text »Über das Marionettentheater« veröffentlichte Kleist Mitte Dezember 1810 in vier aufeinanderfolgenden Ausgaben (12. bis 15. Dezember) der »Berliner Abendblätter«, einer nach Format und Umfang kleinen Tageszeitung, die er im letzten Winter seines Lebens herausbrachte, bevor auch dieses Projekt nach einem halben Jahr scheiterte; Ende März 1811 erschien die letzte Nummer des Blatts.

Die vier Teile, in denen der Text in den »Abendblättern« erschien, können auch als Sinnabschnitte aufgefasst werden. Der erste, der in der vorliegenden Ausgabe bis Seite 213, Zeile 15, reicht, »ist auf den Mechanismus der Marionetten und die Manipulation ihres Schwerpunkts konzentriert«; im zweiten (Seite 213, Zeile 16, bis Seite 215, Zeile 28) »entwickelt der Tänzer (›Herr C.‹) seine Vorstellung von einer idealen Marionette, als deren Vorzüge er den Mangel an Ziererei und die Antigravität anführt«; der dritte (Seite 215, Zeile 29, bis Seite 217, Zeile 26) »bringt als Beitrag des Ich-Erzählers die Geschichte vom Jüngling, der ›seine Unschuld verliert‹ «; und der vierte und abschließende »führt nach der Bären-Anekdote zu allgemeinen Folgerungen« (alle Zitate aus: Heinrich von Kleist: Sämtliche Erzählungen, Anekdoten, Gedichte, Schriften. Herausgegeben von Klaus Müller-Salget. Frankfurt am Main: Deutscher Klassiker Verlag 2005, S. 1137. Diese Taschenbuchausgabe entspricht dem 1990 erschienenen Band 3 der Ausgabe »Heinrich von Kleist: Sämtliche Werke und Briefe in vier Bänden« des Deutschen Klassiker Verlags. Im Folgenden – auch in den Erläuterungen ab Seite 227 – zitiert als: Müller-Salget)

Über die Entstehungsgeschichte des »Marionettentheater«-Aufsatzes ist nichts bekannt. Die Idee, etwas übers Marionettentheater zu schreiben, könnte mit Kleists Verdruss über August Wilhelm Iffland, die dominierende Persönlichkeit des damaligen Berliner Theaterlebens, und über die Berliner Behörden zusammenhängen. Kleist galt als gutartig, aber auch als schwieriger Charakter. Fühlte er sich ungerecht behandelt, konnte er ebenso überreagieren wie Michael Kohlhaas, der Titelheld seiner berühmtesten Erzählung. Clemens Brentano, der 1810 in Berlin ganz in der Nähe Kleists wohnte und viel persönlichen Umgang mit ihm hatte, bezeichnete Kleist in einem Brief an Wilhelm Grimm von Mitte Februar 1810 als »ein[en] untersetzte[n] Zweiunddreißiger, mit einem erlebten runden, stumpfen Kopf, gemischt launigt, kindergut, arm und fest«; und in einem am 2. November 1810 geschriebenen Brief an beide Grimm-Brüder (Jacob und Wilhelm) heißt es, Kleist sei »ein sehr kurioser, guter, grober, bornierter, dummer, eigensinniger, mit langsamem Konsequenztalent herrlich ausgerüsteter Mensch, dessen treffliche Erzählungen [...] Sie lesen müssen«; er gebe »bei Hitzig ›Berliner Abendblätter‹, täglich ein Blatt heraus; wenn uns was begegnet, geben wir« (Brentano und sein enger Freund und Schriftstellerkollege Achim von Arnim) »es ihm, es steht viel Langeweile [...] und manche gute Anekdote drin.« (Beide Briefzitate nach: Heinrich von Kleists Lebensspuren. Dokumente und Berichte der Zeitgenossen. Neu herausgegeben von Helmut Sembdner. München: Deutscher Taschenbuch Verlag 1996, S. 318 und 365)

Im August 1810 hatte sich Kleist »durch eine unnötige Provokation August Wilhelm Ifflands, des berühmten Schauspielers, erfolgreichen Stückeschreibers und nunmehrigen Direktors des Berliner Nationaltheaters, die Aussicht« verscherzt, seine Dramen auf dieser wichtigen Bühne aufgeführt zu sehen. Iffland hatte Kleist ausrichten lassen, das ihm zur Prüfung unterbreitete ›Käthchen von Heilbronn‹ sei in der vorliegenden Form nicht bühnentauglich. Kleist war zudem zu Ohren gekommen, Iffland habe geäußert, das Stück gefalle ihm nicht. Kleist antwortete, in Anspielung auf Ifflands Homosexualität, anzüglich, das ›Käthchen‹ würde Iffland wohl besser gefallen haben, ›wenn es ein Junge gewesen wäre‹. Iffland reagierte in beherrschtem Ton, gab aber gleichwohl zu verstehen, was er von einer solchen ›Gemeinheit‹ halte. Dass Kleists Bosheit in Berlin die Runde machte und dass die Auseinandersetzung auch in den Zeitungen aufgegriffen wurde, unterband jede Möglichkeit einer späteren Versöhnung.«

(Hans-Georg Schede: Heinrich von Kleist. Reinbek bei Hamburg: Rowohlt Taschenbuch Verlag 2008, S. 130) Der Konflikt eskalierte, als in den »Berliner Abendblättern«, die Kleist ab Oktober herausbrachte, »das Gerücht gestreut« wurde, »die Direktion des Nationaltheaters besteche die Theaterkritiker. In der zweiten Novemberhälfte diente dann die geplante Rollenbesetzung für die Oper ›Die Schweizerfamilie‹ zum Vorwand für weitere Angriffe. Bei einer Aufführung am 26. November kam es im Theater zu einem solchen Tumult, dass die Vorstellung abgebrochen und eine andere Oper gegeben werden musste. Iffland schrieb noch am selben Abend an [den preußischen Staatskanzler Karl August von] Hardenberg, beklagte sich bitter über die ihm zugefügten gezielten Kränkungen und drohte mit seinem Rücktritt. Eine Untersuchungskommission wurde eingesetzt, die auch Achim von Arnim als einen der vermutlichen Provokateure vorlud. Dieser blieb der Vorladung fern. Er zog es stattdessen vor, Iffland brieflich vorzuhalten, dass der ›gänzliche Zensurdruck, unter welchem in Hinsicht des Theaters jetzt die öffentlichen Blätter schmachten, [...] notwendig in öffentliches Lärmen‹ ausarten müsse.« (Schede, S. 133 f.)

Das Ergebnis der Affäre war, dass Kleist Anfang Dezember untersagt wurde, in seinen »Abendblättern« irgendwelche Art von Theaterkritik zu bringen. Zur gleichen Zeit wurden »Polizeimaßnahmen gegen das in Berliner Wirtshäusern blühende Marionettentheaterwesen eingeleitet, die auf eine Domestizierung und Ruhigstellung dieses ›Theaters der kleinen Leute‹ hinausliefen« (Müller-Salget, S. 1138).

Dass Achim von Arnim »in mehreren Briefen an Goethe das Marionettentheater (für das er selbst geschrieben hatte) gegen Ifflands Theaterpraxis ausgespielt« hatte (Müller-Salget, S. 1138), wird Kleist ebenfalls bekannt gewesen sein. So könnte die ausdrückliche Würdigung des Marionettentheaters, die Kleist in seinem Text unternimmt, als Reaktion auf die sowohl gegen das Marionettentheaterwesen als auch gegen seine Zeitung gerichteten behördlichen Maßnahmen und zugleich als versteckter Seitenhieb gegen Iffland gemeint gewesen sein.

Ein großes Echo löste der Text nicht aus. An zeitgenössischen Reaktionen erwähnenswert ist vor allem die lobende Äußerung E. T. A. Hoffmanns in einem Brief vom 1. Juli 1812 aus Bamberg (wo er gerade den Plan zu seiner Oper »Undine« fasste) an seinen engen Freund Julius Eduard Hitzig, in dessen Verlag seinerzeit Kleists »Abendblätter« erschienen waren: »Herzlichen Dank für die höchst interessanten Abendblätter – Sehr sticht hervor der Aufsatz über Marionettentheater – Kleists Erzählungen kenne ich wohl; sie sind seiner würdig.« (Zitiert nach: Heinrich von Kleists Nachruhm. Eine Wirkungsgeschichte in Dokumenten. Neu herausgegeben von Helmut Sembdner. München: Deutscher Taschenbuch Verlag 1997, S. 573)

Kleist, der zu Lebzeiten als Dichter wie auch als Mensch umstritten – und letztlich ein literarischer Geheimtipp geblieben – war, wurde erst gegen Ende des 19. Jahrhunderts allgemein als einer der großen Dramatiker und Erzähler der deutschen Literatur anerkannt. Zu Beginn des 20. Jahrhunderts wuchs dann auch das Interesse an seinem »Marionettentheater«-Aufsatz, den man nun als einen Schlüsseltext für Kleists Kunstauffassung und für das Verständnis seines dichterischen Werkes zu betrachten begann. Diese Sichtweise hielt sich lang, wird aber in neuerer Zeit zunehmend in Frage gestellt. Dabei geraten mehr und mehr die vermeintlichen Unstimmigkeiten in den Argumentationen der beiden Gesprächspartner in den Blick.

Jenseits solcher Forschungskontroversen ist aber unstrittig, dass Kleist mit seinem Aufsatz ein geschichtsphilosophisches Modell aufgreift, das in den Jahren um 1800 unter Intellektuellen eine starke Resonanz fand. Vielen Menschen ging damals das intuitive Gefühl des Zusammenhangs ihres eigenen Daseins mit einem größeren Ganzen (mit ›der Welt‹, mit der Natur, mit Gott) verloren. Dieser Verlust von Unmittelbarkeit hing stark mit dem Verblassen religiöser Bindungen, dem durch die Aufklärung propagierten Einüben ins selbstständige Denken und den Erkenntnisfortschritten der Wissenschaften zusammen, die sich um 1800 in Spezialdisziplinen aufzuspalten begannen, was zu einem zusätzlichen Verlust von Zusammenhang und damit von existenzieller Geborgenheit führte. Zu dieser Situation passte die Vorstellung, dass die Menschen einst im Einklang mit der Welt gelebt hätten (gemeint war dabei nicht so sehr das biblische Paradies, sondern das als Wiege der abendländischen Humanität verklärte antike Griechenland, weil kulturelle Traditionen nun an die Stelle religiöser Bindungen traten), dass sie in der Gegenwart der Welt und sich entfremdet seien und dass die Aufgabe für die Zukunft darin bestehe, die verlorene Unmittelbarkeit wiederzugewinnen – was jedoch, da sich das Rad der Geschichte nicht einfach zurückdrehen lasse, nur auf dem Wege noch weiter fortschreitender Erkenntnis möglich sei. Das war die Position, die Friedrich Schiller in seiner großen, 1795 erschienenen Abhandlung »Über naive und sentimentalische Dichtung« entwickelt hatte.

Kleists »Marionettentheater«-Aufsatz ist, wie besonders die beiden letzten Absätze zeigen, in diesem Kontext zu betrachten. Die Art und Weise, wie er die beiden Gesprächspartner seines Textes ihre Positionen veranschaulichen und diskutieren lässt, bietet allerdings breiten Raum für unterschiedliche Deutungen der Haltung, die Kleist selbst zu dem dreiteiligen geschichtsphilosophischen Schema einnahm.

Als Textgrundlage für den Abdruck des »Marionettentheater«-Aufsatzes im vorliegenden Band dient die Erstveröffentlichung in den »Berliner Abendblättern«.

Die *Rechtschreibung* ist an den heutigen Stand angepasst. Zwar bereiten die Abweichungen zwischen damaligen und heutigen Schreibungen nur in Ausnahmefällen Verständnisprobleme, wie die folgenden Beispiele zeigen: »That«, »Zuthun«, »Anmuth«, »Gemüth«, »Vortheil«, »Drathes« (Drahtes), »Theil«, »Gebährden«, »daß«, »wußte«, »läßt«, »muß«, »Erkenntniß«, »Geheimnißvolles«, »misglückte«, »gratiös«, »läugnen«, »gemahlt«, »Tact«, »Puncte«, »Courven«, »Capitel«, »erwiederte«, »fieng an«, »gieng«, »Rappier« (Rapier), »parirte«, »elyptisch«, »Geschäfft«, »Leyer«, »Maaße«, »todt«, »Taback« oder »der Aeltere«. Dennoch liest sich ein an die heutigen Rechtschreibregeln angepasster Text flüssiger; und er bedeutet keinen unzulässigen Eingriff in die Intentionen des Autors, weil dieser ja bei der Schreibung von Wörtern in aller Regel auch nicht seinen persönlichen Überzeugungen folgt, sondern lediglich die zu seiner Zeit geltenden Konventionen übernimmt.

Anders verhält es sich bei der Zeichensetzung, die gerade bei den für Kleists Prosa charakteristischen langen und verschachtelten (aber klar konstruierten) Satzperioden von Bedeutung ist. Meist hilft Kleists Zeichensetzung, auch da, wo sie von den heutigen Regeln abweicht, die Satzstruktur zu erkennen und beim lauten Lesen an den richtigen Stellen Atem zu holen, damit auch der Zuhörer den Überblick behält. Es gibt aber auch Gegenbeispiele, bei denen Kleists Zeichensetzung zumindest heutigen Leser/-innen das Verständnis erschwert, wie die folgende Stelle zeigt: »Die Puppen brauchen den Boden nur, wie die Elfen, um ihn zu *streifen*, und den Schwung der Glieder, durch die augenblickliche Hemmung neu zu beleben; [...].« (S. 215, Z. 22–24) Dieser Satz wäre wohl leichter zu verstehen, wenn man die beiden letzten Kommata wegließe. Aber das sind Ausnahmefälle und so bleibt Kleists Kommasetzung in neueren Ausgaben zumeist und mit guten Gründen unangetastet. Dieses Prinzip gilt auch im vorliegenden Band.

Unverändert lässt man in Neuausgaben auch den Lautstand. Dass das sinnvoll ist, zeigt das Beispiel von lyrischen Texten, bei denen es leicht passieren könnte, dass sich plötzlich Reimworte nicht mehr reimen. Entsprechend bleiben in dieser Ausgabe die alten Wortformen »ahndete«, »Entwickelung«, »größesten«, »zu Hülfe«, »mogte ohngefähr«, »sechszehnten« und »ohnfehlbar« stehen.

Hervorhebungen sind durch Kursivierung gekennzeichnet (vgl. etwa S. 215, Z. 23 und 25). Die Großschreibungen im Original von »alles« (S. 214, Z. 17), »allem« (S. 219, Z. 8) und »eins« (S. 218, Z. 19) sind hingegen wohl keine Betonungen, denn sie entsprechen einfach den Gepflogenheiten der damaligen Zeit; daher erfolgt hier Kleinschreibung.

Einige Fremdwörter (vgl. S. 214, Z. 25, sowie S. 215, Z. 21 f.) erscheinen im Original in anderer Schrifttype; darauf wurde hier verzichtet.

Erläuterungen

S. 211 Winter 1801 in M… Klaus Müller-Salget, der Herausgeber von Kleists Prosawerk innerhalb der vierbändigen Kleist-Ausgabe des Deutschen Klassiker Verlags, kommentiert, es handle sich um eine »[v]erschleiernde Angabe«. Kleist sei im Sommer 1802 in Mailand gewesen, »wo die Kunst des Marionettentheaters in hoher Blüte stand«, und im Winter 1803 in Mainz. Der Gesprächspartner des berichtenden Ich wiederum, Herr C., erwähne (indirekt) ein Ballett (»Apollo und Daphne«, siehe unten S. 230–232), das 1810 in Berlin uraufgeführt worden sei (Müller-Salget [siehe Seite 221], S. 1140).

öffentlichen Garten städtischen Park

Hrn. Herrn

bei dem Publico außerordentliches Glück machte dort (schnell) zum Publikumsliebling wurde

den Pöbel Der Pöbel: »Das gemeine [gewöhnliche] Volk […]. Ehedem war dieses Wort ohne allen verächtlichen Nebenbegriff üblich, so wie man jetzt das Wort Volk gebraucht, und in diesem Verstande kommt es auch noch mehrmals in der Deutschen Bibel vor. Allein heutzutage klebt ihm fast in allen Fällen der Begriff der bürgerlichen sowohl als sittlichen Niedrigkeit an, daher man dieses Wort selten anders als mit einem verächtlichen Nebenbegriffe [Unterton] gebraucht.« (Johann Christoph Adelung: Grammatisch-kritisches Wörterbuch der Hochdeutschen Mundart. 1774 bis 1786, 2. Auflage: 1793 bis 1801; im Folgenden: Adelung)

dramatische Burlesken Burleske: »derbkomisches Improvisationsstück; Schwank, Posse« (DWDS. Der deutsche Wortschatz von 1600 bis heute: https://www.dwds.de/)

Pantomimik »Kunst der Pantomime; Gesamtheit der Ausdrucksbewegungen« (DWDS)

Puppen »Figur[en] des Puppentheaters und Kasperletheaters, besonders Marionette[n]« (DWDS)

ausbilden »die Bildung einer Sache zur Vollkommenheit. Die Kräfte des Geistes ausbilden, ihnen durch Unterricht und Übung die gehörige Richtung und Güte geben. […] Ein sehr ausgebildeter junger Mensch.« (Adelung)
zu vernehmen auszufragen (Näheres von ihm darüber zu hören)
graziös anmutig (vgl. lat. ›gratia‹: ›Gunst, Dank, Anmut‹)
Ronde (franz.) Runde, Rundtanz
Tenier Gemeint ist einer der beiden niederländischen Maler David Teniers der Ältere (1582–1649) oder David Teniers der Jüngere (1610–1690), die beide für ihre Darstellungen von festlichen Szenen aus dem Volksleben bekannt waren.
Punkte wohl: Verbindungen, Übergänge, Gelenke
Myriaden ungezählte (unzählbare) Mengen (vgl. lat. ›myrias‹: ›Anzahl von zehntausend‹)
regieren lenken, dirigieren, beherrschen (vgl. lat. ›regere‹: ›lenken‹)
als es wie es
müsse dürfe
Maschinisten Marionettenspieler
S. 212 Jede Bewegung … hätte einen Schwerpunkt Gemeint ist wohl: »Die bewegten Massen haben einen Schwerpunkt« (Müller-Salget, S. 1141).
Pendel »an einem festen Punkt aufgehängter Körper, der um eine feste Achse unter dem Einfluss einer Kraft, besonders der Schwerkraft, hin- und herschwingen kann« (DWDS)
von der ersten oder höchstens zweiten Ordnung »Die zu beschreibenden Kurven lassen sich in algebraischen Gleichungen ersten und zweiten Grades ausdrücken.« (Müller-Salget, S. 1141)
Spitzen Spitze: »derjenige Teil eines Körpers, wo derselbe am Ende in einem Punkt zusammenläuft, und in weiterer Bedeutung, wo er sich am Ende einem Punkte nähert« (Adelung); also wohl die Enden der Gliedmaßen, die Hände und Füße
also dem Maschinisten keine große Kunst koste, zu verzeichnen wohl: die daher vom Marionettenspieler fast mühelos zu erzielen sei

S. 213 vorgestellt dargestellt, beschrieben

was das Drehen einer Kurbel sei, die eine Leier spielt der Betätigung einer Drehorgel (eines ›Leierkastens‹) vergleichbar

künstlich kunstvoll, kunstfertig; unnatürlich

Logarithmen Logarithmus: »Zahl, mit der man eine andere Zahl [...] potenzieren muss, um eine vorgegebene Zahl [...] zu erhalten« (Duden)

Asymptote »Gerade, der sich eine ins Unendliche verlaufende Kurve beliebig nähert, ohne sie zu erreichen« (Duden)

Hyperbel »unendliche ebene Kurve aus zwei getrennten Ästen, die zueinander symmetrisch sind und die der geometrische Ort aller Punkte sind, die von zwei festen Punkten (Brennpunkten) eine gleichbleibende Differenz der Abstände haben« (Duden)

Inzwischen Indessen, jedoch

Bruch Bruchteil, minimale Anteil

vermittelst mithilfe

für den Haufen für die breite Masse ungebildeter, bloß sensationslüsterner Zuschauer

Mechanikus (geschickter) Mechaniker. Adelung definiert ›die Mechanik‹ als »die Wissenschaft von der wirklichen Bewegung der festen Körper« und führt weiter aus: »Daher der Mechanicus, welcher diese Wissenschaft verstehet. In weiterer Bedeutung pflegt man auch wohl einen unzünftigen Künstler [ein jeder, der eine Kunst ausübet], welcher allerlei mathematische und physikalische Werkzeuge verfertigt, einen Mechanicum zu nennen.« (Adelung)

nach den Forderungen, die er an ihn zu machen dächte nach seinen (genauen) Anweisungen

darstellen würde aufführen könnte (mit der Marionette)

Vestris Gemeint ist wohl »Marie Jean Augustin Vestris, bekannt als Auguste Vestris«. Er wurde 1760 in Paris geboren, wo er an der Großen Oper als Solo-Tänzer und Choreograf wirkte und 1842 starb. »Aufgrund seiner außerordentlichen Technik wurde er auch der ›Gott des Tanzes‹ genannt.« (Wikipedia-Artikel »Auguste Vestris«;

Zugriff: 21.02.2024) – Sein Vater, der Italiener Gaetano Vestris (1729–1808), war zu seiner Zeit ebenfalls einer der berühmtesten Tänzer und Choreografen Europas gewesen. Bedeutende Stationen seiner Karriere waren Wien, Dresden, Paris und der württembergische Hof; und auch er, der dem jungen Mozart Tanzunterricht erteilte, erwarb sich den Beinamen »dieu de la danse« (vgl. den Wikipedia-Artikel »Gaetano Vestris«). Als Kleist seinen Marionettentheater-Aufsatz schrieb, war der ältere Vestris allerdings bereits zwei Jahre tot, weshalb in Kleists Text wohl vom Sohn die Rede ist.

Künstler geschickte Konstrukteure

S. 214 ihnen zu Gebote stehen sie (mit ihrer Beinprothese) ausführen können

betreten »verwirrt, in Verlegenheit gesetzt« (Adelung)

Daphne … verfolgt vom Apoll Das Schicksal Daphnes gehört zu den in der europäischen Kulturgeschichte am stärksten rezipierten Stoffen der griechisch-römischen Mythologie. Die Nymphe Daphne, Tochter eines Flussgottes, wird Opfer einer Plänkelei zwischen Apollon, dem Gott des Lichts und der Künste, und Eros, dem Gott der begehrlichen Liebe. Nachdem Apollon Eros als schlechten Schützen verspottet hat, rächt sich dieser, indem er zwei seiner Liebespfeile auf Apollon und Daphne abschießt. Die beiden Pfeile rufen aber eine gegensätzliche Wirkung hervor: Während sich Apollon heftig in Daphne verliebt, bewirkt der Pfeil, von dem Daphne getroffen wird, das Gegenteil. Sie flüchtet sich vor Apollon, der sie unnachgiebig verfolgt, zu ihrem Vater und fleht diesen an, sie zu verwandeln, damit Apollon das Interesse an ihr verliert. Der Flussgott verwandelt sie daraufhin in einen Lorbeerbaum. Apoll wird sich seiner Schuld bewusst und trägt von da an zu Ehren Daphnes einen Lorbeerkranz und um seine Leier (sein Attribut als Gott der Musik) einen Schmuck von Lorbeerzweigen. – Den dramatischen Augenblick, als Daphne sich in letzter Sekunde – bevor der Verfolger sie erreicht und überwältigt – in einen Lorbeerbaum zu verwandeln beginnt, haben zahlreiche Maler und Bildhauer gestaltet.

»Daphne und Apoll«. Zwischen 1636 und 1638 entstandenes Gemälde von Theodoor van Thulden (1606 – 1669) nach einer Vorlage von Peter Paul Rubens (1577 – 1640). Öl auf Leinwand, 193 x 207 cm

Die Daphne-Sage diente zudem als stoffliche Grundlage für Opern von Heinrich Schütz (1627, nach einem Libretto des Barockdichters Martin Opitz), Georg Friedrich Händel (1708) und Richard Strauss (1938). Kleist bezieht sich wohl auf das Ballett »Apollo und Daphne« des seit 1788 an der Königlichen Oper zu Berlin tätigen französischen Tänzers, Choreografen und Ballettmeisters Étienne Lauchery (1732 – 1820), das mit Musik des Hornisten und späteren Königlichen Musikdirektors Georg Abraham Schneider (1770 bis

»Apollo und Daphne«. Zwei Meter vierzig hohe, 1622 entstandene Figurengruppe aus weißem Marmor von Gian Lorenzo Bernini (1598–1680)

1839) am 9. Oktober 1810, zwei Monate vor Erscheinen des Marionettentheater-Aufsatzes, in Berlin uraufgeführt worden war.

S. 215 Najade »in Quellen und Gewässern wohnende Nymphe (anmutige weibliche Naturgottheit niederen Ranges in der griechisch-römischen Mythologie)« (DWDS)

aus der Schule Bernins Gemeint ist der aus Neapel stammende und seit seiner Kindheit in Rom lebende Bildhauer Gian Lorenzo Bernini (1598–1680), der im Laufe seiner langen künstlerischen Laufbahn für acht Päpste arbeitete. In einer frühen Schaffensphase entstanden einige Skulpturen nach mythologischen Motiven, so auch 1622 die Figurengruppe »Apollo und Daphne«, die ein Musterbeispiel der für Berninis Bildhauerkunst so charakteristischen inneren Dynamik ist. – Als ›Schule‹ bezeichnet man, insbesondere in der Malerei und Bildhauerei, wiedererkennbare künstlerische Ausdrucks-

»Das Urteil des Paris«. Zwischen 1632 und 1635 entstandenes Gemälde von Peter Paul Rubens (1577–1640). Öl auf Eichenholz, 145 x 194 cm

formen, die von bedeutenden Künstlerpersönlichkeiten geprägt wurden, welche eine große Werkstatt mit zahlreichen Schülern und Helfern unterhielten (sodass es oft schwerfällt, die Arbeiten des Meisters von denen einzelner Schüler – oder den jeweiligen Anteil von Meister und Gehilfen an einem Werk – zu unterscheiden).

als Paris, unter den drei Göttinnen steht, und der Venus den Apfel überreicht Auch bei »Das Urteil des Paris« handelt es sich um ein Ballett von Étienne Lauchery – zu Musik von Carlo Guiseppe Toeschi (1731–1788) –, das Ende 1794 in Berlin uraufgeführt worden war und seither immer wieder gegeben wurde. Paris ist in der griechischen Mythologie ein Sohn des Priamos, des Königs von Troja, vor dem die drei Göttinnen Hera (die Göttin der Ehe und Gattin des obersten Gottes Zeus), Athene (die Göttin der Weisheit, der Künste, aber auch des Kampfes) und Aphrodite (die Göttin der Liebe und

Schönheit) erscheinen und den sie vor die heikle Aufgabe stellen, zu entscheiden, wer von ihnen die schönste sei. Paris entscheidet sich für Aphrodite, die ihm im Gegenzug zur schönsten Frau der Welt verhilft, der Griechin Helena, die aber schon mit dem König von Sparta, Menelaos, verheiratet ist. Paris entführt Helena, die sich ihrerseits in ihn verliebt hat, und löst damit den Trojanischen Krieg mit all seinen verheerenden Folgen aus, wovon die beiden homerischen Versepen »Ilias« und »Odyssee« berichten. »Das Urteil des Paris«, das den Stein all dieser Ereignisse ins Rollen bringt, gehört zu den am häufigsten in Bild und Wort nacherzählten Szenen der europäischen Kultur (siehe auch den Wikipedia-Artikel »Urteil des Paris«; Zugriff: 21.02.2024).

abbrechend seine Erläuterungen abbrechend. Müller-Salget merkt an, dass hier, »[e]benso wie später« (nämlich Seite 216, Zeile 8: »indem er eine Prise Tabak nahm«) »eine zentral wichtige Aussage als scheinbar beiläufig eingeführt« werde (Müller-Salget, S. 1143).

seitdem wir von dem Baum der Erkenntnis gegessen haben seit dem Sündenfall der ersten Menschen Adam und Eva im Paradies, die sich von der Schlange überreden lassen, die verbotene Frucht vom Baum der Erkenntnis des Guten und Bösen zu probieren (siehe Altes Testament, Buch Genesis, 2,9 bis 3,19)

Doch das Paradies ist verriegelt und der Cherub hinter uns Auf den Sündenfall folgt die Vertreibung aus dem Paradies durch den – oft mit einem Flammenschwert dargestellten – Cherub, der im Auftrag Gottes das Paradies bewacht.

Allerdings In der Tat

antigrav der Schwerkraft (der Gravitation) enthoben

entrechats Ein ›Entrechat‹ (franz.: ›Luftsprung, Kreuzsprung‹) ist ein »Sprung aus dem klassischen Ballett, bei dem die Füße während des Sprunges in der Luft einmal oder mehrmals gekreuzt werden« (Wikipedia-Artikel »Entrechat«; Zugriff: 21.02.2024).

pirouetten (franz.) »schnelle Drehung[en] um die eigene Achse auf dem Standbein« (Duden)

Elfen »Naturgeist[er] von anmutiger Zartheit« (DWDS)
offenbar offenkundig, zweifellos
möglichst verschwinden zu machen (für das Publikum) so unauffällig wie möglich zu halten
die Sache seiner Paradoxe führe seine aus Paradoxen bestehende Argumentation vortrage (›verkaufe‹)
den Gliedermann die Marionette. Eine interessante Definition von ›Gliedermann‹ findet sich bei Adelung: »bei den Malern, ein hölzerner Mann, und unter weiterer Bedeutung auch ein hölzernes Tier mit beweglichen Gliedern, die Stellungen, Gewänder u. s. f. darnach zu malen; im Franz. und Engl. Manequin«.
S. 216 versetzte erwiderte
die beiden Enden wohl: das Leblose (die bloße Materie) und das Göttliche (der reine Geist)
eine Prise Tabak Prise: »kleine Menge, besonders von Gewürzen oder Schnupftabak, die man mit zwei bis drei Fingern greifen kann« (DWDS); »aus dem franz. prise, und dies von prendre, nehmen. [...] Besonders ist eine Prise Schnupftobak, eine Prise Tobak, oder auch nur eine Prise schlechthin, so viel Schnupftobak, als man zwischen zwei Fingern hält und in die Nase zu schnupfen pflegt« (Adelung)
das dritte Kapitel vom ersten Buch Moses die zu Beginn des Alten Testaments (in der von der christlichen Religion vertretenen Version der Schöpfungsgeschichte) erzählte Geschichte vom Sündenfall der ersten Menschen Adam und Eva und ihrer Vertreibung aus dem Paradies
gelesen gelesen hätte
erste Periode aller menschlichen Bildung erste Phase der Entwicklungsgeschichte des menschlichen Geistes
füglich sinnvoll (passend, mit Fug, mit Recht)
um wie viel weniger und schon gar nicht
Bemerkung Müller-Salget erkennt hier eine bewusste Mehrdeutigkeit: »Einmal die Bemerkung des Erzählers, [...] zum anderen das

Gewahrwerden seiner selbst bei dem jungen Mann.« (Müller-Salget, S. 1144)

seine Unschuld verloren seine natürliche Unbekümmertheit gänzlich eingebüßt

ersinnlichen ersinnlich: »was ersonnen [durch Nachdenken erreicht] werden kann« (Adelung)

nachher danach

Bildung äußere Erscheinung

mogte ohngefähr mochte etwa

sechszehnten sechzehnten

in Paris den Jüngling gesehen hatten, der sich einen Splitter aus dem Fuße zieht; der Abguss der Statue ist bekannt und befindet sich in den meisten deutschen Sammlungen Siehe die Abbildung auf Seite 220 dieses Bands und die zugehörige Bildunterschrift. Glyptotheken – Sammlungen von (antiken) Skulpturen – wie der 1767 eingerichtete Mannheimer Antikensaal zogen nicht zuletzt infolge der Schriften Johann Joachim Winckelmanns, Lessings, Goethes und Schillers viele Interessierte an. Die antiken Statuen bestimmten das Schönheitsideal der Epoche und beförderten die Idee der Übereinstimmung von anmutigem Äußeren und edler Gesinnung.

da er als er

den Fuß auf den Schemel setzte Von verschiedener Seite ist angemerkt worden, dass die hier beschriebene Haltung nicht mit der der angesprochenen Plastik übereinstimmt, in der der sitzende Jüngling die Sohle seines linken Fußes untersucht, den er auf dem rechten Oberschenkel abgelegt hat (vgl. Seite 220).

S. 217 eines liefländischen Edelmanns eines Adligen aus der russischen Ostseeprovinz (von 1721 bis 1919) Livland (mit Riga als bedeutendster Stadt), deren Gebiet dem heutigen Estland und einem größeren Teil von Lettland entsprach und die damals auch Liefland geschrieben wurde. In der Vorstellung der meisten Deutschen handelte es sich um eine raue und wilde Gegend, in der die geschilderte Bären-Episode wohl besonders glaubhaft wirkte.

S. 218 machte den Virtuosen zeigte sich als ein gewandter Fechter
da ich als ich
Rapier »degenartige Fechtwaffe« (Duden)
Leidenschaft kam dazu sein hitziges Fechten trug ferner dazu bei
empfindlich missvergnügt, gekränkt, in seinem Stolz verletzt
fortan wolle er mich wohl: daher wolle er mich nun. – Da ›fortan‹ eigentlich ›künftig‹ bedeutet, ist darüber spekuliert worden, ob es sich um einen Satzfehler handelt (›fortan‹ anstelle von ›sofort‹).
auferziehen ließ eigentlich: erziehen ließ; hier wohl eher: als eine besondere Attraktion hielt
angeschlossen angekettet
schlagfertig zum Schlag bereit
Fechterpositur Fechterhaltung, Ausgangsstellung als Fechter
eins beibringen einen (empfindlichen) Treffer versetzen
fiel ... auf ihn aus attackierte ihn, machte ... einen Ausfall
mit einer augenblicklichen Gewandtheit wohl: ebenso plötzlich wie geschickt
ohnfehlbar unfehlbar, zweifellos
war ich fast in dem Fall des ging es mir fast so wie zuvor dem
Der Ernst Die unerbittliche Aufmerksamkeit; »standhafte Gesinnung in Ausführung eines Vorhabens« (Adelung)
kam hinzu tat sein Übriges, trug ebenfalls dazu bei
umsonst! aber alles vergeblich!
erste beste, hervorragendste

S. 219 Hohlspiegels »Spiegel, dessen Oberfläche nach innen gewölbt ist, Konkavspiegel« (DWDS). Müller-Salget merkt an, dass das Spiegelbild, wenn »man von einem Hohlspiegel« zurücktrete, zunächst verschwimme, »in noch größerer Entfernung aber wieder sichtbar« werde (Müller-Salget, S. 1146).

Karl Bauer (1868 – 1942): Heinrich von Kleist. Tusche gerandet.
Städtische Galerie im Lenbachhaus und Kunstbau München

Leben und Werk im Überblick

Frankfurt an der Oder, Berlin, 1777 – 1792

Bernd Heinrich Wilhelm von Kleist kommt am 10. Oktober (anderen Angaben zufolge am 18. Oktober) **1777** zur Welt. Der Vater Joachim Friedrich von Kleist (1728–1788) ist, wie so viele Kleists, Offizier in der preußischen Armee. Seine erste Frau Caroline Louise, geb. von Wulffen, war 1774 neunzehnjährig kurz nach der Geburt ihrer zweiten Tochter gestorben. Die zweite Ehefrau des Vaters, Juliane Ulrike (geb. von Pannwitz, 1746–1793), ist Kleists Mutter. Sie bringt außer dem ersten Sohn Heinrich noch die Kinder Friederike, Auguste, Leopold und Juliane zur Welt. Nur zu der 1774 geborenen Halbschwester Ulrike hat Kleist ein enges Verhältnis. Den ersten Unterricht erhält er durch einen Hauslehrer, Christian Ernst Martini. **1788** wird er zusammen mit zwei Vettern zur weiteren Ausbildung in die 80 Kilometer entfernte Hauptstadt Berlin geschickt, zunächst in eine Privatschule, dann ans Gymnasium der französisch-reformierten Gemeinde, das Collège François. Im Sommer des gleichen Jahres stirbt der Vater. Vermutlich kehrt Kleist unmittelbar darauf in seine Heimatstadt zurück. Die folgenden vier Jahre seiner Jugend liegen im Dunkeln.

Frankfurt an der Oder, Mainz, Potsdam, 1792 – 1799

Im Sommer **1792** wird Kleist konfirmiert und als Gefreiter-Korporal ins renommierte Regiment Garde aufgenommen. Im Februar **1793** stirbt die Mutter an einem ›Entzündungsfieber‹. Kleist nimmt mit seinem Regiment im Rahmen des Ersten Koalitionskrieges gegen das revolutionäre Frankreich an der Belagerung von Mainz (April bis Juli 1793) und im Herbst an Gefechten bei Pirmasens und Kaiserslautern teil. **1794** folgen weitere Kampfhandlungen. Im April **1795** schließt Preußen – zum Ärger seiner Verbündeten – in Basel einen Separatfrieden mit Frankreich. Elf Jahre lang wird es an seiner Neutralität festhalten und in einer Zeit, die für die übrigen deutschen Gebiete dramatische Umwälzungen mit sich bringt, eine Phase relativer Ruhe und Stabilität genießen. Das Regiment Garde kehrt in die Potsdamer Garnison zurück. Dort tut Kleist vier weitere Jahre Dienst, distanziert sich aber innerlich immer mehr vom Soldatenberuf. In Marie von Kleist (geb. Gualtieri, 1761–1831), einer angeheirateten Verwandten, findet er eine verständnisvolle Freundin, die neben der Halbschwester Ulrike zu seiner wichtigsten Vertrauten und Unterstützerin werden wird. **1795** und **1797** gewinnt er zwei enge Freunde: Otto August Rühle von Lilienstern (1780–1847), der es später bis zum Generalinspekteur des preußischen Militär- und Bildungswesens bringen wird, und Ernst von Pfuel (sprich: Pfuhl, 1779–1866), der im Herbst 1848 preußischer Ministerpräsident und Kriegsminister sein wird. Rühle und Kleist musizieren zusammen (Kleist spielt Klarinette) und bilden sich unter der Aufsicht des Konrektors der Großen Stadtschule von Potsdam Dr. Bauer in Mathematik und Philosophie weiter. Seinen Entschluss, das Militär zu verlassen, rechtfertigt Kleist in einem langen Brief an seinen ehemaligen Hauslehrer Martini vom März **1799**. Darin entwirft er einen »Lebensplan«, der ganz auf der aufklärerischen Idee der Selbstvervollkommnung beruht. Der König gewährt ihm den Abschied und stellt ihm eine spätere Verwendung als Zivilbeamter in Aussicht.

Frankfurt an der Oder, Berlin, 1799 – 1801

Im **Frühjahr 1799** nimmt Kleist sein Studium an der kleinen Universität seiner Heimatstadt auf. Er absolviert zunächst ein breit angelegtes Grundstudium, besucht Veranstaltungen in Mathematik, Physik, Naturrecht und Kulturgeschichte und nimmt Privatunterricht in Latein. Näheren Umgang mit seinen Kommilitonen vermeidet er. Dafür verkehrt er im benachbarten Haus des Generals von Zenge, der gerade erst als Chef der Garnison von Berlin nach Frankfurt versetzt worden ist, und verliebt sich in dessen älteste, knapp zwanzigjährige Tochter Wilhelmine. Nach einigem Zögern ihrerseits kommt es zur heimlichen Verlobung und Kleist unterwirft Wilhelmine, zweifellos in bester Absicht, einem umfassenden Erziehungsprogramm – er stellt ihr Aufsatzthemen und korrigiert ihre Ausarbeitungen –, um sie zu einem moralisch und geistig verfeinerten Menschen heranzubilden.

Mitte **1800**, nach gut einem Jahr, bricht Kleist sein Studium ab, nachdem er eingesehen hat, dass auch die Wissenschaften, die sich um 1800 in Spezialdisziplinen aufzuspalten beginnen, sein Bedürfnis nach umfassender Erkenntnis nicht befriedigen können. Er reist mit dem Freund Ludwig von Brockes, dessen menschliche Qualitäten er Wilhelmine gegenüber in für sie kränkender Weise überschwänglich preist, nach Würzburg, wovon er in zahlreichen langen Briefen berichtet. In diesen Briefen beginnt er sich zum Schriftsteller zu bilden. Um den Zweck der Reise macht er ein großes Geheimnis. Möglicherweise reiste er im Auftrag des preußischen ›Ministers für Zoll- und Wirtschaftsfragen und das Fabrikenwesen‹ Carl August von Struensee, um Industriespionage zu betreiben. Jedenfalls nimmt er **im Winter 1800 auf 1801** als Hospitant an den Sitzungen der Technischen Deputation in Berlin teil, die sich um die wirtschaftliche Entwicklung Preußens kümmert. Nebenher verfolgt er seine geistigen Interessen weiter und beschäftigt sich mit der erkenntniskritischen Philosophie Immanuel Kants. Dabei gelangt er zu der desillusionierenden Einsicht, dass die Erkenntnis von Wirklichkeit immer an das erkennende Subjekt gebunden ist, dass es keine absolute Wahrheit gibt.

Paris, Thun, Weimar, Dresden, Schweiz, Paris, Mainz, 1801–1804

Der Erkenntnisschock sitzt tief. Zugleich dient er aber auch als willkommener Vorwand, auch die reizlose Tätigkeit in der Technischen Deputation schnell wieder zu beenden. Kleist überredet seine Halbschwester Ulrike zu einer Reise über Dresden nach Paris, wo sie den Sommer über bleiben. Die kalte Anonymität der französischen Metropole stößt Kleist ab. Er stellt zivilisationskritische Beobachtungen an und beschließt, dem Rousseau'schen Ideal des unverfälschten natürlichen Lebens huldigend, die Schweiz aufzusuchen und dort ein Leben als Landwirt zu führen.

In der Schweiz angekommen, ändert Kleist seine Pläne und mietet ein Häuschen auf einer Insel im Thuner See, wo seine ersten größeren Dichtungen entstehen: ein an Shakespeares »Romeo und Julia« angelehntes Drama »Die Familie Schroffenstein« und eine groß angelegte historische Tragödie »Robert Guiskard«, die nie fertig werden wird. Auch der Plan zum Lustspiel »Der zerbrochne Krug« stammt aus dieser Zeit. Er bricht mit Wilhelmine, nachdem sie zuvor in ihren Briefen der Entscheidung, Kleists unsichere Existenz in der Fremde zu teilen, ängstlich ausgewichen ist. Im August **1802** erreicht die Verwandten ein Hilferuf Kleists: Er liege seit Wochen krank und bitte um Geld aus seiner Erbschaft. Ulrike macht sich sofort auf den Weg. Als sie ankommt, ist Kleist schon wieder auf den Beinen. Die Schweizer Episode ist dennoch zu Ende. Im Herbst tritt er mit Ulrike und Ludwig Wieland, dem Sohn des berühmten Autors, die Heimreise an.

Den **Winter 1802/1803** verbringt Kleist zunächst in Weimar und dann auf dem nahe gelegenen Gut Christoph Martin Wielands, der ihn sonderbar findet, aber ins Herz schließt und drängt, seine Tragödie »Robert Guiskard« zu vollenden. Er ist davon überzeugt, dass Kleist ein größerer Dramatiker werden kann als Goethe und Schiller. Nach seiner Abreise wendet sich Kleist zunächst nach Leipzig, dann nach Dresden, wo er auf Ernst von Pfuel trifft. Er bemüht sich vergeblich, die Tragödie fertigzustellen. Pfuel steht ihm bei und reist mit ihm erneut in die Schweiz, nach Norditalien, dann nach Paris, doch Kleist verzweifelt immer mehr. In Paris zerstört er das unfertige Manuskript des Stücks, verlässt Pfuel und versucht, sich der napoleonischen Armee anzuschließen, die sich in Nordfrankreich zu einer Invasion Englands sammelt, um so den Tod zu finden. Der preußische Gesandte in Paris erfährt von dem Versuch, bestellt ihn zu sich ein, maßregelt ihn und schickt ihn nach Hause nach Preußen. Auf dem Heimweg erleidet er im **Dezember 1803** in Mainz einen gesundheitlichen Zusammenbruch. Der Arzt Dr. Georg Wedekind nimmt ihn für einige Monate in sein Haus auf und pflegt ihn gesund. Anfang **Januar 1804** wird »Die Familie Schroffenstein« in Graz uraufgeführt.

Berlin, Königsberg, Fort de Joux, Châlons-sur-Marne, 1804 – 1807

Im **Juni 1804** ist Kleist zurück in Berlin, wo ihm, nachdem er bei Hofe zunächst für sein Frankreich-Abenteuer abgekanzelt worden ist, eine Anstellung im Zivildienst in Aussicht gestellt wird. Januar bis April **1805** beginnt Kleist eine Ausbildung im Berliner Finanzdepartement. Ab Mai setzt er diese in Königsberg fort. In der zweiten Jahreshälfte häufen sich gesundheitliche Probleme. Ulrike zieht den Winter über zu ihm. Kleist verkehrt im Haus seiner ehemaligen Verlobten Wilhelmine; ihr Mann, der Philosoph Traugott Krug, hat ein Jahr zuvor an der Universität die Nachfolge des verstorbenen Kant angetreten.

1806 nimmt Kleist seine literarischen Projekte wieder auf. Er arbeitet an den Lustspielen »Der zerbrochne Krug« und »Amphitryon« (nach Molière) sowie möglicherweise auch schon an der langen Erzählung »Michael Kohlhaas«. Im Juni bittet er aufgrund anhaltender gesundheitlicher Probleme um einen sechsmonatigen Erholungsurlaub, der ihm gewährt wird. Im Oktober kommt es, nach einer überhasteten Kriegserklärung gegen das napoleonische Frankreich, bei Jena und Auerstedt zu einer vernichtenden Niederlage Preußens. Der Krieg ist damit sofort entschieden, auch wenn er sich noch Monate fortschleppt. Kleist reist **Anfang 1807** in das von den Franzosen besetzte Berlin, wo er als Spion verhaftet wird. Er wird nach Frankreich gebracht (zunächst in die Festung Fort de Joux bei Pontarlier, dann in das Kriegsgefangenenlager Châlons-sur-Marne) und kommt erst im **Juli 1807** frei, nach dem Friedensschluss von Tilsit, in dem Preußen mehr als die Hälfte seines Territoriums verliert.

Dresden, 1807 – 1808

Während der Kriegsgefangenschaft hat Kleist an »Penthesilea« gearbeitet, einer wild-hysterischen Liebestragödie vor dem Hintergrund des Trojanischen Krieges. Im Mai ist der »Amphitryon« erschienen. Rühle hatte den Publizisten Adam Müller (1779–1829) als Herausgeber gewonnen. Über Berlin reist Kleist nach Dresden, wo seine Freunde Rühle und Pfuel als Erzieher des Prinzen von Sachsen-Weimar tätig sind. Hier lernt er auch Adam Müller kennen. Er macht die Bekanntschaft kultivierter und einflussreicher Leute, die ihm wohlwollen. Mit Müller fasst er den Plan, eine Verlagsbuchhandlung zu gründen und eine anspruchsvolle Monatszeitschrift für Literatur und Kunst herauszugeben. Der erste Teil des Plans scheitert am Widerstand der Dresdner Buchhändler; die Zeitschrift »Phöbus« beginnt jedoch Anfang **1808** zu erscheinen. Da die erhofften prominenten Beiträger sich zurückhaltend zeigen, springt Kleist vielfach mit eigenen Arbeiten ein, was ihn um dringend benötigte Einnahmen bringt und zudem den Eindruck erweckt, er wolle sich in den Vordergrund spielen. Das Interesse des Publikums erlahmt rasch. Doch damit nicht genug: Im Frühjahr inszeniert Goethe in Weimar den »Zerbrochnen Krug«. Die Aufführung wird ein Misserfolg, wofür Kleist Goethe die Schuld gibt. Goethe erfährt davon und ist fortan schlecht auf Kleist zu sprechen.

Schillers Verleger Cotta bringt Kleists »Penthesilea« heraus. Kleist beendet zwei weitere Stücke: »Das Käthchen von Heilbronn«, ein romantisches Ritterstück, dessen Heldin wie ein Gegenentwurf zu »Penthesilea« wirkt, sowie ein patriotisches Agitationsstück, »Die Hermannsschlacht«, das in historischem Gewand zum bedingungslosen Widerstand gegen die französische Fremdherrschaft aufruft. Er beteiligt sich an konspirativen Aktivitäten zur Vorbereitung einer Volkserhebung gegen die Besatzungsmacht.

Dresden, Wien, Prag, Dresden und Berlin, 1809

Im **Frühjahr 1809** wird der »Phöbus« eingestellt. Nachdem Österreich Frankreich im April erneut den Krieg erklärt hat, setzt Kleist all seine Hoffnungen auf das Habsburgerreich als Motor einer gesamtdeutschen Befreiungsbewegung. Er geht mit dem jungen Historiker Friedrich Christoph Dahlmann über Wien nach Prag, um dort eine patriotische Zeitschrift »Germania« herauszugeben. Wiener Regierungskreise signalisieren ihre Unterstützung. Dann aber erleidet Österreich **Anfang Juli** bei Wagram eine schwere Niederlage und muss erneut Frieden mit Frankreich schließen. Kleists Zeitschriftenplan ist damit gestorben. Die nächsten Monate seines Lebens liegen im Dunkeln. Es kursieren Gerüchte, er sei in Prag gestorben. Im **Spätherbst** tauchen Kleist und Dahlmann dann aber wieder in Dresden auf. Kleist reist in seine Heimatstadt weiter und anschließend nach Berlin, wo er die restlichen zwei Jahre seines Lebens verbringt.

Berlin, 1810 – 1811

In Berlin bezieht Kleist ein bescheidenes Quartier in der Mauerstraße, in der auch Achim von Arnim und Clemens Brentano wohnen. Er schließt neue Bekanntschaften, etwa mit Joseph von Eichendorff und Rahel Levin. Seine Hoffnungen auf eine ehrenvolle Sicherung seiner Existenz als patriotischer Dichter durch das preußische Königshaus zerschlagen sich. Das der Geschichte Brandenburgs entnommene, aber frappierend unheldische Drama »Prinz Friedrich von Homburg« bleibt unaufgeführt. Im **September 1810** erscheinen im Verlag von Georg Andreas Reimer »Das Käthchen von Heilbronn« und ein Band »Erzählungen« (der »Michael Kohlhaas«, »Die Marquise von O...« und »Das Erdbeben in Chili« enthält). Kurz darauf nimmt Kleist sein letztes großes Projekt in Angriff: Ab **Oktober** gibt er – sehr schlicht, auf vier bis sechs Druckseiten – eine tägliche Zeitung heraus, die »Berliner Abendblätter«, die zunächst großen Anklang finden. Schon bald wird die Zeitung jedoch dem König und der Regierung unbequem. Die anfängliche Förderung des Projekts durch offizielle Stellen schlägt in Behinderung um. Unter diesen Umständen steht die Zeitung schon nach wenigen Monaten vor dem Aus. Kleist bemüht sich vergeblich, von der Regierung für angeblich nicht eingehaltene Zusagen entschädigt zu werden. Er vereinsamt mehr und mehr. Im **Spätsommer 1811** erscheint ein zweiter Band »Erzählungen«. Im Herbst beschließen Kleist und die krebskranke Henriette Vogel – eine verheiratete Frau und Mutter einer Tochter, in der er in seinen letzten Monaten eine Seelenfreundin findet –, gemeinsam zu sterben. Am **21. November** erschießt Kleist am Kleinen Wannsee bei Berlin zunächst Henriette Vogel und dann sich selbst.

Bildquellenverzeichnis

|Schede, Hans-Georg, Freiburg: 93.1, 95.1, 220.1; Christoph Amberger 121.1; Gian Lorenzo Bernini 232.1; Illustration: Adolph Menzel 86.1, 99.1, 103.1, 107.1, 111.1, 112.1, 113.1, 114.1, 115.1, 117.1, 123.1, 128.1, 129.1, 130.1, 131.1, 137.1, 139.1, 143.1, 144.1, 145.1, 146.1, 147.1, 149.1; Miniatur von Peter Friedel, 1801 2.1; Peter Paul Rubens 233.1; Radierung von David Joseph Desvachez 148.1; Radierung von Jean Jacques le Veau 89.1; Theodoor van Thulden nach Vorlage von Peter Paul Rubens 231.1. |Städtische Galerie im Lenbachhaus und Kunstbau, München: Karl Bauer CC0 1.0 / Inventar-Nr. G 4482 / https://www.lenbachhaus.de/entdecken/sammlung-online/detail/heinrich-von-kleist-30006403 238.1.

Druck A1 / Jahr 2024
Alle Drucke der Serie A sind im Unterricht parallel verwendbar.

Redaktion, Satz, Erläuterungen und ›Leben und Werk im Überblick‹: Dr. Hans-Georg Schede, Freiburg

Layout: Yvonne Behnke, Berlin
Druck und Bindung: westermann druck GmbH, Braunschweig

ISBN 978-3-14-**120075**-1